Bettina Lindmeier | Lisa Oermann
Biographiearbeit mit behinderten Menschen im Alter

Edition Sozial

Bettina Lindmeier | Lisa Oermann

Biographiearbeit mit behinderten Menschen im Alter

Die Autorinnen

Bettina Lindmeier, Jg. 1967, Dr. phil. habil., ist Professorin für Allgemeine Behindertenpädagogik und -soziologie am Institut für Sonderpädagogik der Gottfried Wilhelm Leibniz Universität Hannover. Ihre Arbeitsschwerpunkte liegen u. a. im Bereich der Lehrerbildungsforschung, Inklusionsforschung und der Forschung zu Alter und Behinderung.

Lisa Oermann, Jg. 1980, Dipl. Päd., arbeitet für die Osnabrücker Werkstätten gGmbH. Ihre Arbeitsschwerpunkte sind Biographiearbeit, Bildungsarbeit mit behinderten Menschen, Älterwerden mit Behinderung sowie Familien mit erwachsenen Kindern mit Behinderung.

Dieses Buch ist erhältlich als:
ISBN 978-3-7799-3153-9 Print
ISBN 978-3-7799-4717-2 E-Book (PDF)

1. Auflage 2017

in der Verlagsgruppe Beltz · Weinheim Basel
Werderstraße 10, 69469 Weinheim

Herstellung: Hannelore Molitor
Satz: text plus form, Dresden
Druck und Bindung: Beltz Bad Langensalza GmbH, Bad Langensalza
Printed in Germany

Weitere Informationen zu unseren Autoren und Titeln finden Sie unter:
www.beltz.de

Inhalt

Vorwort

Der demographische Wandel wird seit einigen Jahren auch von Einrichtungen der Behindertenhilfe als Herausforderung wahrgenommen. Durch die wachsende Zahl älterer Menschen mit Behinderungen entstehen neue Herausforderungen für Einrichtungen und Dienste der Behindertenhilfe. Dazu gehören Fragen wie die folgenden: Wie kann eine sinnvolle Vorbereitung auf den Ruhestand aussehen? Wie können Selbstbestimmung und Lebensqualität auch bei nachlassenden Kräften oder bei Krankheit erhalten werden? Wie kann die letzte Lebensphase genutzt werden, um nochmals ernsthaft über eigene Wünsche nachzudenken und sie zu realisieren? Welche Unterstützung brauchen ältere Menschen mit lebenslangen Behinderungen aus dieser Alterskohorte, die wesentlich häufiger als jüngerer Jahrgänge schwierige biographische Erfahrungen und eingeschränkte Lebenschancen zu bewältigen hatten?

Dieses Praxisbuch ist daher eine Fortsetzung des Bandes zur Biographiearbeit mit geistig behinderten Menschen, der grundlegende konzeptionelle Überlegungen zu Biographiearbeit, Vorschläge zur Einzel- und Gruppenarbeit und eine Methodensammlung enthält (C. Lindmeier 2013). Bereits in diesem Band wurden auch besondere biographische Erfahrungen und Bedürfnisse in eigenen Kapiteln thematisiert. Dabei ging es um Biographiearbeit mit hospitalisierten Menschen sowie Menschen mit geistiger Behinderung und Demenz.

Unsere theoretische und praktische Arbeit seither hat die Notwendigkeit einer gesonderten Auseinandersetzung mit dem Thema Alter und Behinderung gezeigt, deren Ergebnisse in diesem Band zusammengestellt sind. Der Übergang in den Ruhestand erfordert häufig die Kooperation von Mitarbeitern aus den Bereichen Wohnen und Arbeit sowie eine Einbeziehung von Angeboten der Erwachsenenbildung, oft auch von familienunterstützenden Diensten (FUDs) oder Kurzzeitpflege.

Als Zielgruppe möchten wir daher Mitarbeiterinnen und Mitarbeiter aus allen genannten Bereichen ansprechen, die mit dem Thema Alter zu tun haben.

Das Buch ist zu Stande gekommen unter Mithilfe vieler Personen: Im Rahmen des Projektes ‚Anders alt?!', das in den Jahren 2009 bis 2012 in Kooperation der Hochschule Osnabrück, der Leibniz Universität Hannover und der Heilpädagogischen Hilfe Osnabrück durchgeführt wurde, wurden Daten und Erfahrungen gesammelt, die zu diesem Buch weiterentwickelt werden konnten. Ein besonderer Dank geht daher an die Projektleitung, Herrn Prof. Dr. Jochen Windheuser und Frau Prof. Dr. Andrea Riecken. Nadin Schippmann, Frauke Kösters und Astrid Thulke waren als Projektmitarbeiterinnen an vielen unterschiedlichen Stellen daran beteiligt, die Erfahrungen zu sammeln, die zu diesem Buch geführt haben, beispielsweise die Experteninterviews zu führen und auszuwerten, die dargestellten Kurse zu entwickeln und zu evaluieren und vieles mehr. Der Schwerpunkt ‚ältere Familien' (Kapitel 6), an dem wir bereits seit längerer Zeit arbeiten, wurde durch ein Aktion Mensch-Projekt (Laufzeit: 2013 bis 2016) noch weiter vertieft, aus dem erste Ergebnisse bereits einbezogen wurden. Die Einzelfallstudie zu Demenz hätte nicht ohne die Zusammenarbeit mit Frauke Kösters verfasst werden können (Kapitel 8), die zugleich Projektmitarbeiterin und Mitarbeiterin der Einrichtung war, wodurch sie eine sehr kontinuierliche, langfristige Beobachtungs- und Kontaktsituation. Zum Thema Demenz stellt Heike Lubitz die Ergebnisse eines Folgeprojektes vor, das zugleich ihr Dissertationsthema bildete (Kapitel 9). Auf Seiten der Einrichtung danken wir – stellvertretend für viele andere Mitarbeiterinnen und Mitarbeiter – Bärbel Bührs-Brinker, Franz Haverkamp und Dr. Cornelia Kammann für die ausgezeichnete, vertrauensvolle Zusammenarbeit und Unterstützung sowie ihre fundierte Rückmeldung.

Im Buch sprechen wir meistens von „behinderten Menschen" und nur selten von „Menschen mit Behinderung", weil das Adjektiv „behindert" zum Ausdruck bringt, dass Behinderung nicht nur als Persönlichkeitsmerkmal („Behindert-Sein"), sondern auch als Vorgang zu verstehen ist, den das soziale Umfeld bewirkt („Behindert-Werden"). Erst im Zusammenspiel der kognitiven Einschränkung und der Lebenschancen und -bedingungen, die für die in Rede stehende Altersgruppe vor allem durch stark einschränkende institutionelle Bedingungen gekennzeichnet waren, entsteht das, was wir als Behinderung bezeichnen.

In den Fallbeispielen wurden alle Namen geändert und die Situationen teilweise etwas verfremdet.

1. Einleitung

In den letzten Jahrzehnten hat sich in der pädagogischen Arbeit mit Menschen, die wir als geistig behindert bezeichnen, ein Wandel vollzogen. Er wird durch eine „Hinwendung zum Subjekt" und ein Ernstnehmen ihrer Erfahrungen charakterisiert (C. Lindmeier 2013). Diese Entwicklung hat das Interesse an biographischem Lernen und an biographiesensibler Alltagsgestaltung deutlich befördert. Durch die UN-Konvention über die Rechte von Menschen mit Behinderungen im Jahr 2009 hat die Wahrnehmung von Menschen mit Behinderungen als aktive Gestalter ihres Lebens einen weiteren Schub erhalten. Allerdings profitieren alte Menschen mit geistiger Behinderung bislang weniger von neueren sozialpolitischen Entwicklungen. Sie sind sogar verstärkt von Ausgrenzung bedroht, da sie zugleich als ‚alt' *und* ‚behindert' wahrgenommen werden. Beide Attribute führen bereits einzeln leicht dazu, dass den betroffenen Menschen wenig zugetraut wird. In der Kombination richtet sich der fachliche Blick erst recht auf die Defizite, was zu einer doppelten Diskriminierung führen kann. Älteren behinderten Menschen wird nicht zugetraut, die neu entstandenen Freiräume – beispielsweise durch den Ruhestand – für sich nutzen zu können oder auch nur verstehen zu können, was Ruhestand bedeutet; eine Auffassung, der wir vielfach begegnet sind. Dementsprechend werden ältere geistig behinderte Menschen auch in der Angebotsgestaltung häufig nicht als Zielgruppe ‚mitgedacht' und angesprochen, was dazu führt, dass sie sowohl von Angeboten für alte Menschen (ohne lebenslange Behinderung) als auch Angeboten für jüngere (tagsüber beschäftigte und mit Freizeitangeboten der WfbM ‚versorgte') behinderte Menschen nicht erreicht werden.

Das Ernstnehmen der Lebensgeschichte eines Menschen kann eine einseitige und diskriminierende Wahrnehmung alter Menschen in Werkstätten für behinderte Menschen, in

Wohneinrichtungen und ambulanten Diensten und auch durch Mitarbeiterinnen und Mitarbeiter der Sozialverwaltungen verhindern oder abschwächen. Biographische Kompetenz auf Seiten eines alten Menschen selbst stellt die Voraussetzung dar, Perspektiven für Ruhestand und Alter zu entwickeln und an ihnen festzuhalten. Das wiederum erleichtert es, ihn als selbstbestimmt und gestaltungsfähig wahrzunehmen. Thema dieses Buches sind daher die besonderen Bedingungen, unter denen biographisches Lernen und biographiesensible Begleitung mit älteren und alten Menschen mit geistiger Behinderung stattfindet, sowie die von uns erprobten Themen, Inhalte und Methoden.

Dabei könnte es den Anschein haben, als stünden in diesem Band Institutionen des ‚Sondersystems', nämlich Werkstätten für behinderte Menschen, Wohneinrichtungen und ‚besondere' Angebote zur Tagesgestaltung und Bildung im Mittelpunkt, während die Erschließung und Nutzung von Angeboten des Sozialraums zu wenig berücksichtigt werden. Zu Letzteren zählen Freizeitgestaltungsmöglichkeiten, wie andere ältere Menschen sie nutzen: Angebote von Sport(Vereinen), Volkshochschulen, Kirchen, Bürger- und Seniorenbüros; außerdem Kinos, Schwimmbäder, öffentliche Veranstaltungen und weitere. Eine Fokussierung auf ‚besondere Angebote' ist auf keinen Fall intendiert. Im Gegenteil, eine konsequente Sozialraumorientierung ist auch in der Arbeit mit älteren und alten Menschen notwendig. Eine biographiesensible Begleitung muss sich zudem an den Interessen von Nutzern ausrichten und neue Interessen zu erschließen suchen, und häufig sind die genannten „Angebote für alle" unter den geäußerten Wünschen und Plänen. In der praktischen Arbeit ist es immer wieder überraschend, wie viele behinderte Menschen dieser Generation sich individuelle Hobbys und Interessen erhalten bzw. neu entdeckt haben, obwohl sie in ihrer Jugend noch wenig in der Entwicklung eines selbstbestimmten Lebensstils unterstützt wurden. Auch die Unterstützung bei der individuellen Lebensgestaltung, die diejenigen Wohneinrichtungen und die Angebote der Seniorenbetreuung, mit denen wir zusammengearbeitet haben, trotz sich verschlechternder personeller Bedingungen leisten, ist positiv zu würdigen. Dennoch sind die biographischen Erfahrungen des Großteils der heute alten behinderten Menschen durch das ‚Sondersystem' geprägt, sie sind ‚Institutionenbiographien'. Zudem ist ihr finanzieller Spielraum im Alter äußerst beengt. Inklusion als Leitidee ‚mitzudenken' muss hier u. E. oft auch heißen: Bewahren und weiterentwickeln, was an Lebensperspektiven entwickelt wurde, soziale Beziehungen erhalten und nicht zuletzt Umzüge vermeiden oder so gestalten, dass Handlungsfähigkeit erhalten wird und Beziehungsabbrüche vermieden werden. Trotzdem soll deutlich werden, dass eine Vielfalt an Lebensentwürfen, die Kombination verschiedener Angebote und ihre individuelle Nutzung unabhängig von der Höhe des Unterstützungsbedarfs selbstverständlich auch im Alter anzustreben sind.

Zum weiteren Aufbau des Buches

Das *zweite Kapitel* beschäftigt sich mit der Frage, welches Bild von Alter und Altwerden wir in unserer Gesellschaft haben, wie das verbreitete stereotype Bild von alten Menschen entsteht und wie es verändert werden kann. Hier wird auch das in der Altenpflege verbreitete Kompetenzmodell des Alterns vorgestellt, da es geeignet ist, das Bild von alten Menschen mit Behinderung zu verändern. Im Anschluss daran erfolgt im *dritten Kapitel* eine Auseinandersetzung mit der Bedeutung von Bildung im Alter. Bildung ist u. E. ein Schlüssel zur Teilhabe in jedem Lebensalter. Erwachsenen- und Altenbildung sind allerdings in ihrer Bedeutung für eine selbstbestimmte Lebensgestaltung behinderter Menschen und für die Umsetzung von Inklusion noch nicht angemessen erkannt worden. Dementsprechend ist wenig bekannt, was die allgemeine Erwachsenen- und Altenbildung sowie die Biographieforschung hier an Erkenntnissen und Erfahrungen beisteuern können. Beide Kapitel bilden die Voraussetzung, die in den weiteren Teilen des Buches beschriebenen Praxiskonzepte für den eigenen Arbeitsbereich nutzbar machen zu können. Dies gilt insbesondere für Fachkräfte, die nicht aus dem Bildungsbereich kommen, die aber Aufgabenbereiche haben, in denen es um Wissensvermittlung und die Ermöglichung von Erfahrungen geht. Im *vierten Kapitel* werden die Situation älterer Beschäftigter in Werkstätten und ihre Wünsche an den Ruhestand dargestellt. Darauf aufbauend wird ein Bausteinkonzept zur besseren Anpassung der Werkstätten an diesen wachsenden Personenkreis entwickelt, zu dem als zentraler Bestandteil die Kurse zur Vorbereitung auf den Ruhestand und die Kurse zum Lebensbuch gehören. Sie werden im Anschluss dargestellt, wobei das *fünfte Kapitel* ein Kurskonzept für Vorbereitungskurse auf den Ruhestand enthält, während das *sechste Kapitel* ausführlich die Situation älterer Familien und die Situation älterer Menschen, die in Bezügen ihrer Herkunftsfamilie leben, thematisiert. Auch für ihre besondere Situation wurde ein Kurskonzept und als besonderes Material ein Lebensbuch (Lindmeier/Oermann 2014) entwickelt. Das *siebte Kapitel* stellt Anforderungen an biographiesensible Alltagsbegleitung im Rahmen von Seniorenangeboten und im Wohnbereich in den Mittelpunkt. Im Rahmen der Angebote zur Tagesgestaltung für Seniorinnen und Senioren, in denen Alltagsgestaltung, Freizeitangebote, Betreuung und Pflege geleistet werden, ist die Berücksichtigung, Tradierung und Erweiterung von wichtigen Lebensthemen, Gewohnheiten und Interessen von Bedeutung. Dies gilt insbesondere für die Betreuung von nicht sprechenden Menschen, weshalb das *achte Kapitel* durch eine ausführliche Fallstudie zeigt, wie eine biographiesensible Begleitung bei fortgeschrittener Demenz aussehen kann. Demenz ist allerdings nicht nur für den betroffenen Menschen, sondern ebenso für die Menschen in seiner näheren Umgebung eine sehr belastende Erkrankung. Die Belastung und das Stresserleben werden verstärkt durch Ärger über die unverständlichen Verhaltensweisen, die aus einem mangelnden Verständnis der Krankheit und ihrer Folgen resultieren. Das *neunte Kapitel* stellt daher wiederum ein Bildungsangebot vor, das sich an Mitbewohnerinnen und Mitbewohner richtet. Es bietet Informationen über die Erkrankung Demenz sowie

Strategien zur Bewältigung des damit verbundenen Belastungserlebens bei Mitbewohnerinnen und Mitbewohnern. Darauf abgestimmt sind Fortbildungen für Mitarbeiterinnen und Mitarbeiter, damit diese die neuen Erkenntnisse im Alltag aufgreifen können.

Eine Sammlung erprobter Methoden, die im ersten Band nicht enthalten sind, schließt das Buch ab. Die Methoden sind besonders für die Gestaltung von Kursen zur Vorbereitung auf den Ruhestand geeignet, können unter bestimmten Umständen aber auch in Angeboten für Seniorinnen und Senioren eingesetzt werden, insbesondere für Nutzerinnen und Nutzer, die mit ambulanter Assistenz leben und ohne systematische Vorbereitung in Rente gegangen sind. Bei ihnen besteht möglicherweise in der ersten Zeit des Ruhestands ebenfalls das Bedürfnis, sich mit den eingetretenen Veränderungen auseinanderzusetzen und Perspektiven zu entwickeln.

Entstehungskontext der Daten und Materialien

Die in diesem Buch enthaltenen Zitate und Praxisbeispiele stammen aus der Arbeit mehrerer Projekte:

Ein durch das Bundesministerium für Forschung gefördertes Projekt (Förderlinie SILQUA-FH, 2009–2012) ermöglichte einen erheblichen Teil der Forschungsarbeiten und praktischen Erfahrungen, auf die wir zurückgreifen:

- ein Kurzfragebogen zur Situation älterer Beschäftigter in Niedersachsen, versandt über die Landesarbeitsgemeinschaft der Werkstätten (LAG WfbM);
- Zukunftstage in allen 5 Werkstätten eines großen niedersächsischen Trägers der Behindertenhilfe unter Einbezug von insgesamt 66 Beschäftigten über 55 Jahren zu ihren Wünschen für den Ruhestand;
- Experteninterviews mit 21 Mitarbeiterinnen und Mitarbeitern desselben Trägers aus unterschiedlichen Arbeitsbereichen und Hierarchieebenen, die mit dem Thema Alter in besonderer Weise konfrontiert sind;

- Kursangebote zur Vorbereitung auf den Ruhestand in allen fünf Werkstätten, die nach der ersten Erprobung evaluiert und überarbeitet wurden (Kapitel 5);
- Die Ergebnisse der Evaluation von drei Seniorenangeboten des Trägers durch teilstrukturierte Beobachtungen und Interviews mit allen 17 Nutzerinnen und Nutzer mit aktivem Sprachvermögen, unterstützt durch Fotos und Sozialraumspaziergänge (Kap. 7).

Die jeweilige Mitautorenschaft einzelner Projektmitarbeiterinnen für einzelne Kapitel ist angegeben.

Weiterhin sind einbezogen:

- Ergebnisse der Evaluation einer weiteren Tagesstätte für Seniorinnen und Senioren, die durch Stiftungsmittel des Trägers (Lebenshilfe Braunschweig) finanziert wurde;
- Ergebnisse von Kursangeboten und biographischer Einzelarbeit mit einem Lebensbuch (Lindmeier/Oermann 2014), das auf die besondere Situation älterer Menschen im Elternhaus abgestimmt ist (Kapitel 6);
- Eine ausführliche Einzelfallstudie zur Begleitung einer demenzkranken Bewohnerin;
- Ergebnisse eines Promotionsprojekts zu Demenz und geistiger Behinderung, das durch die Software AG Stiftung finanziert wurde (Kap. 9).
- Rückmeldungen und Praxisbeispiele aus zahlreichen Fortbildungen der Autorinnen.

2. Alter und lebenslange Behinderung

2.1 Der Begriff des Alter(n)s

Der Begriff ‚Alter' bzw. ‚Altern' ist nur auf den ersten Blick eindeutig. Bei näherer Betrachtung zeigt sich, dass unter Alter(n) sehr Unterschiedliches verstanden wird (exemplarisch Kade 2007, 14 f.).

Das *kalendarische Alter* ist individuell bedeutsam, indem beispielsweise ‚runde Geburtstage' als Eintritt in eine neue Lebensphase gedeutet werden und eine Auseinandersetzung mit dem Thema Älterwerden auslösen können. Es ist überindividuell insofern bedeutsam, als die Zugehörigkeit zu einer Alterskohorte bzw. einem bestimmten Geburtsjahrgang zu bestimmten, innerhalb dieser Generation geteilten Erfahrungen führt. Beispielsweise sind das Kriegsende oder der Fall der Berliner Mauer solche kollektiv bedeutsamen Ereignisse, die in der Regel auch Bedeutung für die individuelle Biographie haben. Für lebenslang behinderte Menschen ist zudem bedeutsam, ob sie bereits die Möglichkeit hatten, Frühförderung, (besondere) vorschulische und schulische Bildung, Angebote zur Beschäftigung und Freizeitgestaltung wahrzunehmen. Sehr häufig war das für diese Altersgruppe nicht oder nur in unzureichender Form der Fall.

Altern ist zugleich als *irreversibler Prozess biologischen Abbaus* zu verstehen, der spätestens mit dem dreißigsten Lebensjahr beginnt, aber mit großer Variabilität verläuft, sowohl im Vergleich verschiedener Menschen als auch im Vergleich verschiedener biologischer Funktionen desselben Menschen. Abgesehen von Menschen mit schwerer Behinderung und Menschen mit Downsyndrom weicht das erreichte Durchschnittsalter von Menschen mit geistiger Behinderung von dem der Allgemeinbevölkerung nur noch geringfügig ab (Haveman/

Stöppler 2010, 71 f.). Die bei vielen lebenslang behinderten Menschen lang andauernde Medikation – z. B. wegen Herzkreislauferkrankungen, Epilepsie, chronischen Schmerzen, psychischen Störungen oder auffälligem Verhalten – ist in ihrer Wirkung auf den Alterungsprozess allerdings noch kaum untersucht.

Die *Lebensphase Alter* ist hinsichtlich ihres Beginns relativ unbestimmt. Sicher ist lediglich, dass sich durch eine steigende Lebenserwartung die Phase einer von beruflichen Pflichten entlasteten Lebenszeit in den letzten Jahrzehnten deutlich verlängert hat. Der Eintritt in den Ruhestand stellt für die meisten Menschen daher auch eine zentrale Markierung dar. Die Entlastung von beruflicher Tätigkeit, die von den meisten nicht behinderten Menschen eher positiv oder ambivalent wahrgenommen wird, wird durch behinderte Menschen, aber auch durch Mitarbeiterinnen und Mitarbeiter von Einrichtungen vor allem als Problem wahrgenommen: Der Verlust einer sinnstiftenden und tagesstrukturierenden Beschäftigung, der damit verbundenen sozialen Anerkennung und Einbindung führen zu der Notwendigkeit, viel freie Zeit zu füllen, und beherrscht die Wahrnehmung. Hinzu kommen Ängste vor steigendem Pflegebedarf, vor Krankheiten, finanziellen Einschränkungen und Tod, die anscheinend massiver sind als im Bevölkerungsdurchschnitt. Die Entlastung von beruflicher Tätigkeit kann allerdings auch neue Freiräume bieten, ähnlich wie bei nicht behinderten Menschen.

Dementsprechend ist auch die *verlängerte Lebenserwartung* Chance und Problem zugleich. Für viele Menschen verlängert sich die Phase des aktiven, selbstbestimmten Alters, wozu bei einem Teil der nicht behinderten alten Menschen allerdings auch ihre guten finanziellen Möglichkeiten beitragen. Die verlängerte Lebenserwartung ist aber zugleich auch mit einer zunehmenden Wahrscheinlichkeit von Krankheiten und Pflegebedarf verbunden. Dennoch ist ein wesentliches Ziel dieses Bandes, Mitarbeiterinnen und Mitarbeiter darin zu unterstützen, das Altwerden von Menschen mit lebenslanger Behinderung in seinen verschiedenen Facetten wahrzunehmen und die Chancen dieser Lebensphase durch gute Begleitung zu vergrößern.

2.2 Das Kompetenzmodell des Alterns

Ziel dieses Bandes ist es auch, das mitunter stereotyp negative Bild des Alterns lebenslang behinderter Menschen zu durchbrechen und zu zeigen, dass die Wirklichkeit vielfältiger ist, als wir dies bislang in der Regel wahrnehmen. Damit soll auch gezeigt werden, dass „Altern als Chance und Herausforderung" (Spät/Lehr 1997) angesehen werden muss. Die verschiedenen Alterstheorien betonen Chancen und Risiken sehr unterschiedlich, weswegen wir den Schwerpunkt auf das Kompetenzmodell des Alterns legen (hierzu Olbrich 1987, 1992, Kruse 1992). Es erklärt das Nebeneinander von Belastungen und Chancen am Besten und bezieht auch die individuelle Bewertung des Einzelnen in einer Weise ein, die es für Biographiearbeit gut nutzbar macht.

Theorien zum Altern sind heute interdisziplinär ausgerichtet und setzen biologische, kognitive, psychologische und soziale Faktoren in Verbindung miteinander, wie das folgende Beispiel zeigt. Eine altersbedingte Erkrankung wie Diabetes führt zur Notwendigkeit der kognitiven Adaption (Anpassung) an veränderte Lebensbedingungen, denn soweit möglich, muss der betroffene Mensch verstehen, weshalb er seine Lebensführung verändern soll. Auch eine psychische Anpassung ist notwendig: der Verzicht auf bestimmte Nahrungsmittel muss psychisch bewältigt werden, Disziplin bezüglich der Dokumentation der Nahrungsaufnahme, der Blutzuckerwerte und der Medikation ist nötig, und falls Tabletten nicht ausreichend sind, müssen die regelmäßigen Spritzen ertragen werden, was oft stark angstbesetzt ist. Dies sind selbst dann keine geringen Herausforderungen, wenn der betroffene Mensch in einer Wohneinrichtung lebt und von bekannten Mitarbeitern Unterstützung erhält. Für Menschen, die ambulante Unterstützung erhalten, bedeutet die Erkrankung häufig die Notwendigkeit, erstmals einen Pflegedienst in Anspruch zu nehmen. Soziale Bedeutung hat eine Diabeteserkrankung dadurch, dass soziale Ereignisse fast immer mit Essen und Trinken verbunden sind, so dass auch hier Einschränkungen erlebt werden. Große Bedeutung haben vor allem die folgenden Theorien des Alterns (für eine ins Detail gehende Übersicht vgl. Kade 2007, 39 ff.; unter Bezug auf geistige Behinderung Theunissen 2002, 27 ff., Haveman/Stöppler 2010, 35 ff.):

Die *Defizittheorie* greift die mit dem Altern verbundenen biologischen Abbauprozesse, sozialen Rollenverluste und psychologischen Verluste auf. In Kombination mit einem noch immer defizitorientierten Bild von geistiger Behinderung führt diese Theorie allerdings häufig zu einem einseitig defizitorientierten Blick auf das Altern dieses Personenkreises. Sie ist in den Alltagstheorien von Fachleuten, die sich noch nicht bewusst mit der Thematik auseinander gesetzt haben, oft sehr dominant: mitunter werden überhaupt nur Menschen als alt erlebt, bei denen Abbau- und Rückzugsprozesse auffallen.

Stärker auf die sozialen Veränderungen bezogen, aber in der ‚Blickrichtung' der Defizittheorie verwandt, ist die *Disengagementtheorie*, die die Notwendigkeit beschreibt, sich aus bestimmten Rollen und Verpflichtungen zu lösen. Dies wird am Besten deutlich am Beispiel des Eintritts in den Ruhestand, der die Lösung aus dem beruflichen Engagement und beruflichen Bindungen erfordert. Die Disengagementtheorie ist allerdings ebenfalls einseitig, da sie verkennt, dass viele Menschen im Alter vielfältiges neues Engagement entwickeln.

Die *Disusetheorie* oder *Aktivitätstheorie* geht von der empirischen Erkenntnis aus, dass Menschen, die eine Vielzahl von Aktivitäten im Alter aufrechterhalten, zufriedener sind als andere, und stellt fest, dass die mangelnde Nutzung (disuse) von Fähigkeiten zu Abbauprozessen führt. Ihr Motto lautet ‚use it or loose it'. Diese Theorie ist allerdings ebenso einseitig und führt zu einem Idealbild eines aktiv alternden Menschen, das die meisten Menschen überfordert. Vor ihrem Hintergrund kann zudem nicht mehr wahrgenommen werden, dass es Verluste und Abbauprozesse gibt, die bewältigt und betrauert werden müssen, und dass dies durchaus als produktive Lebensleistung anzusehen ist, selbst wenn der betreffende alte Mensch nach außen weitgehend inaktiv wirkt.

Diese Sicht wird von der *Produktivitätstheorie* und der *Theorie der Entwicklungsaufgaben* vertreten, die davon ausgehen, dass solche Aufgaben – die Bewältigung von Verlusten – für die Lebensphase des Alters charakteristisch sind und eine produktive Leistung bzw. eine Entwicklungsaufgabe darstellen, keinen bloßen Verlust. Die Produktivitätstheorie ist zudem geeignet zu erklären, warum alte Menschen danach streben, neue, angemessene Tätigkeiten und Produktivitätsebenen zu finden. Sie kann die gängigen Annahmen über alte Menschen mit lebenslanger (geistiger) Behinderung dahingehend korrigieren, dass ihre Wünsche nach sinnstiftender Tätigkeit wahrgenommen und unterstützt werden.

Die *Kompetenztheorie* ist geeignet, die Vorteile der genannten Theorien zusammenzuführen. Kompetenz im Alter zu untersuchen heißt nach Olbrich, „all die Möglichkeiten des alternden Menschen zu untersuchen, die es ihm ermöglichen, jene Transaktionen mit seiner Umgebung auszuüben, die es ihm erlauben, sich zu erhalten, sich wohlzufühlen und sich zu entwickeln" (1987, 330). Damit werden biologische Abbauprozesse, soziale Rollenverluste und Aktivitätseinschränkungen nicht geleugnet, ebenso wenig die Bedeutung von Aktivitäten und persönlichen Zielen. Es findet aber eine Verschiebung des Blicks auf das Verhältnis zwischen den persönlichen Ressourcen eines Menschen und den Merkmalen seiner Lebenssituation statt.

Die Nähe zum transaktionalen Stressbewältigungsmodell von Lazarus (Lazarus und Launier 1981) wird deutlich. Nicht nur die äußeren Faktoren, sondern die Kompetenzen des Einzelnen und seine subjektive Bewertung der Situation sind von Bedeutung für das Erleben und die Bewältigung von Belastungen.

Olbrich (1992, 55) formuliert aus gerontopsychologischer Sicht die folgenden Kompetenzbereiche (auch Kapitel 8):

- körperliche Kompetenz als Möglichkeit zu physiologischer Regulation;
- sensumotorische Kompetenz als Möglichkeit, psychomotorische Prozesse zu kontrollieren;
- kognitive Kompetenz als Möglichkeit, Erfahrung und Wissen zu sammeln und auf neue Situationen anwenden zu können; kognitive Kompetenz kann sowohl in der Weiterentwicklung kognitiver Funktionen als auch in ihrer Erhaltung bestehen;
- Alltagskompetenz als erfolgreiche Anpassung an alltägliche Umweltanforderungen;
- soziale Kompetenz als Möglichkeit, Kontakte aufrechtzuerhalten, neu zu knüpfen oder allgemeine soziale Teilhabe zu realisieren;
- Appraisal-Kompetenz als Kompetenz zur Einschätzung, Bilanzierung und Würdigung des eigenen Lebens und zur Entwicklung von Lebensperspektiven, die Begrenzungen und Chancen gleichermaßen berücksichtigt;
- Bewältigungskompetenz im Umgang mit bedeutsamen und kritischen Lebenssituationen;

Biographische Kompetenz, wie sie in der Bildungsarbeit definiert wird, weist starke Überschneidungen mit der Appraisal-Kompetenz und der Bewältigungskompetenz auf.

Die Nutzung des Kompetenzmodells ermöglicht es, auch in schwierigen Situationen und angesichts schwerer Erkrankungen und Abbauprozesse eine Perspektive auf den alten Menschen beizubehalten, die es ermöglicht, auch seine Ressourcen wahrzunehmen (Kapitel 9). Zudem können neben den Ressourcen der Person auch Ressourcen der Umwelt in den Blick genommen werden. Zu ihnen zählen auch Bildungsangebote im Übergang in den Ruhestand für Menschen mit geistiger Behinderung, da Bildung einen wichtigen Beitrag zur Entwicklung der Kompetenz bei Krankheit und Funktionseinschränkungen im Alter leistet (Kruse 2001, 42; Kruse/Ding-Greiner 2003). Auch Angebote für Seniorinnen und Senioren, ambulante Assistenz oder Alltagsbegleitung in einem Wohnheim sind als Ressourcen der Umwelt anzusehen, soweit sie zu Kompetenzerhalt und Wohlbefinden beitragen.

2.3 Alter und geistige Behinderung

Die Beschäftigung mit dem demographischen Wandel gehört zu den Prioritäten der EU-Politik und nationaler Regierungen, denn „nicht nur in Deutschland, fast überall auf der Welt altern die Gesellschaften" (Berlin-Institut 2009, 4). Die Grazer Deklaration zu Behinderung geht aus von den Bürgerrechten älterer behinderter Menschen und ihrem Recht auf Partizipation, Wahlfreiheit und selbst bestimmte Entscheidungen und macht Vorschläge zur Entwicklung eines differenzierten Verständnisses von Alter, zum Abbau von Diskriminierung und zum Aufbau eines gemeindenahen, die spezifischen Bedürfnisse älterer behinderter Menschen achtenden Versorgungssystems (EASPD 2006). In diesem Spannungsfeld steht auch die Biographiearbeit mit älteren Menschen mit lebenslanger geistiger Behinderung: Wie gelingt es, ihren besonderen Bedürfnissen angemessen zu begegnen und ihnen Teilhabechancen zu sichern, ohne sie pauschal als besondere Gruppe mit besonderen Defiziten zu definieren? (Wieso) Ist es überhaupt nötig, besondere Angebote für diese Gruppe zu gestalten? Macht man ihr Altern damit nicht zu etwas Besonderem und Problematischem?

Obwohl das Thema ‚Alter und geistige Behinderung' seit einigen Jahren an Bedeutung gewinnt, liegt noch zu wenig Wissen darüber vor, wie sich lebenslange (geistige) Behinderung und der Alterungsprozess gegenseitig beeinflussen. Bekannt ist, dass bestimmte Syndrome, wie das Down-Syndrom, zu früheren und veränderten Alterungsprozessen führen. Auch Menschen mit sehr schweren Behinderungen haben eine gegenüber dem Durchschnittsalter ihrer Alterskohorte reduzierte Lebenserwartung. Abgesehen davon wird angenommen, dass Alterungsprozesse grundsätzlich ähnlich verlaufen. Allerdings können kognitiv beeinträchtigte Menschen Veränderungen nicht immer adäquat einschätzen und verbalisieren, so dass altersbedingte Erkrankungen mitunter später erkannt werden. Dementsprechend gibt es vielfältige Wechselwirkungen zwischen biologischen Risiken, biographischen Besonderheiten und den kognitiven Verarbeitungsmöglichkeiten. Beispielsweise sind viele ältere Menschen mit Behinderung übergewichtig, was ein biologisches Risiko darstellt. Fahrdienste, die in der Regel bereits seit dem Kindergarten oder der Schulzeit genutzt wurden, bewirken, dass Bewegung und Orientierung weniger geübt werden als bei Menschen, die zu Fuß, mit öffentlichen Verkehrsmitteln oder mit dem Fahrrad ihren Arbeitsplatz aufsuchen (biographische Besonderheit). Wenn sich eine langjährige, gewohnheitsmäßige und durch die Umwelt unterstützte Abneigung gegen körperliche Bewegung im Alter verstärkt, wird das dann leicht für eine ‚ganz normale Bewegungsunlust' gehalten, was auch eine mögliche Erklärung ist – aber eben nur *eine* Erklärung. Es sollte im Einzelfall durch Beobachtung, Gespräche und u. U. ärztliche Diagnostik geklärt werden, ob der betroffene Mensch vielleicht Schmerzen beim Gehen, Angst vor einem Sturz, schlechtes Sehvermögen oder Orientierungsschwierigkeiten entwickelt. Die eingeschränkten kognitiven Verarbeitungsmöglichkeiten führen dazu, dass der- oder diejenige unter Umständen selbst Schwierigkeiten hat, eindeutig zu verstehen und zu kommunizieren, was sich verändert hat. Nur wenn dies geklärt und gegebenenfalls ärztlich behandelt wird, können aber Verarbeitungs- und Bewältigungsmöglichkeiten eröffnet werden. Passende Angebote – z. B. an das Leistungsniveau angepasste Sportangebote, Spaziergänge zu lohnenden Zielen – können die Auseinandersetzung mit dem Alter unterstützen, indem die Menschen realisieren, was sie ‚doch noch' können, und dass sich im besten Fall ihr Wohlbefinden durch maßvolle Bewegung erhöht. Außerdem kann ein positiver Effekt auch auf den Gesundheitszustand und den Alternsprozess insgesamt erreicht werden.

Einen weiteren wichtigen Einflussfaktor stellt die erworbene Bildung dar. Für die Gesamtbevölkerung wird davon ausgegangen, dass das erreichte Bildungsniveau bedeutsam für ein gesundes und selbstbestimmtes Altern ist (Kade 2007, 104): Ein hoher Bildungsstand ist häufig verbunden mit einem gesundheitsfördernden Lebensstil, einer optimistischen Einschätzung der Selbstwirksamkeit des eigenen Handelns und der Fähigkeit zur Bewältigung schwieriger Lebenssituationen. Er führt zudem dazu, dass neue Bildungsangebote, die die Auseinandersetzung mit altersbezogenen Veränderungen fördern, eher genutzt werden. Bezüglich ihres erreichten Bildungsniveaus und der Zugänglichkeit von Angeboten der Erwachsenen- und Altenbildung müssen Menschen mit lebenslangen Behinderungen als benachteiligt angesehen werden.

Es sind dementsprechend nicht allein die biologischen Alterungsprozesse, die im Alter bei geistig behinderten Menschen zu einer Verschärfung von Problemen führen, wie sie alle Menschen erleben. Ebenso wie biologische Veränderungen müssen die sozialen Veränderungen und die Anforderungen, die das Altern auf psychischer Ebene an uns stellt, bearbeitet werden. Dies ist nicht nur durch die kognitive Beeinträchtigung erschwert und bedarf der Unterstützung durch Beratungs- und Bildungsangebote. Eine noch höhere Bedeutung hat der Lebenslauf, der von der ‚Normalbiographie' deutlich abweicht. Viele Angehörige der jetzt alten Generation haben erst in fortgeschrittenem Alter eine (geeignete) Schule besucht, da der flächendeckende Ausbau der Sonderschulen im Schwerpunkt geistige Entwicklung erst während der ausgehenden 1960er und 1970er Jahre erfolgte. Das Gleiche gilt für die Tätigkeit in einer Werkstatt für behinderte Menschen (WfbM), die ebenfalls erst in den 1970er Jahren ausgebaut wurden. Sie ermöglichten Teilhabe an Bildung und Beschäftigung, mit ihnen erfolgte aber zugleich ein Eintritt in eine ‚Sonderwelt'. Ein Teil der älteren Menschen, insbesondere aus ländlichen Regionen, blieb trotzdem recht gut in das verwandtschaftliche und nachbarschaftliche Netzwerk integriert und ist beispielsweise in Vereinen aktiv. Für andere Menschen bildet die WfbM das Zentrum des gesamten Lebens: Neben Beschäftigung vermittelt sie im Rahmen der beruflichen Bildung auch Bildungs-, Freizeit- sowie Sportangebote, und sie strukturiert das soziale Leben der Beschäftigten. Der Wegfall der Beschäftigung in der WfbM hat dementsprechend sehr große Auswirkungen auf das gesamte Leben.

Nur wenige Angehörige der Generation, die in den nächsten Jahren in den Ruhestand gehen wird oder bereits im Ruhestand ist, sind verheiratet oder leben in einer festen Partnerschaft. Soweit es leibliche Kinder gibt, wurden sie meist bald nach der Geburt in Pflegefamilien vermittelt, und es besteht wenig oder kein Kontakt. Viele ältere Menschen leben in einem Wohnheim oder einer Wohngruppe, erstaunlich viele allerdings auch im Elternhaus bei hochaltrigen Eltern oder mit anderen Angehörigen. Zum Teil gelten diese Wohnformen sozialhilferechtlich als selbständig, da keine Unterstützungsleistungen im Bereich des Wohnens in Anspruch genommen werden und es sich um eigenen, abgeschlossenen Wohnraum handelt, beispielsweise eine Einliegerwohnung. Nur wenige Menschen leben mit ambulanter Assistenz (Dieckmann/Heele-Bökenkötter/Wenzel 2012, 85).

In Zukunft werden sich allerdings durch die zunehmende Zahl älterer behinderter Menschen, die mit ambulanter Unterstützung leben, neue Anforderungen an die Begleitung ergeben. Dabei müssen das Recht auf Wahl des Wohnortes ohne Zumutbarkeitsklausel und Mehrkostenvorbehalt (Artikel 19 UN-BRK) und der Vorrang ambulanter Wohnformen (§ 13 SGB IX) Grundlage der Entwicklung von Angeboten sein, die Leistungen der Pflege und der Eingliederungshilfe so kombinieren, dass ein selbstbestimmtes Leben behinderter alter Menschen in ihrem Sozialraum gesichert wird.

3. Bildung im Alter

3.1 Die Entwicklung der Altenbildung

In der Geschichte der Altenbildung werden rückblickend vier Phasen unterschieden (Kade 2007, 55ff.). Sie wurde zunächst in den 1960er Jahren als Angebot für sozial benachteiligte alte Menschen konzipiert, für die Veranstaltungen entwickelt wurden, die der Geselligkeit und Bildung dienten. In dieser Phase begann sich der Bildungsgedanke erst allmählich aus der sozialen Altenarbeit zu entwickeln. Die Teilnehmer wurden als passive Rezipienten angesehen (1. Phase). Die 1970er Jahre waren in der Altenbildung durch die Ziele der Aktivierung und Emanzipation bestimmt. Lebensführung im Alter, gesunde Ernährung und Krankheitsprophylaxe gehörten zu den zentralen Themen. In diese Zeit fielen auch die Verlagerung der Bildungsarbeit in die Volkshochschulen als Erwachsenenbildungsträger und die Entwicklung erster theoretischer Modelle zum lebenslangen Lernen und zum Lernen im Alter (2. Phase). Während in dieser Zeit ganz selbstverständlich und unhinterfragt Experten bestimmten, welche Themen für ältere Lernende relevant seien, wandelte sich dies in den 1980er Jahren dahingehend, dass Autonomie und Kompetenz der Lernenden stärker in den Vordergrund traten. Lernen für den Alltag zielte noch immer auf Kompetenzerhalt und die Kompensation altersbedingter Beeinträchtigungen, aber durch Selbsthilfegruppen und autonome Alteninitiativen vollzog sich eine Veränderung dahingehend, dass die alten Menschen stärker als Betroffene in ihrer Lebenssituation angesprochen wurden (3. Phase). In den 1990er Jahren schließlich wurden vermehrt lebenswelt- und subjektorientierte Angebote entwickelt, die beispielsweise zu dem Interesse an Biographiearbeit führten, das auch in diesem Band im Mittelpunkt steht (4. Phase).[1]

In der Erwachsenenbildung für ältere Menschen mit geistiger Behinderung lässt sich mit deutlicher zeitlicher Verzögerung eine ähnliche Entwicklung erkennen, und zwar sowohl in den Angeboten für ältere Beschäftigte der Werkstätten im Rahmen arbeitsbegleitender Maßnahmen als auch in den bestehenden Angeboten der Seniorenbetreuung:

1. Vielerorts entstanden Angebote, weil engagierte Praktikerinnen und Praktiker ‚etwas auf die Beine gestellt' hatten, beispielsweise Ausflüge für ältere Beschäftigte oder die ersten Angebote für Rentnerinnen und Rentner, die tagsüber allein in ihrer Wohngruppe waren. Diese Mitarbeiterinnen und Mitarbeiter kamen in der Regel nicht aus der Bildungsarbeit, die Angebote wurden *für* Menschen mit Behinderungen konzipiert, um gravierenden Benachteiligungen zu begegnen. Fachliche Bezüge zur Bildungsarbeit wurden und werden nicht hergestellt, stattdessen stehen Geselligkeit und Freizeitgestaltung im Vordergrund.
2. Angebote, die gezielt altersbezogene Themen angehen, wie gesunde Ernährung oder Bewegung im Alter, werden mit dem Ziel eines gesunden und selbstbestimmten Alterns angeboten. Sie sind kompensatorisch angelegt und folgen damit ähnlichen Ideen wie die Angebote der 2. Phase der Altenbildung, die ebenfalls expertendominiert und kompensatorisch angelegt waren. Sie berücksichtigen die Erkenntnis aus der Altenbildung nicht, dass die Veränderung von Gewohnheiten nicht ohne hohe Eigenmotivation und Selbstwirksamkeitserwartung gelingt: „Lebenslang einge-

---

1 Seit einigen Jahren entwickelt sich ein theoretisches Modell der ‚differentiellen Bildung', das auf eine Angebotsstruktur völlig verzichten und lediglich Räume bereitstellen will, die selbstorganisierte informelle Lernprozesse ermöglichen. In der Praxis der Erwachsenenbildung dagegen ist eine stark marktorientierte Angebotsstruktur entstanden, die durch diese sozialräumlich angelegten ‚Bildungslandschaften' allenfalls ergänzt wird.

schliffene Routinen werden indessen nicht mehr ohne weiteres im hohen Alter aufgegeben, selbst wenn ihre Risiken bekannt sind. Nur besonders leistungsorientierte Ältere, die schon immer dem Aktivierungs- und Trainingspostulat aus eigenem Antrieb gefolgt sind und an die Möglichkeiten der Selbstveränderung glauben, sind … zu motivieren, das Programm der Selbstdisziplinierung freiwillig fortzusetzen" (Kade 2007, 123). Im Rahmen eines breiter angelegten Konzeptes haben sie aber insofern Berechtigung, als sie – oft erstmals – Wissen und Kompetenzen vermitteln, die es ermöglichen, den durch Organisationsstrukturen der Wohneinrichtung und Werkstatt vorgeprägten Lebensstil und die dort etablierten Ernährungsgewohnheiten bewusst zu überdenken.

3. Autonomie und Kompetenzerhalt sind ein zentrales Ziel der Kurse zur Vorbereitung auf den Ruhestand, wie sie im 5. Kapitel dargestellt werden. Dabei können auch Themen wie altersbezogene Veränderungen, Bewegung oder gesunde Ernährung eine Rolle spielen, allerdings eingebettet in eine grundsätzliche Teilnehmerorientierung. Potentiell problematisch erweist sich, ähnlich wie in der allgemeinen Altenbildung, dass die Angebote ungeachtet ihrer Orientierung an den Interessen der Teilnehmerinnen und Teilnehmer die Fremdzuschreibung als Problemgruppe unterstützen. Ein weiteres Problem besteht in der häufig zu beobachtenden Verschiebung von Zuständigkeiten für das Thema Alter innerhalb der Einrichtung: Kurse zur Vorbereitung des Übergangs suggerieren, indem sie die Teilnehmerinnen und Teilnehmer als autonome Individuen ansprechen, dass weitere Unterstützung – beispielsweise durch den Sozialdienst der Werkstatt, durch Angebote zur Freizeitgestaltung und zum Wohnen – nicht nötig sei. Für einen großen Teil älterer Menschen mit Behinderungen ist aber eine längerfristige, einzelfallbezogene weitere Begleitung nötig, die Kursinhalte aufgreift und entwickelte Ziele umzusetzen hilft (vgl. Punkt 4).

4. Lebenswelt- und subjektorientierte Angebote in Form von Kursen zu Biographiearbeit, zu Übergangsgestaltung, zu Partnerschaft und weiteren Themen (für Teilnehmerinnen und Teilnehmer jeden Alters) sind in den vergangenen Jahren ausgebaut worden. Auch die von Teilnehmern eingebrachten, aus ihrem Alltag entstandenen Wünsche, die in manchen Angeboten der Seniorenbetreuung (Kapitel 7) aufgegriffen werden, sind hier zu nennen.

3.2 Lernmodelle im Alter

In keiner Lebensphase sind Lern- und Leistungsunterschiede so groß, Bildungsbiographien und Interessen so unterschiedlich wie im Alter. Die Didaktik reagiert darauf mit verschiedenen Lernmodellen, die sich in der Praxis zwar häufig vermischen, aber gerade für die Arbeit mit älteren behinderten Menschen interessant sind: Ihre Kenntnis ermöglicht ein besseres Verständnis der Aufgabenschwerpunkte in unterschiedlichen Feldern. Kade (2007) ordnet die Lernmodelle der ‚Bildung' und ‚Orientierung' stärker der Bildungstheorie und Erwachsenenbildung zu, ‚Entwicklung' und ‚Bewältigung' dagegen der Entwicklungspsychologie. In der Praxis ist diese Unterscheidung nicht in dieser Reinform zu finden. Sie ist aber hilfreich, um zu verstehen, warum in Bildungskursen andere Schwerpunkte gesetzt werden als in Angeboten für Seniorinnen und Senioren, die der Alltagsbegleitung und -bewältigung dienen.

Bildung. „Bildung vermittelt ein Wissen über sich und die Welt, das in der Bildungsgeschichte, im Austausch mit anderen und der Welt seine einmalige Gestalt angenommen hat" (Kade 2007, 117). Die Aneignung von Wissen erfolgt überwiegend kognitiv, ein Lernanlass ist der erlebte Mangel an Erfahrung und Wissen.

Beispiel: In Kursen zur Vorbereitung auf den Ruhestand wird Wissen zu biologischen und sozialen Veränderungen im Alter, zu Rentenhöhe und Wohnmöglichkeiten im Alter vermittelt. Das neu erworbene Wissen kann von den Teilnehmerinnen und Teilnehmern genutzt werden, um eine selbstbestimmte, kognitiv strukturierte Auseinandersetzung mit ihrer Zukunft zu initiieren.

So überlegte ein Teilnehmer, ob er lieber in eine Wohneinrichtung ziehen oder mit ambulanter Assistenz leben solle. Dabei nannte er relevante Entscheidungskriterien wie seine Fähigkeit zur Selbstversorgung, mögliche Beziehungspartner und Wünsche wichtiger Bezugspersonen. Diese Kriterien hatte er sich durch Exkursionen im Rahmen des Kurses und seine eigene Auseinandersetzung damit weitgehend selbständig erarbeitet. Auch seine derzeitige Lebenssituation im Elternhaus schätzte er durchaus realistisch als relativ krisenanfällig ein.

Damit sind wir allerdings bereits beim nächsten Punkt angekommen.

Orientierung. Kern dieses Modells ist die Selbstreflexion. Im Unterschied zur wissensbasierten Bildung geht es um Überzeugungen und Werte, den im Alter unausweichlichen Bilanzierungszwang hinsichtlich des eigenen Lebens, um Fragen nach Lebenssinn und im Zusammenhang damit um biographische Reflexion. Kurse zur Vorbereitung auf den Ruhestand können diese Prozesse erleichtern, da sie die Möglichkeit bieten, mit Gleichbetroffenen über diese Themen zu sprechen und ihre Einschätzungen und Lösungen mit den eigenen zu vergleichen.

Beispiel: Zwei Teilnehmerinnen der Zukunftstage (s. unten) bilanzierten, sie hätten in ihrem Leben genug gearbeitet, womit sie ihre Tätigkeit in der WfbM meinten, und sie würden im Ruhestand gern wieder mehr Haus- und Handarbeiten machen, wofür sie im Moment abends zu müde seien. Andere weibliche Gruppenmitglieder bestätigten die Bedeutung traditionell weiblicher Haus- und Handarbeiten und äußerten, dass sie ihnen ebenfalls Spaß machten.

Auch der Teilnehmer, der über eine Alternative zum Leben im Elternhaus nachdachte, bilanzierte dabei: er stellte Vor- und Nachteile seiner bisherigen Lebenssituation und der unterschiedlichen zukünftigen Perspektiven in Bezug auf seine Fähigkeiten gegenüber, sprach über Dinge, die ihm wichtig sind und im weiteren Leben erhalten bleiben sollen, und über die Beziehung zu seinen Eltern.

Entwicklung. Entwicklungsprozesse folgen einer inneren Dynamik, die sich am Lebenslauf orientiert. In jedem Lebensalter sind andere Entwicklungsaufgaben dominant; für die Realisierung dieses Entwicklungspotentials ist aber immer eine förderliche Umwelt von Bedeutung. Entwicklungs- und Wachstumsprozesse entfalten sich in einer lernförderlichen Umwelt, die Sicherheit in sozialen Beziehungen bietet. Im Alter geht es nach Eriksons Entwicklungsmodell um das Gegensatzpaar ‚Integrität und Verzweiflung': Im Lebensrückblick das eigene Leben mit seinen gelungenen und seinen nicht gelungenen Anteilen anzunehmen, die Angst und Verzweiflung angesichts des Todes auszuhalten sind Anzeichen für eine erfolgreiche Bewältigung dieser Entwicklungsaufgabe (Erikson 1973, 118 f.; ähnlich auch Havighurst 1972).

Soziale Isolation im Alter und das Gefühl, nicht mehr dazuzugehören, gelten als wesentlicher Risikofaktor, der die Bewältigung dieser Entwicklungsaufgabe erschwert. Dabei ist zu berücksichtigen, dass im Alter auch ein freiwilliger Rückzug aus dem sozialen Leben stattfinden kann. Mit dem Übergang in den Ruhestand ist beispielsweise eine Veränderung der Beziehungen zu den ehemaligen Arbeitskollegen und -kolleginnen verbunden, die akzeptiert werden muss. Hinzu kommt die Verkleinerung des sozialen Netzes durch Todesfälle im Freundeskreis und – im Wohnheim – von langjährigen Mitbewohnerinnen und Mitbewohnern. Soziale Isolation wird in dem Maße wahrscheinlicher, wie die eigene Mobilität abnimmt. In Alten- und Pflegeheimen kann sie trotz hoher Kontakthäufigkeit groß sein, weil es sich nicht um selbst gewählte Kontakte handelt (Kade 2007, 120) und weil angesichts der kurzen Verweildauer der Aufbau neuer Beziehungen nur eingeschränkt möglich ist. Gewähltes Alleinsein kann nur auf der Basis vorhandener Alternativen erfolgen.

Beispiel: Ein Nutzer einer Seniorenbetreuung nahm beispielsweise selten aktiv an dem Angebot teil. In einem Interview, in dem es um seine Zufriedenheit ging, sagte er, dass er meistens seine Ruhe haben wolle, dass es aber gut sei zu wissen, dass Ansprechpartner für etwaige Probleme vorhanden seien: „Wenn du was hast, sind sie sofort da!"

Bewältigung. Bewältigung wird dann wichtig, wenn eine Situation entstanden ist, die der betroffene Mensch als belastend und stressauslösend erlebt und bewertet. Sie ist dann möglich, wenn er zugleich die nötigen Ressourcen hat, mit der Situation fertig zu werden. Die gleiche Situation muss dabei für verschiedene Menschen nicht gleich stark als stressauslösend angesehen werden, denn sowohl ihre subjektive Bewertung als auch ihre jeweiligen Ressourcen beeinflussen den erlebten Stress. Es gibt aber im Alter bestimmte typische Ereignisse, die zu Stress führen: Gesundheitliche Probleme und Erkrankungen, insbesondere zum Tod führende Erkrankungen und der Verlust von Freunden oder Partner sind hier zu nennen. Eine Erkrankung, die für nahe stehende Personen sehr schwer zu bewältigen ist, ist Demenz. Dies gilt nach unseren Erfahrungen auch für Mitbewohnerinnen und Mitbewohner in Wohngruppen.

Beispiel: In einem Kurs lernten Mitbewohnerinnen und Mitbewohner von Menschen mit Demenz etwas über das Krankheitsbild (Bildungsaspekt) und die dadurch ausgelösten Veränderungen im Verhalten ihrer Mitbewohnerinnen und Mitbewohner, die sie als extrem störend und stressauslösend erlebten: zu ihnen gehörte, dass die erkrankten Mitbewohnerinnen und Mitbewohner ihre Aufgaben wie das Abdecken des Frühstückstisches nicht mehr erledigten, in fremde Zimmer gingen oder langanhaltend schrien. Durch den Kurs verstanden sie die Erkrankung besser und übten erfolgreich Strategien zur besseren Bewältigung des veränderten Verhaltens ihrer Mitbewohnerinnen und Mitbewohner. Die Kursleiterin ging aus von den Verhaltensweisen, die die Teilnehmerinnen und Teilnehmer als besonders belastend erlebten, und erprobte mit jedem Teilnehmer individuelle Strategien. Sie ärgerten sich weniger über das Verhalten und schimpften weniger, sondern zeigten den betroffenen Mitbewohnerinnen und Mitbewohner, was sie tun sollten. Das

Gefühl, ‚der macht das absichtlich, der will mich ärgern, der hört einfach nicht', das sie – analog zu pflegenden Angehörigen – zuvor hatten und das Streitigkeiten und starken Stress verursachte, wurde durch das bessere Verständnis reduziert. Zu den neu eingeübten Strategien gehörten das Zeigen bzw. das Nachmachen des richtigen Handlungsablaufs, z. B. durch an-die-Hand-nehmen und ins eigene Zimmer führen an Stelle von Schimpfen. Diese neu erworbenen Strategien führten dazu, dass die Mitbewohnerinnen und Mitbewohner sich als handlungsfähig wahrnahmen und das Gefühl hatten, die Situation bewältigen zu können. Diese Strategien blieben über die Kursdauer hinaus als neu erworbene Kompetenzen im Umgang mit den Mitbewohnerinnen und Mitbewohner erhalten, wozu auch die Mitarbeiterinnen und Mitarbeiter beitrugen, indem sie daran erinnerten (Kapitel 9).

Kompetenz. Auch Kompetenz wird als Ziel der Altenbildung benannt. Der Kompetenzbegriff im Bildungsbereich unterscheidet sich dabei etwas vom psychologischen Begriff des Kompetenzmodells des Alterns, denn er ist stärker auf Bildung bezogen und entsprechend weniger breit, aber er überwindet ebenfalls die ausschließliche Orientierung an Funktionstrainings und dem bloßen Erhalt von Fähigkeiten (bzw. dem Kampf gegen ihren Verlust).

Kompetenzerhalt wird noch häufig gleichgesetzt mit dem Erhalt von Autonomie im Alltag, obwohl das nur teilweise zutrifft. Autonomie im Alltag zu erhalten ist ein wichtiges Ziel älterer Menschen. In der Altenbildung gibt es dazu eine Vielzahl an Trainingsmaßnahmen. Sie werden häufig mitfinanziert durch die Krankenkassen, da sie Funktionseinschränkungen präventiv oder rehabilitativ verhindern sollen. Das Training von Einzelfunktionen ist für eine kompetente Alltagsbewältigung allerdings gar nicht so wichtig. Zudem ist es, wie schon dargestellt wurde, sehr schwer, nach Trainingsende die erlernten Verhaltensänderungen dauerhaft umzusetzen.

Das Kompetenzmodell von Olbrich, auf das auch Kade sich bezieht, wurde bereits dargestellt. Wichtig ist, dass der alternde Mensch Handlungen und Interaktionen so gestalten kann, dass er sich dabei wohl fühlt und handlungsfähig bleibt. Wesentlich für die Bildungsarbeit ist es, die ‚Passung' zwischen den Fähigkeiten und Ressourcen des Individuums und den Gegebenheiten und Ressourcen seiner Umwelt in den Blick zu nehmen. Eine gute Passung erhöht die erlebte Lebensqualität und motiviert, die erworbenen oder erhaltenen Kompetenzen einzusetzen und zu erhalten. Der mit dem Ruhestand verbundene Mangel an Aufgaben führt dagegen leicht zu dem Gefühl, nicht mehr gebraucht zu werden. Dies Gefühl ist durch Hobbys allein kaum zu kompensieren und kann zum Verlust von Selbstwertgefühl, erlernter Hilflosigkeit und einem weiteren Rückzug führen kann. Der Grad *erlebter Selbstbestimmung* ist bedeutsam für die Bereitschaft, sich mit Veränderungen im Alter auseinanderzusetzen und neue Kompetenzen zu erwerben. Bildungsangebote müssen daher noch mehr als in anderen Lebensphasen an den Teilnehmerinteressen ansetzen. Wenn dies gewährleistet ist, sind auch Funktionstrainings sinnvoll und können in den Alltag integriert werden.

Beispiel: Wegen des engen Zusammenhangs zur Bewältigung soll das Beispiel der Bildungsangebote zu Demenz nochmals aufgegriffen werden: Zwei Freundinnen einer demenzkranken Frau hatten, auch auf Grund der Ermunterung durch Mitarbeiter, nach Beginn ihrer weitgehenden Bettlägerigkeit regelmäßig Besuche bei ihr im Zimmer gemacht. Sie waren sich aber nicht sicher, ob ihre Freundin Sarah sie überhaupt wahrnahm, da sie wenig reagierte (Kapitel 9): Durch den Kurs wurden sie in der Auffassung bestärkt, dass sie mit den Besuchen etwas Sinnvolles taten, da sie besser verstanden hatten, dass die Veränderungen krankheitsbedingt waren und ihre Freundin nicht mehr sichtbar reagieren konnte. Sie hatten auch gelernt, dass wir nicht genau wissen, ob und wie ein an Demenz erkrankter Mensch solche Besuche, die vertrauten Stimmen und die Anwesenheit anderer Menschen aufnimmt, dass wir aber davon ausgehen, dass sie positive Wirkungen haben. Sie freuten sich, auf diese Weise ‚etwas für sie tun' zu können und nahmen sich im Umgang mit Sarah als kompetent und weniger hilflos wahr. Zudem kamen die Besuche ihrem Bedürfnis entgegen, selbst eine sinnvolle Aufgabe zu haben und sich engagieren zu können.

Lernen im Alltag oder organisiertes Lernen? Hinsichtlich des Bildungsortes wird unterschieden zwischen Lernen im Alltag und Lernen in Organisationen: Überwiegend vollzieht sich Lernen unsystematisch und ungeplant im Alltag. Viele ältere Menschen ziehen diese Form des Lernens dem Lernen in Kursen vor, was für die Gestaltung von Angeboten für Senioren zu berücksichtigen ist. Es ist motivierend, wenn sich Lernerfahrungen im Alltag bieten, die sofort umgesetzt werden können und die für die Lösung eines Problems benötigt werden.

Beispiel: Ein Teilnehmer eines Angebots für Senioren, der mit ambulanter Unterstützung lebte, brachte Kontoauszüge mit, weil er nicht wusste, wie er sie lesen und abheften sollte, und ließ sich dies erklären und zeigen. Gleichermaßen bestand bei mehreren Teilnehmerinnen und Teilnehmern Interesse an der Nutzung des Internets, aber nicht in Form eines Kurses. Stattdessen wurde gewünscht, dass der Mitarbeiter dabei assistierte, ganz bestimmte Tätigkeiten durchzuführen, wie das Abrufen von Mails und das Recherchieren zu einem bestimmten Thema.

Angebote für behinderte Senioren sollten beide Möglichkeiten des Lernens umfassen. Angebote organisierten Lernens sollten dabei immer zunächst bei allgemeinen Bildungsanbietern als inklusive Angebote gestaltet werden, soweit es nicht, wie in den Kapiteln 5 und 6 dargestellt, um sehr spezifische, durch die besondere Biographie und Lebenssituation behinderter Menschen hervorgerufene Bildungsbedarfe geht.

Gerade Biographiearbeit wird, wie unten genauer ausgeführt werden wird, sowohl in eigens durchgeführten Bildungsangeboten als auch im Rahmen biographiesensibler Alltagsbegleitung geleistet. Letztere greift Themen auf, die der Nutzer anspricht oder deren Bedeutung er signalisiert.

3.3 Stand der Erwachsenenbildung für (alte) Menschen mit Behinderung

Bildungsangebote für (alte) Menschen mit geistiger Behinderung werden nur zum geringeren Teil durch Einrichtungen der Erwachsenenbildung bzw. durch andragogisch qualifiziertes Personal durchgeführt. Häufiger finden Kurse in Sondereinrichtungen – Werkstätten, größeren Wohneinrichtungen bzw. Wohnverbünden – und durch Kursleitungen mit sehr unterschiedlicher Qualifikation statt. So werden Angebote für ältere Beschäftigte beispielsweise durch engagierte Gruppenleitungen oder Mitarbeiterinnen und Mitarbeiter des Sozialdienstes einer Werkstatt ins Leben gerufen, aus der Erfahrung, dass die Beschäftigten den Arbeitstag nicht mehr durchhalten oder ein Bedürfnis nach Information und Austausch zu diesem Thema haben. Ihr Engagement und ihre Bereitschaft, sich neben – bzw. oft zusätzlich zu – ihren sonstigen Aufgaben noch mit der Konzeption und Durchführung von solchen Angeboten zu befassen, soll auf keinen Fall abgewertet werden. Es ist aber festzuhalten, dass die dargestellten Erkenntnisse der Erwachsenen- und Altenbildung in den Angeboten in der Regel nicht systematisch berücksichtigt werden. Zu einem ähnlichen Ergebnis kommt auch das Gutachten von Ackermann und Amelung zur Situation der Erwachsenenbildung im Land Berlin, das feststellt, dass die dortigen Angebote in Werkstätten vielfach nicht den „grundlegenden Leitprinzipien der Erwachsenenbildung“ entsprechen (2009, 30).

An dieser Stelle treffen u.E. Vorurteile hinsichtlich der Lernfähigkeit und der Vielfalt der Bildungsinteressen (älterer) behinderter Menschen und ein unzureichend ausgebautes und extrem unterfinanziertes Angebot lebenslanger Bildung (für alle) zusammen und verstärken sich gegenseitig. Grundsätzlich ist bei einem Ausbau von Bildungsangeboten ein Vorrang inklusiver Angebote zu beachten, denn die Verpflichtung der UN-Konvention über die Rechte von Menschen mit Behinderung, ein inklusives Bildungssystem zu schaffen, betrifft auch die Erwachsenen- und Altenbildung. Auch in einem grundsätzlich inklusiven Bildungssystem ist es jedoch möglich, zu einzelnen Themen weiterhin spezifische Angebote zu Themen zu gestalten, die Menschen mit bestimmten (Lern-)Biographien und Interessen ansprechen. Dies ist u. E. bei den in diesem Band dargestellten Bildungskursen der Fall: sie sprechen Menschen mit Behinderung gezielt an, weil sie sich in einer besonderen Lebenssituation befinden. Die Teilnehmerinnen und Teilnehmer sind zudem hinsichtlich der Auseinandersetzung mit der Thematik des Ruhestands ebenso wie hinsichtlich des Auszugs aus dem Elternhaus (Kapitel 6) und der eigenständigen Lebensgestaltung benachteiligt – zum einen auf Grund ihrer kognitiven Voraussetzungen, zum anderen aber durch die Form, in der Eltern, Einrichtungen und Fachkräfte ihr Leben bisher vorstrukturiert und organisiert haben.

Die oben dargestellten Lernmodelle – Bildung, Orientierung, Entwicklung und Kompetenz – werden in den in diesem Band vorgestellten Angeboten in unterschiedlicher Weise berücksichtigt. Kurse als Angebote organisierten Lernens erfüllen dabei eine andere Funktion als die offeneren Angebote für Senioren, die neben gezielten Angeboten auch Betreuung, Geselligkeit und Pflege bieten.

Die Bildungskurse zur Vorbereitung auf den Ruhestand für Menschen mit geistiger Behinderung bieten vor allem Bildung und Orientierung. Sie leisten Wissensvermittlung hinsichtlich des Ruhestands und Identitätsarbeit, die dazu beiträgt, dass die Teilnehmerinnen und Teilnehmer sich neue Perspektiven erschließen können. Während in der Biographiearbeit, wie sie in der Altenhilfe entstanden ist, das Wecken und Bewahren von Erinnerungen im Mittelpunkt steht, sind die hier genutzten Methoden stärker gegenwarts- und zukunftsorientiert bzw. auf den Vergleich von Vergangenheit, Gegenwart und antizipierter Zukunft gerichtet. Ihr Ziel ist es, Orientierung in einer Situation großer Unsicherheit zu ermöglichen, zum einen durch die Vermittlung von Wissen, zum anderen durch die Erhöhung der biographischen Kompetenz der Teilnehmer als der Fähigkeit, das eigene Leben zu bewerten, seine Kontinuität trotz Veränderungen wahrzunehmen und zu gestalten.

3.4 Die Bedeutung der Biographie in der Arbeit mit älteren Menschen mit geistiger Behinderung

Die ausführliche Darstellung der Biographiearbeit, die im ersten Band enthalten ist, soll an dieser Stelle nicht wiederholt werden. Die Bedeutung der Biographie, des lebensgeschichtlichen ‚Gewordenseins' jedes Menschen ist inzwischen weitgehend anerkannt. Ebenso steht außer Frage, dass Menschen mit geistiger Behinderung, denen diese Fähigkeit lange abgesprochen wurde, ein ‚Zeitbewusstsein' entwickeln können, sich also in der Zeit und in ihren Beziehungen zu Menschen und Orten orientieren können. Auch der Unterschied zwischen dem Lebens*lauf* eines Menschen, der relevante Daten und Fakten umfasst, und der mit dem Lebenslauf eng verbundenen, aber keineswegs identischen Lebens*geschichte* eines Menschen, die durch seine persönlichen Bedeutungszuschreibungen und Relevanzsetzungen gekennzeichnet ist, wurde dort beschrieben. Die Lebensgeschichte besteht in der subjektiven Ausdeutung dessen, was an Ereignissen und Fakten erfahren und erlebt wurde (C. Lindmeier 2013): Die Einschulung oder die Aufnahme in die Werkstatt, der Einzugs in eine Wohneinrichtung, eine Partnerschaft, der Todes der Mutter etc. werden, obwohl sie typische Stationen im Leben darstellen, von jedem Menschen mit unterschiedlichen Gefühlen, Erinnerungen und Bedeutungen verbunden. Auf zwei Punkte möchten wir allerdings besonders eingehen, da sie sich in unserer praktischen Arbeit als wichtig herausgestellt haben:

Wir möchten noch deutlicher auf die *Unterscheidung zwischen biographischem Lernen in einem eigens dafür konzipierten Bildungsangebot und biographiesensibler Begleitung* im Wohnheim oder der ambulanten Assistenz hinweisen. Letztere kann ebenfalls Lernprozesse anregen und unterstützen; dies steht jedoch nicht im Mittelpunkt der Tätigkeit von Fachkräften in diesem Feld. Biographisches Wissen und seine Berücksichtigung im Alltag ist hier, insbesondere bei nicht sprechenden Menschen und bei der Begleitung am Lebensende, (nur) *eine* wesentliche Voraussetzung für die Sicherung von Lebensqualität. Diese Unterscheidung ist auch in der Abgrenzung der zwei Formen biographischen Lernens von Buschmeyer enthalten: „Biografisches Lernen als das Lernen, das sich in der Lebensgeschichte selbsttätig vollzieht; Biografisches Lernen als das Lernen, das sich durch die bewusste Auseinandersetzung mit der eigenen Lebensgeschichte und deren Aneignung auszeichnet" (1990, 15; auch C. Lindmeier 2013, 15 ff.). Das bedeutet auch, dass ein Teilnehmer, der sich zu einem Bildungskurs anmeldet, beispielsweise zur Vorbereitung auf den Ruhestand, in der Regel darauf eingestellt ist, sich mit den Themen ‚Alter', ‚mein Leben', ‚Ruhestand' auseinanderzusetzen. Begleitung im Wohnheim oder ambulante Assistenz unterstützen dagegen das biographische Lernen im Alltag, wenn es Mitarbeiterinnen und Mitarbeiter gelingt, entsprechende Signale aufzunehmen und darauf zu reagieren: Die Erkrankung oder der Tod eines Mitbewohners, einer Mitbewohnerin oder eines Elternteils oder der bevorstehende Ruhestand sind klassische Anlässe der alltäglichen Beschäftigung mit altersbezogenen Themen. Es ist aber die individuelle Entscheidung jedes Menschen, wie weit er sich damit beschäftigen möchte. Biographiesensible Begleitung bedeutet nicht, dass jeder sich mit dem Tod eines Mitbewohners auseinandersetzen muss, sondern dass ebenso wahrgenommen und akzeptiert wird, wenn jemand dies nicht tun möchte. Dieses Gebot der Freiwilligkeit gilt auch und gerade dann, wenn Mitarbeiterinnen und Mitarbeiter denken, einem bestimmten Bewohner würde eine solche Auseinandersetzung ‚gut tun'.

Angebote für Seniorinnen und Senioren ermöglichen in der Regel beide Formen biographischen Lernens. Wer solche Angebote nutzt, kann sehr unterschiedliche Interessen haben: Geselligkeit, Bewältigung des Alltags oder die Pflege von sehr unterschiedlichen Hobbys und Beschäftigungen sind nur einige Beispiele – Interesse an biographischem Lernen kann, aber muss also nicht vorhanden sein.

Beide Formen biographischen Lernens sind sinnvoll und fördern die Entstehung und Weiterentwicklung biographischer Kompetenz. Biographische Kompetenz verstehen wir im Kontext fortgeschrittenen Lebensalters als die Fähigkeit, das Leben bis zum Schluss so zu gestalten, dass sich der Handelnde wohl, sicher und handlungsfähig fühlt, wichtige Beziehungen, Tätigkeiten und Gewohnheiten erhalten bleiben und Wünsche nach Neuem umgesetzt werden können. Das bedeutet, dass eine Auseinandersetzung mit dem eigenen Leben erfolgen kann, aber nicht notwendigerweise (dauernd) erfolgen muss, auch – und vielleicht gerade – dann nicht, wenn Mitarbeiterinnen und Mitarbeiter dies als notwendig ansehen. Biographische Angebote müssen daher freiwillig sein und dürfen nicht – in Wohngruppen mit interner Tagesstruktur liegt dies nahe – als verbindliches Bildungsangebot konzipiert werden.

Zum anderen ist ein *vertraulicher Umgang mit biographischem Wissen* unbedingt notwendig. Häufig hoffen Mitarbeiterinnen und Mitarbeiter, die Alltagsbegleitung und Pflege leisten, durch mehr biographisches Wissen die von ihnen unterstützten Menschen besser zu verstehen und besser begleiten zu können (Kapitel 8). Dies ist verständlich; dennoch bleiben die Ergebnisse biographischer Arbeit aus Bildungskursen das alleinige Eigentum des jeweiligen Menschen und dürfen nur mit seinem ausdrücklichen Einverständnis weitergegeben werden. Nach unserer Erfahrung suchen die meisten Teilnehmerinnen und Teilnehmer an Bildungskursen allerdings ohnehin den Austausch über ihre Arbeitsergebnisse mit wichtigen Bezugspersonen, aber dies ist auch der einzig angemessene Weg des Austausches. Zudem handelt es sich mitunter um einen Fehlschluss, mehr Wissen über die Lebensgeschichte bedeute ein besseres Verstehen und bessere Möglichkeiten der Begleitung in der Gegenwart. Dies kann, muss aber nicht der Fall sein. Bei bestimmten Problemen, z.B. unverständlichem Verhalten, erfolgt oft sehr schnell der Rückschluss: ‚Wir verstehen das Verhalten nicht. Wenn wir mehr Wissen über die Biographie hätten, wäre das Verhalten verständlich.‘ Diese Annahme rechtfertigt nicht die Sammlung und Weitergabe persönlicher Daten, gegen die jeder Mensch ohne lebenslange Behinderung protestieren und deren Weitergabe er als Eingriff in seine Privatsphäre ansehen würde. Das Beispiel von Sarah Miller (Kapitel 8) zeigt, dass auch das Ausprobieren und die Offenheit im Umgang mit einem Menschen verlorenes Wissen ersetzen kann und den Blick stärker dafür öffnet, dass man in jeder Situation Neues erproben kann.

Biographische Muster. Fritz Schütze (exemplarisch 1983) beschreibt verschiedene Erzählmuster von Lebensgeschichten, die sich auch als sinnvoll erwiesen haben, um die Lernbiographie und Lebensgeschichte älterer Menschen mit Behinderungen und ebenso ihrer Angehörigen (Kapitel 6) zu verstehen. Er unterscheidet vier verschiedene typische Erzählmuster, denen Menschen folgen, wenn sie ihre Lebensgeschichte erzählen:

(1) Lebensgeschichten mit einem ‚*institutionellen Ablaufmuster*‘ folgen den Ereignissen des Lebenslaufes. Ihnen folgt der oder die Erzählende, ohne ihre Notwendigkeit oder Angemessenheit in Frage zu stellen. Sie erzeugen die Sinnabschnitte in der Erzählung. Für Menschen mit Behinderung bestand dieses Muster (häufig) aus dem Eintritt in die Schule, dem Schulende, dem Eintritt in die Werkstatt, eventuell dem Umzug in ein Wohnheim und dem bevorstehenden Ruhestand. Dieses Ablaufmuster ähnelt in manchem dem nicht behinderter Menschen derselben Generation, unterscheidet sich aber auch in typischer Weise. Für Werkstattbeschäftigte waren individuelle Berufskarrieren kaum möglich, ebenso wenig wie Arbeitslosigkeit, und auch Heirat und Familiengründung waren nicht vorgesehen. Nicht wenige behinderte Menschen dieser Generation haben zudem biographische Brüche innerhalb ihrer Schulbiographie erlebt: Ein Wechsel von der Regelschule oder der damaligen ‚Hilfsschule‘ an die damalige Schule für geistig Behinderte oder ein grundsätzlicher Ausschluss vom Schulunterricht, da noch keine Schule in diesem Förderschwer-

punkt existierte, waren nicht selten. Mit einem solchen Schulwechsel war in der Regel auch ein Abbruch bestehender Beziehungen zu Schulkameraden und -kameradinnen verbunden. Ebenso lassen sich frühe Heimaufnahmen und Umzüge in andere Einrichtungen, die von außen veranlasst und nicht begründet oder erklärt wurden, häufig finden. Für sie gilt noch stärker, dass sie einen Bruch im Leben bedeuteten, weil das, was bis dahin wichtig war, weitgehend abgeschnitten wurde und der betroffene Mensch ohne Mitsprache blieb. Das Leben wird in diesem Muster als von außen strukturiert wahrgenommen und erzählt – was nicht zwangsläufig bedeutet, dass der Betroffene sich als unglücklich erlebt. Ob er die Ereignisse und Veränderungen als positiv oder negativ bewertet und wie er sich mit ihnen ‚einrichtet', ist offen. Die Zusammenfassung des Lebens von Herrn Schröder und seines Umzugs in eine Wohneinrichtung liest sich so:

> Herr Schröder wurde 1943 im Ruhrgebiet geboren. Er bezeichnet sich selber als ‚Kriegskind'. Er wuchs gemeinsam mit seinen zwei Geschwistern in bescheidenen Verhältnissen auf. Er erzählte, dass sie in einer Zwei-Zimmer-Wohnung lebten. 1959 zog die Familie nach O. in eine Vier-Zimmer-Wohnung. Sein Vater starb mit 70 Jahren, seine Mutter habe ihn ‚42 Jahre versorgt', das berichtete er gleich zu Beginn des Gesprächs. Er pflegt intensiven Kontakt zu seiner Mutter, die noch selbständig lebt und auch zu seinen Geschwistern und deren Familie, die in der Umgebung von O. wohnen. Herr Schröder berichtet, dass ihm der Umzug ins Wohnheim schwer gefallen sei. Zu Anfang hatte er Sorgen, dass er im Wohnheim nicht klar kommen könne, da er dort viele Aufgaben selber erledigen müsse: „Zu Anfang war es mir schwer gefallen. Musste ins Wohnheim. Muss alles machen. Hat Dagmar gesagt, die hier aufm Bild da ist: ‚Brauchst nicht alles machen. Die Betreuer machen das. Hier Bett beziehen und so weiter, Brote schmieren ... da war ich erleichtert. In manche Wohnheime, die können das selber machen, ne. Ich kann's aber nicht. Weil ich mit rechts ja nichts mehr kann. Nur festhalten.'"

Typisch für die Erzählung von Herrn Schröder ist, dass Veränderungen von außen kommen; sie ‚passieren ihm', und er arrangiert sich, so gut er kann. Der Verweis auf den Krieg zeigt, dass er möglicherweise auch das Leben nicht behinderter Menschen als von außen bestimmt wahrnimmt und dies nicht in Frage stellt, sondern zufrieden ist, innerhalb dieser äußeren Vorgaben gut zurecht zu kommen.

Da Autonomie heute ein wesentliches Bildungsziel ist und die Lebensgeschichten jüngerer Menschen unserer Gesellschaft in wesentlich höherem Umfang anderen biographischen Mustern folgen, werden biographische Erzählmuster wie das von Herrn Schröder leicht als langweilig, wenig autonom und letztlich defizitär wahrgenommen. U.E. ist dies eine unangemessene Herangehensweise an Biographien, denn jedes biographische Muster hat seinen Erklärungswert für die jeweiligen Biographieträger, deren Leistung u.a. darin besteht, die Biographie verstehbar und sinnhaft zu erleben, wozu auch gehören kann, sich mit begrenzten Spielräumen zu arrangieren (hierzu die Ausführungen zur Appraisal-Kompetenz in Kapitel 2.2). Für die Generation, die – noch dazu als Kinder oder Jugendliche – Krieg und u.U. Bombenangriffe, Vertreibung, Flucht und Gewalt erlebt hat, ist es eine prägende Erfahrung, dass die Möglichkeiten autonomer Lebensgestaltung stark begrenzt sein können. Das gilt noch stärker für behinderte Menschen dieser Alterskohorte.

(2) *‚Biographische Handlungsschemata'* beschreiben demgegenüber intentionale Abläufe und Strukturen, die dadurch entstehen, dass ein Mensch zielgerichtet handelt und eigene Entwürfe realisiert.

In einem Interview im Rahmen der Zufriedenheitsbefragung bei Nutzern von Seniorenangeboten beschrieb Herr Thielen, dass er zuvor in einer ca. 100 km entfernten Einrichtung gewohnt habe, in die er schon als Kind aufgenommen worden war. Er hatte das Ziel, nach O. umzuziehen, suchte die Unterstützung eines leitenden Mitarbeiters und realisierte diesen Umzug. Er ist noch immer stolz darauf, dass es ihm gelungen ist, Handlungsstrategien zu entwickeln und sein selbst gesetztes Ziel umzusetzen:

> „Dass ich mich da weggetraut habe, ja das war durch Herrn Förster (Mitarbeiter der aufnehmenden Einrichtung) gekommen (...) Ja, der kam doch da mal hin. (...) Ja. Da war so ne Psychologin, die hat mich gefragt, ob ich nicht nach O. möchte. Ich sag: Weiß ich jetzt auch noch nicht, kann se ja ruhig versuchen und dann haben Herr Förster und die sich – glaub ich – zusammen gesetzt und dann irgendwie ist das dann nachher gekommen." Frage: „Haben die dir das vorgeschlagen?" Herr Thielen: „Und die Leute wollten das alle gar nicht, dass ich dahin ziehe. Und ich hab's dann doch getan!" (Interview im Rahmen der Evluation der Angebote für Senioren). Herr Thielen lebte bis vor kurzem mit ambulanter Unterstützung und nutzte einzelne Module des Angebots für Senioren, da er sich das Leben in einem Wohnheim – nach den Erfahrungen in der Komplexeinrichtung – gar nicht vorstellen konnte und seinen unabhängigen Lebensstil sehr genoss und stolz auf ihn war. Er hatte allerdings nach seinem Umzug keinen eigenen Freundes- oder Bekanntenkreis aufgebaut, sondern griff hier – in recht autonomer Weise – auf institutionelle Strukturen zurück. Wegen zunehmender gesundheitlicher Schwierigkeiten, u.a. einer anstehenden Herzoperation, und weil er die Mitbewohnerinnen und Mitbewohner inzwischen durch das Angebot für Seniorinnen und Senioren zum Teil näher kennengelernt hatte, zog er vor Kurzem in ein Wohnheim im selben Stadtviertel um, als dort ein Platz frei wurde. Dort erlebte er auch die Rekonvaleszenz nach einer Herzoperation. Er kommentierte seine jetzige Lebenssituation mit den Worten: „Ich wüsste jetzt nicht mehr, wie ich alleine klar kommen sollte. (...) Wenn man älter wird und der Körper nicht mehr mitmacht, muss man das Beste daraus machen".

Herrn Thielens Äußerungen zeigen, dass er auch den letzten, durch gesundheitliche Schwierigkeiten ausgelösten Umzug zumindest als selbstverantwortet ansieht, da er ihn selbst vorbereitet und das Wohnheim ausgewählt hat.

(3) ‚*Verlaufskurven*' sind gekennzeichnet durch einen Verlust von Handlungsfähigkeit und durch die Erfahrung des Erleidens und Ausgeliefertseins. Sie können durch – meist mehrere, rasch aufeinander folgende – schwerwiegende individuelle oder kollektive Ereignisse ausgelöst werden, beispielsweise durch Arbeitslosigkeit, schwere Krankheit, Scheidung; ebenso durch Krieg, Kriegsfolgen oder Naturkatastrophen. Verlaufskurven finden sich sehr häufig bei Menschen mit psychischen Behinderungen, in deren Biographie es eine Abfolge subjektiv schwer zu bewältigender Ereignisse gab. Diese Ereignisse werden von den Betroffenen als eine Auftürmung von Problemen erlebt und können eine Entwicklung auslösen, in deren Verlauf die Betroffenen ihre Bewältigungs- und Handlungsfähigkeit zunehmend einbüßen. Da sie dadurch nicht mehr in der Lage sind, ihre Alltagsaufgaben zu bewältigen, stehen am Ende einer solchen Verlaufskurve häufig Klinikaufenthalte, der Verlust des Arbeitsplatzes, der Partnerschaft oder der Wohnung. Dies sind Ereignisse, die wiederum den Problemdruck erhöhen und das Leben weiter ‚ins Trudeln bringen'. In Familien mit einem behinderten Angehörigen, der noch im hohen Alter im Familienhaushalt lebt, werden Verlaufskurven mitunter durch eine schwere Erkrankung oder den Tod eines oder beider Elternteile ausgelöst. Ein solches Ereignis kann eine Reihe weiterer Ereignisse nach sich ziehen, die die Lebenssituation der Familie und die psychischen Ressourcen aller Beteiligten zum Kollabieren bringen können.

> „Und im letzten Jahr kam schon mal eine Notaufnahmeanfrage und da ist es auch zu Hause geregelt worden. Sie ist alleine zu Hause geblieben, da wohnt niemand sonst in dem Haus. Und der Vater hatte sich das so gedacht, da wird einer von den Söhnen mal einziehen und dann kann sie da wohnen bleiben auch. Dann, die haben sich aber alle völlig zerstritten, das wurde natürlich gar nichts, der Sohn fühlte sich überhaupt völlig, gar nicht akzeptiert und gefragt und so. Es gab dann auch ganz schwierige Verhältnisse, auf jeden Fall war es natürlich jetzt, der Vater kam von heute auf morgen ins Krankenhaus und kam auch nicht wieder zurück. So richtig voll aus dem Leben und alle

schrien auf und haben gesagt, diese Frau muss sofort einen Wohnheimplatz haben."

Das Zitat einer Mitarbeiterin gibt den Ablauf der Ereignisse zwar nicht chronologisch wieder, zeigt aber, dass die nicht mit den Beteiligten einvernehmlich abgesprochene Zukunftsplanung eine fragile Ausgangslage geschaffen hatte. Durch ein typisches Ereignis im Leben eines hochaltrigen Menschen, einem Krankenhausaufenthalt, der nicht mit der Rückkehr des Vaters, sondern mit seinem Tod endete, wurde dies Gleichgewicht durcheinander gebracht. Durch die Weigerung der Söhne, ins Haus zurückzuziehen und sich um die Schwester so zu kümmern wie zuvor die Eltern, verschärfte sich die Krise, sich anschließende Streitigkeiten führen zu einer Eskalation. Die Äußerung: „alle völlig zerstritten … alle schrien und haben gesagt, diese Frau muss sofort einen Wohnheimplatz haben" zeigt, dass die Perspektive der betroffenen Frau keine Rolle mehr spielte.

(4) ‚*Biographische Wandlungsprozesse*' als vierte biographische Erlebensform werden ebenfalls durch äußere Ereignisse angestoßen. Häufig setzen sie am Ende einer ‚Verlaufskurve' ein, indem jemand es schafft, seine Handlungsfähigkeit unter den veränderten Bedingungen allmählich wieder zu gewinnen. Aber auch aus institutionellen Ablaufmustern, etwa dem Eintritt in die Werkstatt oder dem Eintritt in den Ruhestand, kann ein biographischer Wandlungsprozess entstehen. Kennzeichnend ist, dass der jeweilige Mensch den äußeren Anlass nicht (mehr) als Ereignis wahrnimmt, dem er ausgeliefert ist, sondern als Anlass für selbst gestaltete und verantwortete Veränderungen: In der Folge verändert sich die Identität des Individuums, und es eröffnen sich neue Handlungsmöglichkeiten. In den Kursen zur Vorbereitung auf den Ruhestand ließ sich mitunter erleben, dass Teilnehmer im Verlauf des Kurses den Ruhestand nicht mehr als etwas ‚von außen' an sie Herangetragenes wahrnahmen, womit sie irgendwie zurecht kommen müssten, sondern auch als neuen Freiraum für ihre Entwicklung.

Der weitere Verlauf der oben geschilderten Verlaufskurve weist auf einen sich möglicherweise anbahnenden Wandlungsprozess hin. Eine Mitarbeiterin berichtet:

> „Wir sehen nur, in dieser kurzen Zeit hatte sie, hat sie wirklich viele Fortschritte gemacht, auch Dinge, sie macht Dinge, die sie vorher nicht konnte. Zum Beispiel liebt sie es, zum Arzt zu fahren. Dann sagt sie allen, auch der Nachbarin, ich muss jetzt zum Arzt, und es hat noch nie so viele Arzttermine gegeben, aber weil sie das genießt auch, ne? Diese Freiheit zu sagen, ich will zum Arzt und jetzt musst du kommen und da muss einer mit mir mit. (...) Und in der Werkstatt kommen natürlich so Sachen, dass die sagen, ja, sie ist öfter krank als vorher, stimmt auch. Aber weil sie das gut findet, dass sie es selber entscheiden kann, ne?"

Von einer anderen Bewohnerin, die bis zum Tod der Mutter mit dieser zusammenlebte, berichtete ein Mitarbeiter, dass die Mutter immer gesagt habe, ihre Tochter habe kein Interesse am anderen Geschlecht, und dass die Tochter auch nie einen Freund hatte und nie sichtbar protestiert. Nach dem Tod der Mutter und ihrem Umzug in eine Wohngruppe mit Anfang vierzig habe sie aber nicht nur sofort einen Freund gehabt, sondern sich auch insgesamt sehr stark verändert, in ihren Interessen, der Kleidung und dem gesamten Auftreten:

> „Sie ist ein ganz anderer Mensch geworden".

In jedem Lebenslauf gibt es Ereignisse, die eher nahelegen, dass der betroffene Mensch sich als handlungsfähig oder aber als ausgeliefert erlebt. Trotz bei äußerer Betrachtung sehr ähnlicher Lebensläufe gibt es aber zugleich sehr unterschiedliche Bewertungen und Erzählungen der dazu gehörigen Lebensgeschichten, denn jeder Mensch entwickelt seine Art, sein Leben zu verstehen und zu erzählen, seine biographische Konstruktion. Bezogen auf ältere behinderte Menschen ist offensichtlich, dass ihr Leben überdurchschnittlich stark von äußeren Ereignissen bzw. anderen Menschen gesteuert wird. Die Entwicklung eines ‚institutionellen Ablaufmusters' im Verständnis des eigenen Lebens liegt entsprechend nahe. Manche Biographien sind auch von einer Vielzahl schwer zu bewältigender Ereignisse bestimmt, die geeignet sind, den Verlust der Handlungsfähigkeit – bzw. in Schützes Worten: eine Verlaufskurve – auszulösen. Nach unserer Erfahrung sind Menschen mit Behinderungen aber vielfach in erstaunlicher Weise in der Lage, auch biographische Wandlungsprozesse zu vollziehen und von außen ausgelöste Veränderungen so zu nutzen, dass ihnen neue Handlungsspielräume entstehen, oder sogar, wie beschrieben, selbst initiierte biographische Handlungsmuster realisiert werden können. Erlebens- und Handlungsmuster können sich zudem verändern, und dies ist auch im Alter erstmals möglich, wenngleich viele Menschen die erworbenen Muster weiterführen.

Da die Biographien der jetzt alten Generation weitgehend durch institutionelle Ablaufmuster geprägt sind, fällt es vielen Angehörigen dieser Generation jedoch schwer zu verstehen, dass mit dem Ruhestand eine Lebensphase erreicht ist, in der Selbstgestaltung nicht nur möglich, sondern gefordert ist: sie fragen Beratung und Hilfe beim Übergang in den Ruhestand auch dann nicht unbedingt nach, wenn ihnen das Thema sehr bewusst ist und Sorgen bereitet. Bei den Mitarbeitern in Werkstätten dagegen entsteht dadurch leicht der – unzutreffende – Eindruck, die Beschäftigten könnten diese Veränderung gar nicht verstehen, weshalb institutionelle Maßnahmen wie die Verrentung keiner weiteren Erläuterung bedürfen, wie das folgende Zitat aus einem Interview zeigt:

> Frage: „Wie erleben Sie das? Gehen die Leute oft widerwillig in den Ruhestand oder freuen sie sich drauf? Also, sind sie eher so ein bisschen ängstlich, oh, ich weiß nicht was kommt, oder sagen sie, endlich kann ich nach Hause und entspannen?"
>
> Antwort: „Nein, das habe ich überhaupt noch nicht gehört. Aber ich glaube, es ist sich keiner so richtig darüber bewusst, was das eigentlich bedeutet. Vielleicht wissen sie ja, ich brauche

jetzt nicht mehr arbeiten, aber das registrieren sie nicht so richtig. Glaube ich nicht."

Frage: „Höre ich da richtig raus, dass das vielleicht auch deine Meinung ist, dass vielleicht auch hier im Rahmen der Werkstatt ... vielleicht noch mehr in die Richtung getan werden sollte, damit die Leute das vielleicht ein bisschen bewusster bekommen, oder?"

Antwort: „Nein, warum? Warum? Wenn sie dann an diesem Zeitpunkt sind, ist es doch gut und dann ist doch da jemand da, der das auffängt. Das Wohnheim, die Betreuer, die werden denen das schon erklären. Es ist glaube ich müßig äh, da vorher große Dinge mit denen zu machen. Ich meine, man kann ja eine Sache anbieten und sagen so. Dazu laden wir jetzt die Senioren ein und ein Sozialarbeiter oder irgendein äh Kollege, redet dann ein bisschen mit denen über den Ruhestand, was sie machen können. Es gibt ja auch gläubige, äh, Frauen, zum Beispiel die Hanna, die geht immer in die Kirche, dass man das äh, dass man das mit einbindet. Aber ich glaube, dass man das nun so ständig zum Thema macht. Das halte ich nicht für erforderlich. Denn erstmal ist ja hier noch Arbeit angesagt."

Die im vierten Kapitel dargestellten Ergebnisse der Zukunftstage für ältere Beschäftigte zeigen zum einen, dass längst nicht alle in Wohneinrichtungen leben, zum anderen, dass sie sich sehr wohl Gedanken machen und sich unzureichend informiert fühlen.

Wir möchten zudem nochmals darauf hinweisen, dass die jeweiligen biographischen Rekonstruktionen sich als lebensgeschichtlich sinnvoll erwiesen haben und nicht bewertet werden sollten. Lebensgeschichten, die ‚institutionellen Ablaufmustern' folgen, werden nicht nur leicht als ‚langweilig' erlebt. Sie verführen auch dazu anzunehmen, der betreffende Mensch mache ja ohnehin alles mit, brauche keine Unterstützung im Übergang auf den Ruhestand und verstehe gar nicht, was das bedeute. Man könne ihn daher einfach vor vollendete Tatsachen stellen. Das ist nur insofern richtig, als dies häufig keine großen Proteste auslösen wird. Das sehr große Interesse an dem Thema, das nicht nur die hier beschriebenen Kurse, sondern auch andere Projekte deutlich machen, lässt darauf schließen, dass die betreffenden Beschäftigten auf ihre Gruppenleitungen nur so wirken, wie das Zitat es zeigt. Weil sie gelernt haben abzuwarten und abstrakte Themen, Sorgen und zukunftsbezogene Fragen nicht von sich aus anzusprechen, weil sie gewöhnt sind, dass ohnehin über ihren Kopf hinweg entschieden werden. Erzählformen wie „Und dann bin ich in die Werkstatt gekommen" werden in den Kursen sehr häufig geäußert und zeigen das Ausmaß der erlebten, für unabwendbar gehaltenen Fremdbestimmung.

In biographieorientierten Lernformen ist es von zentraler Bedeutung, die Relevanz jeder einzelnen Lebensgeschichte für den betreffenden Menschen anzuerkennen und sie wertzuschätzen. Auch die Fähigkeit, sich mit geringen Freiräumen zu arrangieren, ist als Leistung anzuerkennen und kann Ausgangspunkt für biographisches Lernen werden. Aus diesem Grund ist es absolut notwendig, die Fähigkeit zu biographischem Lernen niemandem von vornherein abzusprechen, auch nicht sehr angepassten, schwer behinderten und nicht sprechenden Menschen.

4. Die Situation älterer Beschäftigter in Werkstätten für behinderte Menschen

4.1 Bedarfe älterer Beschäftigter aus der Sicht der Mitarbeiterinnen und Mitarbeiter

Der im vorhergehenden Abschnitt wiedergegebene Interviewausschnitt zeigt nur eine Position innerhalb einer großen Bandbreite. Andere Mitarbeiterinnen und Mitarbeiter in Werkstätten und nahezu alle Mitarbeiterinnen und Mitarbeiter von Wohnheimen und ambulanten Diensten, die mit älteren Menschen arbeiten, erachten eine Vorbereitung des Ruhestands und Angebote für Seniorinnen und Senioren für wichtig, wie die Aussage dieses Gruppenleiters zeigt:

> „Denn es ist so, dass nicht jeder Bewohner von heute auf morgen aus der Werkstatt zu Hause bleiben kann. Da müssen wir einfach gucken, dass da ein fließender Übergang geschieht, da muss man sehr genau beobachten, wie geht es dem, ist das für ihn Thema oder ist das kein Thema und da brauchen wir uns keine Gedanken machen, das klappt so."

Auch alle neueren Untersuchungen (exemplarisch Skiba/Maderer 2002; Skillandat 2003; Gusset-Bährer 2004; Skiba 2003; Landesverband für Körper- und Mehrfachbehinderte NRW 2004; Hollander/Mair 2006; Software AG Stiftung 2009; Lindmeier et al. 2012) zeigen, dass das Bewusstsein für die Größenordnung und Bedeutung des Themas Alter in den letzten Jahren deutlich gewachsen ist, dass aber der Ausbaustand der Angebote ebenso wie der Kenntnisstand der Mitarbeiterinnen und Mitarbeiter noch sehr unterschiedlich ist. Die in der Einleitung erwähnte Befragung niedersächsischer Werkstätten ergab beispielsweise, dass teilweise dazu übergegangen wird, ältere Menschen in eigenen Arbeitsgruppen mit niedrigeren Anforderungen zusammenzufassen. Wir beurteilen diese Entwicklung als kritisch, weil innerhalb der Werkstatt für behinderte Menschen – dem Sonderarbeitsmarkt – nochmals ein leistungs- und altersbezogener Selektionsprozess vorgenommen wird, der von den betroffenen Beschäftigten in der Regel nicht erwünscht ist, da sie in ihren Arbeitsgruppen bleiben möchten. Die Befragung ergab auch, dass ein kleinerer Teil der Werkstätten (Freizeit-)Gruppen für ältere Beschäftigte anbietet, die auch eine Vorbereitung auf den Ruhestand leisten sollen. U.E. erfüllen diese Gruppen allerdings nur zum geringeren Teil die inhaltlichen, didaktischen und methodischen Anforderungen, die an eine gezielte Vorbereitung auf den Ruhestand zu stellen sind. Meistens bieten sie eher eine recht unspezifische Freizeitgestaltung an, entsprechend dem ersten beschriebenen Modell der Altenbildung. Werkstätten werden in den nächsten Jahren weitere Ideen entwickeln müssen, mit den Bedarfen älterer Beschäftigter umzugehen. Falls ‚besondere Seniorengruppen' dabei eine Rolle spielen, ist aus unserer Sicht zwingend darauf zu achten, dass ihre Einrichtung nicht vorrangig dem Bedürfnis der Gruppenleitungen entspricht, eine möglichst homogene und leistungsfähige Belegschaft zu erhalten und Beschäftigte mit nachlassendem Leistungsvermögen in Seniorengruppen abzugeben, sondern tatsächlich Vorteile für die betroffenen Beschäftigten bringt.

Auch innerhalb von Werkstätten oder zwischen verschiedenen Zweigwerkstätten gibt es Unterschiede im Umgang mit älteren Beschäftigten. In einigen Gruppen wurde bereits auf Alterungsprozesse in der WfbM reagiert und die Arbeit entsprechend angepasst. Dabei scheint auch eine Rolle zu spielen, wie eng das Verhältnis zwischen Beschäftigten und Gruppenleitung ist, denn in manchen Fällen zeigen sie sich einfallsreicher und flexibler, um Beschäftigten den Verbleib in der Gruppe zu ermöglichen:

> „Einige Gruppenleiter hängen sehr an älteren Menschen mit Down-Syndrom, weil das so freundliche Personen sind."

Im Sinne eines Rechtes auf berufliche Teilhabe sollte allerdings für alle älteren Beschäftigten eine mit ihnen gemeinsam entwickelte, zufrieden stellende Beschäftigungssituation erreicht werden.

Da in Niedersachsen in den meisten Werkstätten die Tagesförderbereiche ‚unter dem verlängerten Dach der Werkstatt' angesiedelt sind, besteht auch eine Tendenz, ältere Beschäftigte dorthin wechseln zu lassen. Einige Mitarbeiterinnen und Mitarbeiter im Tagesförderbereich empfinden es so, dass Beschäftigte zu ihnen „abgeschoben" werden, sobald diese mehr Unterstützung und Pflege benötigen und in ihren Leistungen nachlassen. Dieser Eindruck entsteht teilweise auch bei den Beschäftigten, die den Tagesförderbereich nicht selten als den Bereich sehen, in dem die ‚richtig Behinderten' betreut werden.

Ein weiteres Problem im Kontext einer altersgerechten Arbeitsplatzanpassung kann durch Neidgefühle der Beschäftigten untereinander entstehen: Laut Aussagen von verschiedenen Gruppenleitungen gibt es teilweise Unverständnis v.a. bei jüngeren Beschäftigten und bei Leistungsträgerinnen und -trägern, wenn einzelne der älteren Beschäftigten mehr oder längere Pausen machen dürfen. Dies kann allerdings durch klare Kommunikation weitgehend verhindert werden. Wenn die Beschäftigten für das Thema ‚Alter und nachlassende Kräfte' sensibilisiert werden, steigt die Akzeptanz für die Bedürfnisse älterer Beschäftigter. Zugleich wird eine Voraussetzung dafür geschaffen, dass jüngere Beschäftigte sich mit dem Thema Alter früher und bewusster auseinandersetzen können. Die älteren Kolleginnen und Kollegen, die weiterhin arbeiten wollen und an ihren Arbeitsplätzen bleiben können, obwohl sie mehr Pausen benötigen, eine Sitzhilfe oder andere Hilfsmittel nutzen, stellen positive Rollenvorbilder für den Umgang mit dem eigenen Altern dar.

In der Bewertung der Leistungsfähigkeit und Produktivität durch die Beschäftigten zeigt sich, welch eine hohe Bedeutung Beschäftigung und Leistungsfähigkeit sowie die daraus gewonnene Anerkennung haben, und welch ein großer Einschnitt der Ruhestand gerade für die ‚Leistungsträgerinnen und -träger' ist.

Mit dem Ausscheiden aus der Werkstatt verlieren die ehemaligen Beschäftigten die bisher vorhandene Tagesstruktur, die mit der Beschäftigung verbundene Anerkennung, den täglichen Kontakt mit den Arbeitskolleginnen und -kollegen sowie den Zugang zu Maßnahmen der beruflichen Bildung und Sportangeboten. Soweit sie in einer Wohneinrichtung oder mit ambulanter Assistenz leben, werden sie in dieser Situation zumindest teilweise aufgefangen und begleitet: in den meisten Regionen sind Angebote für Seniorinnen und Senioren entstanden (Kapitel 7). Vielerorts gibt es das Angebot, diese vor Eintritt in den Ruhestand kennenzulernen. Dies erfolgt von der Werkstatt aus meist durch das Angebot befristeter Teilzeitbeschäftigung oder eines wöchentlichen freien Tages. Schwieriger stellt sich die Situation für diejenigen Menschen dar, die bei Angehörigen leben, in diesem Alter meist bei Geschwistern und deren Ehepartnern, oder die sozialhilferechtlich selbständig leben, beispielsweise in einer Einliegerwohnung im Haus von Verwandten (Lindmeier 2011, Lindmeier/Feurer 2011). Hier muss von Seiten der Werkstatt eine Planung des Ruhestands und eine Unterstützung bei der Umsetzung eingeleitet werden, da die Verwandten in der Regel damit überfordert sind. Hinzu kommt, dass diese Seniorinnen und Senioren häufig einen Eigenbeitrag für die Teilnahme an Angeboten zu zahlen haben, da ihre Rente so hoch ist, dass der Sozialleistungsträger die Kosten nicht übernimmt. Dies wird von ihren Angehörigen nicht immer gewünscht, selbst dann nicht, wenn die behinderten Seniorinnen und Senioren den Teilnahmewunsch deutlich artikulieren. Hier wächst bei Gruppenleitungen und Mitarbeiterinnen und Mitarbeiter des Sozialdienstes allmählich das Bewusstsein dafür, dass dieser Prozess auch von ihnen begleitet werden muss.

4.2 Wünsche älterer Beschäftigter an ihren Ruhestand

Die Wünsche älterer Beschäftigter sollten Grundlage für die Angebotsentwicklung sein. Die im Folgenden dargestellten Ergebnisse stammen zwar lediglich aus *einem* Werkstättenverbund, lassen sich grundsätzlich aber auf andere Werkstätten übertragen, zumal sie die Ergebnisse früherer Untersuchungen prinzipiell bestätigen. Die Zukunftstage in den fünf Werkstätten für Menschen mit geistiger Behinderung wurden unter Bezug auf Erkenntnisse des Projekts ‚Neuland entdecken' (Landesverband für Körper- und Mehrfachbehinderte NRW 2004; Hollander/Mair 2006) konzipiert. In diesem Projekt wurde die Ruhestandsgestaltung für ältere Menschen mit geistiger Behinderung in Form von Case Management und Einzelcoaching durchgeführt. Diese Vorgehensweise ist sehr lohnenswert, allerdings wegen des großen personellen Aufwands nicht immer möglich. Da das Projekt ‚Neuland entdecken' bereits wesentliche Erkenntnisse dazu erbracht hatte, welche Wünsche und Bedarfe ältere Menschen mit Behinderung generell äußern (2004, 31 ff.), setzten die Zukunftstage an den dort erarbeiteten relevanten Themen an: im Plenum wurde über die Themen *Arbeit, Freizeit, Wohnen, Freundschaften, Urlaub, ‚etwas Sinnvolles tun und Bedeutung für andere haben'* gesprochen, außerdem über positive *Erwartungen und Sorgen.* Nach einer Mittagspause wurden die Themen in Kleingruppen vertieft, wozu es Gesprächsangebote und kreative Angebote (Collagen) gab. Zur Vorbereitung war mit jedem Teilnehmer bereits ein Gespräch geführt worden, um persönliche Daten, Hobbys etc. zu erfahren. Damit sollte gewährleistet werden, dass auch in der Gruppe Anknüpfungsmöglichkeiten gefunden werden konnten, damit jede(r) sich einbringen konnte. Zudem wurde jede(r) gebeten, einen ‚wichtigen Gegenstand' oder ein bedeutsames Foto mitzubringen, das ebenfalls als ‚Aufhänger' und Gesprächseinstieg diente.

In den fünf Werkstätten des Trägers befanden sich im Jahr 2009 knapp 1 300 Beschäftigte, von denen 161 Beschäftigte

55 Jahre oder älter waren. Ähnlich wie in vielen anderen Werkstätten werden erst in den nächsten Jahrzehnten die geburtenstarken Jahrgänge ins Rentenalter kommen. Es ist daher ratsam, jetzt Konzepte zu erproben, die bald für eine größere Anzahl an Menschen benötigt werden.

Von diesen 161 Beschäftigten lebten 88 im Wohnheim, fünf mit ambulanter Betreuung, 31 bei Angehörigen und 30 selbstständig. Bei sieben Personen lagen keine Angaben über ihre Wohnsituation vor. Von den Beschäftigten dieser Altersgruppe nahmen insgesamt 66 Personen an dem freiwilligen Angebot eines Zukunftstages teil.

Die Ergebnisse zeigten, dass die Beschäftigten sich in unterschiedlichem Umfang bereits Gedanken über ihren Ruhestand gemacht hatten; die Plenumsveranstaltungen ergaben zu Ängsten und positiven Erwartungen differenzierte Aussagen. Die oben zitierte Auffassung eines Mitarbeiters, dass Menschen mit geistiger Behinderung sich so etwas Abstraktes wie den Ruhestand ohnehin nicht vorstellen könnten, bestätigte sich nicht. Allerdings gab es große Unterschiede hinsichtlich des vorhandenen Wissens, unterschiedlich großen weiteren Informationsbedarf und teilweise auch Sorgen und Ängste in Bezug auf das Thema.

Sorge bereiteten den Beschäftigten insbesondere die folgenden Zukunftsszenarien:

- gesundheitliche Probleme
- eingeschränkte Mobilität
- höherer Hilfebedarf
- Verlust von Freunden und Bekannten durch den Wegfall der Werkstatt
- Überforderung durch die Pflege kranker Eltern
- Verlust eines Elternteils
- Langeweile
- fehlende Arbeit bzw. Beschäftigung
- wenig Energie, Antriebslosigkeit.

Das Thema „Worauf freue ich mich im Alter“ ergab folgende Aspekte:

- mehr Zeit zum Ausführen von Hobbys
- Ausschlafen
- kein Zeitdruck, kein Stress
- mehr Zeit für Haus- und Gartenarbeit
- mehr Zeit sich mit Freunden zu treffen
- mehr Zeit sich um die Eltern zu kümmern.

Die Beschäftigten gingen großenteils sehr gern zur Arbeit, wollten so lange wie möglich arbeiten, und viele wünschten sich einen langsamen Ausklang über eine Teilzeitbeschäftigung, auch über das Alter von 65 Jahren hinaus. Neben Spaß an der Arbeit selbst wurde der Kontakt zu Kolleginnen und Kollegen genannt. Dieser soziale Kontakt war vor allem für die Beschäftigten aus den ländlichen Regionen des Einzugsbereichs bedeutsam, da die Verkehrsanbindung vieler Orte sehr schlecht ist und nicht alle Beschäftigten sie eigenständig nutzen können. Notwendig sind daher auch Mobilitätstraining bzw. Fahrdienste als unverzichtbare Teilhabeleistung für Menschen im Ruhestand in ländlichen Regionen.

Nur wenige Personen nahmen zum Zeitpunkt der Zukunftstage Angebote wie die Rentnertage oder die Altersteilzeit in Anspruch oder waren über diese informiert. Auf Nachfrage zeigten sich einige der Beschäftigten jedoch interessiert, Angebote dieser Art wahrzunehmen, um testen zu können, wie es sei, Rentner zu sein und sich schrittweise auf den Ruhestand einzustellen. Hier wirkte sich erschwerend aus, dass es in Niedersachsen zum damaligen Zeitpunkt keine verbindliche Regelung zur Teilzeitbeschäftigung gab. Die Werkstatt hatte aus der Sicht der Beschäftigten bisher zu wenig zur Vorbereitung auf den Ruhestand geleistet; dies wurde für die Zukunft in stärkerem Maße gewünscht und führte zur Umsetzung von Angeboten an allen Standorten.

Die vorliegende Literatur ließ erwarten, dass die eigenständige Freizeitgestaltung außerhalb organisierter Angebote eher eingeschränkt sein würde. Die Vielzahl und Individualität der genannten Hobbys war daher überraschend, wenngleich die Teilnehmer der Zukunftstage zweifellos die stärker engagierten und bildungsinteressierten innerhalb der Gesamtgruppe der älteren Beschäftigten waren. Die Teilnehmer und Teilnehmerinnen nannten ein vielfältiges Spektrum an Hobbys: Diese reichten von Handarbeiten, Modelleisenbahnen, Fotografieren, Verreisen und verschiedenen Sportarten bis hin zu Musik hören, Fernsehen gucken, Freunde treffen, Kaffee trinken gehen, Einkaufen oder Bummeln gehen etc. Den Beschäftigten war es wichtig, selbst entscheiden zu können, woran sie teilnehmen möchten. Sehr auffällig war, dass viele der Beschäftigten lieber „normalen" Alltagstätigkeiten wie Hausarbeit oder Gartenarbeit nachgehen wollten und insbesondere Bastelarbeiten ablehnten. Hier wurde deutlich, dass sie bzw. ihre Eltern, an deren Wertvorstellungen sie zum großen Teil festhalten, zu einer Generation gehören, die noch stark am Notwendigen orientiert ist. Dies kam in Gesprächen über Krieg und Vertreibung und die ‚schlechte Zeit' der Nachkriegsjahre in unterschiedlichen Kontexten immer wieder zum Ausdruck. Erstaunlich viele Teilnehmer sprachen auch von Tätigkeiten der ländlichen Hauswirtschaft – Hühner- und Hasenhaltung, Pflege eines Nutzgartens, kleinere Reparaturen, Einkochen – als Tätigkeiten, die ihnen wichtig seien: Es wurde zwar im Einzelfall nicht immer klar, wie stark sie selbst an der Ausführung dieser Tätigkeiten beteiligt waren, eine innere Beteiligung im Sinne des ‚Dabeiseins' wurde aber sehr positiv erinnert.

Einige Beschäftigte äußerten Sorge, dass es keine geeigneten Angebote zur Tagesgestaltung geben werde und sie nicht die nötige Energie haben könnten, Freizeitangebote selbständig zu organisieren. Dazu ist ergänzend zu sagen, dass die insgesamt sechs Seniorenangebote des Trägers räumlich an einzelne Wohnstätten angegliedert sind, aber organisatorisch getrennt und offen für externe Nutzerinnen und Nutzer sind, die modularisierte Angebote nach Bedarf und Wunsch auswählen können. Die Wünsche der Mitarbeiterinnen und Mitarbeiter, auch externe Standorte aufzubauen, und eine flexible, modularisierte Nutzung je nach inhaltlichen Interessen auch für Bewohnerinnen und Bewohner der Wohneinrichtungen und Nutzerinnen und Nutzer ambulanter Assistenz zu ermöglichen, haben sich aus finanziellen Gründen bislang nicht umsetzen lassen (Kapitel 7).

Die derzeitige Wohnsituation der Beschäftigten war sehr unterschiedlich: Etwa die Hälfte der Beschäftigten lebte im Wohnheim, teilweise in Häusern mit angegliederter Seniorenbetreuung. Diese Beschäftigten hatten klarere Vorstellungen über Angebote zur Tagesgestaltung. Ein Viertel lebte gemeinsam mit Eltern oder Angehörigen, und ein weiteres Viertel lebte selbständig, teilweise mit ambulanter Unterstützung. Von einzelnen Ausnahmen abgesehen gaben die Beschäftigten an, mit ihrer derzeitigen Wohnsituation sehr zufrieden zu sein. Auf Nachfrage konnte kaum jemand Veränderungswünsche nennen. Im Gegenteil äußerten viele den Wunsch, in ihrer derzeitigen Wohnung zu bleiben. Diese Ergebnisse zeigen, dass es sehr wichtig ist, verschiedene Möglichkeiten des Wohnens und Lebens erfahren und erproben zu können, da ansonsten zu wenig Lebenserfahrung vorliegt, um vergleichen und wählen zu können.

Einige Teilnehmerinnen und Teilnehmer gaben an, sehr durch die Pflege eines kranken Elternteils beansprucht zu sein und sich nach der Arbeit oder am Wochenende um die Eltern und den Haushalt zu kümmern. In diesem Zusammenhang wurde der Wunsch geäußert, über Hilfsangebote wie „Essen auf Rädern“ oder ambulante Pflegedienste etc. informiert zu werden. Bei diesen Teilnehmerinnen und Teilnehmer fiel auf, dass einige nicht über die Zukunft, d.h. auch den evtl. Tod eines Elternteils reden bzw. nicht darüber nachdenken wollten und das Thema sofort abblockten (Kapitel 6).

Viele der Beschäftigten, die keine Unterstützung beim Wohnen nutzten (Elternhaus und selbständige Wohnformen mit verwandtschaftlicher Unterstützung), waren über bestehende Wohnformen nicht ausreichend informiert. Sie zeigten sich auf Nachfrage interessiert, ein Wohnheim anzusehen oder sich über ambulante Assistenz zu informieren, was ins Konzept der Kurse aufgenommen wurde (Kapitel 5). Ein Teilnehmer berichtete von der Möglichkeit, einen Aufenthalt in der Kurzzeitpflegeeinrichtung zum „Probewohnen“ zu nutzen.

Insgesamt äußerte ein Großteil der Beschäftigten den Wunsch nach Privatsphäre und Selbständigkeit. Andererseits wurde betont, dass es ein gutes Gefühl sei, zu wissen, dass immer jemand da ist, der einem helfen oder den man in schwierigen Situationen um Rat fragen kann.

Damit wird die Aussage des Projekts ‚Neuland entdecken‘ bestätigt: „Diese Senioren brauchen keine Bastelkurse und schlichte Ablenkung von der Leere. Es geht um die Gestaltung ihres Lebens nach eigenen Wünschen, Interessen und – oft verschütteten – Fähigkeiten“ (Landesverband für Körper- und Mehrfachbehinderte NRW 2004, 8).

4.3 Realisierung einer angemessenen Begleitung älterer Beschäftigter

Die Ergebnisse der Zukunftstage sollten u. E. auch von anderen Trägern berücksichtigt werden, da sie die Wünsche und Interessen der Nutzerinnen und Nutzer abbilden. Die Experteninterviews in den Werkstätten des Werkstättenverbundes ergab ebenso wie die schriftliche Befragung der Werkstätten in Niedersachsen dagegen eine Tendenz, unter organisationsbezogenen Gesichtspunkten zu planen: Im Mittelpunkt steht, was den Fachkräften auffällt, und das sind zuerst die Schwierigkeiten und Probleme, die durch Alterungsprozesse entstehen können. Die Überlegungen und Planungen sind dementsprechend eher dadurch motiviert, Schwierigkeiten zu verhindern oder zu lösen, als positive Entwicklungen zu ermöglichen.

Als erstes gerät aus dieser Perspektive eine zu hohe Belastung der Arbeitsgruppen durch nicht leistungsfähige Beschäftigte in den Blick, als nächstes die Belastung mancher älteren Beschäftigten selbst durch den Leistungsdruck in ihrer Gruppe. Als Konsequenz wird dann die Einrichtung einer Seniorengruppe oder der Wechsel des Beschäftigten in den Verpackungsbereich oder die Tagesförderung vorgeschlagen. Damit wird das Thema Alter vor allem aus der defizitorientierten Perspektive wahrgenommen – im Umkehrschluss wird jemand, der noch leistungsfähig ist, nicht als alt wahrgenommen, auch wenn er es vom Lebensalter her ist.

Wenn ein solches Altersbild dominiert, ist nach unseren Erfahrungen mit wenig Akzeptanz für Vorbereitungskurse auf den Ruhestand, für die individuelle Anpassung von Arbeitsplätzen und für die besondere Situation derjenigen, die noch im Elternhaus leben, zu rechnen. Selbst wenn es gelingt, sie zu installieren, ist ihre Wirksamkeit begrenzt, weil die besprochenen Inhalte zu wenig aufgegriffen werden, wenn Kursteilnehmerinnen und -teilnehmer ihren Gruppenleitungen davon berichten. Stattdessen herrscht die bereits zitierte Auffassung vor, die Beschäftigten sollten einfach in den Ruhestand gehen, dann könnten sich die Wohnheim Mitarbeiterinnen und Mitarbeiter um sie kümmern, und es bringe nicht viel, es ihnen vorher erklären zu wollen.

> „Ich bin eigentlich, bin mir nicht ganz sicher, ob das jetzt ähm, also ob das so eine ganz strukturierte Sache sein soll, an der jeder teilnehmen sollte und da muss es ein richtiges Programm geben und ähm. Ansonsten. Also es gehen ja schon Jahrzehnte Leute in den Ruhestand und das hat ja bisher auch geklappt, ne (…) Also ohne das man jetzt die Rückmeldung gekriegt hat, laufend traumatische Erlebnisse, ne."

Eng damit verbunden ist die unzutreffende Auffassung, die WfbM sei ein ‚ganz normaler Betrieb':

> „Weil hier ist es einfach Werkstatt, es ist Arbeitsplatz, es soll gesehen werden als Arbeitsplatz wie jeder andere Arbeitsplatz, denn, mein Arbeitsplatz ist das hier in der Werkstatt, der von meinem Mann ist in der Firma, also es ist hier ein Arbeitsplatz. In der Firma sorgt auch keiner dafür, dass der (etwas lachend) in Ruhestand geht und arbeitet dafür, also seh ich etwas, vielleicht etwas verbissen, aber ich denke, so manche Sachen sind einfach so. Ich denke, sie müssen Krankenscheine mitbringen,

> wenn sie krank sind, sie müssen, haben so und so viel Tage Urlaub, genauso wie ein normal Arbeitender auch."

Diese Auffassung, die nach unseren Erfahrungen in vielen Werkstätten anzutreffen ist, zeigt deutlichen Bedarf bezüglich der Personalentwicklung ebenso wie der Organisationsentwicklung: Der sogenannte Doppelauftrag der Werkstätten, der in der wirtschaftlichen Betriebsführung und der gleichzeitigen Verpflichtung der Förderung der Persönlichkeitsentwicklung der Beschäftigten besteht, ist der Interviewpartnerin anscheinend nicht einmal bekannt.

Wenn dagegen die Auffassung vertreten wird, dass Beschäftigte durchaus die Kompetenz entwickeln können, ihre Wünsche und Bedürfnisse zu äußern, können andere Umgangsweisen mit dem Thema etabliert werden. Allerdings muss dies häufig vom Wohnbereich eingefordert werden:

> „Also da sind wir ständig im Kontakt. Wenn es einen einzelnen Bewohner betrifft. Also das ist jetzt noch keine Pauschallösung, sondern ganz individuell wird für den einzelnen Menschen geguckt, wie kann der Übergang, gut, äh, organisiert werden und, und auch schleichend. Es gibt ja bei uns, äh, die so genannten Rentnertage. Das heißt, dass ab einem bestimmten Lebensalter, oder ab einer bestimmten Belastbarkeitsgrenze geguckt wird, würde es dem Bewohner gut tun, einen Tag zuhause zu bleiben. Kurz vor der Berentung wird es dann so, dass noch ein zweiter Tag dazu kommt, wo der Bewohner hier im Haus bleibt, sodass dieser, äh, Cut, dann nicht so, so ganz klar ist. Wir hatten es auch schon anders herum. Dass Bewohner fünfundsechzig waren und wollten nicht aufhören zu arbeiten, da hatten wir das dann organisiert, dass die noch einmal oder zweimal in der Woche da hinfahren konnten und dann ist das so langsam ausgeschlichen. Wir haben unterschiedlichste Formen der Arbeitszeitverkürzung, eben einen ganzen Tag zuhause bleiben, oder später zur Arbeit fahren, oder eher nach Hause kommen. Da wird aber auch ganz individuell für den Einzelnen geguckt."

Kurse zur Auseinandersetzung mit dem Ruhestand können in dieser Situation auch dazu führen, dass Beschäftigte ihre Belange besser selbst vertreten können. Sie benötigen dazu allerdings kompetente, aufgeschlossene Gesprächspartner auf Seiten des Sozialdienstes und der Gruppenleitungen.

Der Umgang mit älteren Beschäftigten wird – neben dem Übergang auf den ersten Arbeitsmarkt und der angemessenen Beschäftigung sehr schwer behinderter Menschen – ein Thema sein, das die Werkstätten in den nächsten Jahren beschäftigen muss und als Prüfstein für Qualität gelten kann: Exemplarisch lässt sich hier erkennen, ob Werkstätten Ernst machen mit dem Ziel, individuelle, gut angepasste Arbeitsplätze zur Verfügung zu stellen und Menschen mit Behinderung in ihrer Persönlichkeitsentwicklung angemessen zu begleiten.

Ein biographiesensibler und individueller Umgang mit älteren Beschäftigten sollte verschiedene Maßnahmen umfassen, die zum einen darauf gerichtet sind, Beschäftigungsmöglichkeiten zu erhalten, zum anderen den Übergang in den Ruhestand und die darauf bezogene Zukunftsplanung zu unterstützen. Nicht jeder Beschäftigte benötigt alle im Weiteren benannten Bausteine, aber sie alle sollten in einer WfbM bedacht und erprobt werden:

- Eine *ergotherapeutische Anpassung des Arbeitsplatzes* an ein nachlassendes Leistungsvermögen und zunehmende körperliche Einschränkungen kann in vielen Fällen Arbeitsplätze erhalten. Unsere Forschungsergebnisse und Erfahrungen zeigen, dass der Verlust des Arbeitsplatzes beispielsweise in der Gärtnerei oder Schlosserei auch als Statusverlust erlebt wird, weshalb einzelne Beschäftigte sich angesichts nachlassender Kräfte so stark überfordern, dass die Unfallhäufigkeit zunimmt. Diese Erfahrungen werfen auch die Frage auf, wie inklusiv Werkstätten für behinderte Menschen in ihrer Binnenstruktur sind, und wie es ihnen gelingt, den gewünschten Arbeitsplatz zu erhalten und an die Leistungsfähigkeit anzupassen. Ausgehend vom Thema Alter können Werkstätten auch die Arbeitsplätze jüngerer

Beschäftigter mit gesundheitlichen Einschränkungen und Mehrfachbehinderungen besser anpassen.

- Eine *zeitliche Anpassung* in Form eines freien Tages oder verkürzter täglicher Arbeitszeit in der gewohnten Gruppe kann sowohl den Arbeitsplatz erhalten als auch einen allmählichen Übergang einleiten. Die Ergebnisse der ‚Zukunftstage'zeigten, dass diejenigen Beschäftigten, die einen solchen Tag in Anspruch nahmen, wesentlich besser informiert waren über die Nutzung von Tagesangeboten für Senioren, und sich weniger Sorgen in Bezug auf die Gestaltung des Ruhestands machten. Hier müssen bundesweit dringend klare, kostendeckende Leistungsvereinbarungen für Teilzeitregelungen auf Landesebene geschaffen werden, soweit dies nicht bereits geschehen ist.
- Die Bearbeitung des Themas im Rahmen der *Hilfeplangespräche,* im Einzelfall auch eine *intensivere Begleitung oder persönliche Zukunftsplanung* kann dem Beschäftigten helfen, sich dem Thema gedanklich und emotional zu nähern. Bis das Thema ‚ältere Beschäftigte' sich etabliert hat, ist es nach unseren Erfahrungen günstig, eine generelle Regelung zu treffen und ins Qualitätsmanagement aufzunehmen: beispielsweise könnte generell im Alter ab 45+ in der Vorbereitung des Hilfeplangesprächs von der Gruppenleitung angegeben werden, ob Anzeichen für altersbedingte Veränderungen oder nachlassende Kräfte aufgefallen sind, und falls dies der Fall ist, das Thema im Rahmen der Hilfeplanung angesprochen werden. Auch Hinweise im Verhalten, die auf Einschränkungen des Seh- und Hörvermögens hindeuten, sollten von diesem Alter an gezielt überprüft werden. Inhaltlich sollten bei Bedarf die Themen Ruhestand, Wohnen, Freizeit, Gesundheit und Beziehungen angesprochen werden.
- *Ruheräume* in Werkstätten, die Pausen während der Arbeitszeit erlaubten, stellen eine weitere Möglichkeit dar. Hier ist allerdings zu berücksichtigen, dass der Zugang so geregelt wird, dass Neid jüngerer oder Abwertung älterer Beschäftigter vermieden werden. Dies ist möglich, indem

klare, in der gesamten Werkstatt kommunizierte Regelungen getroffen werden. Sie müssen die Gründe offen legen, ohne betroffene Beschäftigte zu diskriminieren. Zudem sollte nicht die gesamte ältere Belegschaft als weniger leistungsfähig etikettiert werden, da Alterungsprozesse sehr unterschiedlich verlaufen. Dies gelingt um so leichter, wenn das Thema Alter von der Leitung als relevantes Querschnittsthema angesehen und diese Position sichtbar vertreten wird, im Idealfall abgestimmt auf Maßnahmen der Personalentwicklung für ältere Mitarbeiter ohne Behinderung.

- *Bildungsangebote* zur Vorbereitung auf den Ruhestand können im Rahmen der beruflichen Bildung angeboten werden. Sie sollten keine Freizeitangebote sein, sondern eine gezielte Auseinandersetzung mit der Thematik ermöglichen (Kapitel 5). Neben Kursen zur Vorbereitung auf den Ruhestand, die auf freiwilliger Basis allen älteren Beschäftigten angeboten werden, sollten auch Bildungsangebote geschaffen werden, die gezielt Beschäftigte im Elternhaus ansprechen und zur Auseinandersetzung mit ihrer Zukunft einladen (Kapitel 6).
- *Freizeitangebote* für ältere Beschäftigte sollten innerhalb von Werkstätten *nicht gesondert* angeboten werden, weil es dafür keinen inhaltlichen Grund gibt. Sie würden den ‚Sonderstatus' älterer Beschäftigter betonen und Ausschlusstendenzen älterer Beschäftigter innerhalb der WfbM verstärken. In der Regel sind die Freizeit- und Sportangebote der Werkstätten für Teilnehmer mit unterschiedlichem Leistungsvermögen geeignet. Dasselbe gilt für Angebote zur gesunden Ernährung und Sport. Diese Angebote leisten allerdings ebenfalls einen wichtigen Beitrag zur Gesundheitsvorsorge. Da viele Beschäftigte Angebote der WfbM in Anspruch nehmen, zu denen sie nach Ausscheiden aus der WfbM keinen Zugang mehr haben, muss unbedingt mit ihnen besprochen werden, was sie im Ruhestand gern weiterführen möchten, und wie dies außerhalb der WfbM realisiert werden kann.

- Weitere Angebote wie *Wohnberatung, ‚Probewohnen'*, *Kurzzeitangebote* und Leistungen von *FUDs, Bildungs- und Freizeitwerken* können in unterschiedlicher Weise ebenfalls zu einem gelungenen Übergang beitragen. Erstere richten sich vor allem an ältere Menschen, die im Elternhaus oder bei nahen Angehörigen leben, und dienen der Information über alternative Wohnmöglichkeiten und der Erprobung von Eigenständigkeit sowie der Erschließung von Interessen. *Bildungs- und Freizeitangebote,* die unabhängig von der Beschäftigung in der WfbM besucht werden können, bieten Kontinuität im Übergang und mindern die Angst vor Isolation und Langeweile, die viele Beschäftigte äußern.

In den folgenden Kapiteln werden zwei spezifische Bildungsangebote näher dargestellt, die strukturelle Veränderungen (z. B. Pausenräume) und individuelle Regelungen (z. B. Anpassung des Arbeitsplatzes) sinnvoll ergänzen. Da die Bildungsangebote die biographische Kompetenz der Teilnehmerinnen und Teilnehmer stärken, können diese die benannten anderen Bausteine zudem besser nutzen, wenn sie zugleich Zugang zu einem Bildungsangebot erhalten.

5. „Mit 66 Jahren …“ Erwachsenenbildungsangebote im Übergang auf den Ruhestand

Der Kurs „Mit 66 Jahren …“ richtet sich an ältere Beschäftigte mit geistiger Behinderung, für die der Ruhestand unmittelbar bevorsteht bzw. die ein Interesse daran haben, sich mit dem eigenen Ruhestand auseinander zu setzen. Ziel des Kurses ist es, zum einen über die mit dem Ruhestand verbundenen Veränderungen zu informieren, zum anderen, sich mit dem eigenen Alter auseinanderzusetzen und Perspektiven für die Lebensphase nach dem Ruhestand zu entwickeln.

Das dargestellte Konzept wurde im Rahmen des Projektes „Anders alt?!“ entwickelt und in fünf Zweigwerkstätten der Osnabrücker Werkstätten erprobt. Bei den eingesetzten Materialien wurde größtenteils auf bereits bestehende Sammlungen zurückgegriffen (u.a. C. Lindmeier 2004/2013; Emrich/Gromann/Niehoff 2006; Osnabrücker Werkstätten gGmbH 2014, Internetseite www.inklusion-als-menschenrecht.de), die bei Bedarf den jeweiligen Ansprüchen angepasst wurden. Die selbst entwickelten Methoden sind im 10. Kapitel beschrieben.

5.1 Ziele des Kurses

Wesentliche Ziele der Kurse sind die Stärkung biographischer Kompetenz und die Entwicklung konkreter Perspektiven für das Leben im Ruhestand. Mit Ende des Kurses sollen die Teilnehmerinnen und Teilnehmer zu vielen wichtigen Lebensbereichen im Zusammenhang mit dem Ruhestand Wissen erworben, Anregungen erhalten und Ideen gesammelt haben. Dieses erleichtert oder ermöglicht eine personzentrierte, abgestimmte Begleitung im Übergang.

Wichtig für den Erfolg des Kurses sind u.a. die Information und die Zusammenarbeit mit den Bezugspersonen der einzelnen Teilnehmerinnen und Teilnehmer. Dabei geht es darum, sie durch eine umfassende und verständliche Information über die Ziele des Kurses ebenfalls für dieses Thema zu sensibilisieren. Auf diese Weise kann eine bessere Unterstützung und Beratung der Teilnehmerinnen und Teilnehmer auch außerhalb der Kurszeiten gewährleistet werden. Diese Hilfe kann die Kursleitung schon im Vorfeld durch eine angemessene Aufklärung und durch die Vermittlung von Kontakten zu geeigneten Fachdiensten anbahnen.

Eine Evaluation des Kurskonzepts im Rahmen des Forschungsprojekts „Anders alt?!“ bestätigte den Erfolg der Kurse:

- Die meisten Teilnehmerinnen und Teilnehmer waren nach dem Kurs in der Lage, ihr eigenes Alter und altersbezogene Veränderungen besser einschätzen zu können.
- Die Teilnehmerinnen und Teilnehmer verfügten nach dem Kurs über umfassende Informationen zum Thema Ruhestand: Zum Zeitpunkt, zur Höhe der Rente bzw. ihres Selbstbehalts, zu den Unterstützungsmöglichkeiten in den Bereichen Wohnen und Freizeit bzw. zu Angeboten für Senioren.
- Im Kursverlauf fand eine intensive Auseinandersetzung mit eigenen Ängsten und Sorgen in Bezug auf die Zukunft statt, gegebenenfalls auch mit denen der Angehörigen, deren Meinung für viele Beschäftigte eine große Rolle spielt. Die lösungsorientierte Beschäftigung mit diesen Zukunftsgedanken ermöglichte eine Reduzierung der negativen Gefühle und eine Entwicklung konkreter Zukunftsperspektiven, insbesondere für die Bereiche Wohnen, Freizeit und Mobilität.
- Der Großteil der Teilnehmerinnen und Teilnehmer hatte klarere Perspektiven und mehr Wünsche und Ideen entwickelt. In besonderem Maße profitierten die Teilnehmerin-

nen und Teilnehmer von den Kursen, die vorher sehr wenig Interessen und Ideen benennen konnten.

- Darüber hinaus entwickelte sich während der Veranstaltung ein intensives Erleben von Gemeinschaft, verbunden mit dem Lernen von den Ideen von Gleichbetroffenen und Solidarisierung mit ihnen.

5.2 Empfehlungen zur Kursorganisation

Wir empfehlen eine Ausschreibung der Kurse über die Maßnahmen zur beruflichen Bildung in Werkstätten für behinderte Menschen, denn auf diese Weise sind sie Teil des normalen Bildungsangebots der Werkstätten, die damit ihrem Auftrag der Persönlichkeitsentwicklung (§ 136 SGB IX) nachkommen. Das Programm, das Anmeldungsverfahren und die Teilnahme an Kursen der beruflichen Bildung sind sowohl unter Beschäftigten als auch Mitarbeiterinnen und Mitarbeitern gut bekannt, so dass mögliche Zugangsbarrieren reduziert werden (vgl. auch Kapitel 6).

Wenn, was an sich anzustreben ist, bereits gute Kooperationen mit allgemeinen Anbietern der Erwachsenenbildung wie Volkshochschulen oder anderen vorhanden sind, gilt dies natürlich nicht. Allerdings ist diese Thematik eine der wenigen, die aus inhaltlichen Gründen ein zielgruppenspezifisches Bildungsangebot auch im Rahmen eines grundsätzlich inklusiven Erwachsenenbildungsprogramms rechtfertigt.

Umfang und Themen. Das Kurskonzept ist auf einen zeitlichen Umfang von zwölf zweistündigen Kurseinheiten hin angelegt und umfasst die folgenden Themen, die dem Interesse und den Bedürfnissen der Teilnehmerinnen und Teilnehmer entsprechend unterschiedlich intensiv behandelt werden können.

1. Alter – Was ändert sich?
2. Arbeit

3. Freizeit
4. Wohnen
5. Informationen zum Ruhestand
6. Wünsche für den eigenen Ruhestand

Gruppengröße. Eine Gruppengröße von sechs bis acht Teilnehmerinnen und Teilnehmern bei einer doppelten Kursleitung hat sich bewährt. Dieser Personalschlüssel ist erforderlich, um die für einen erfolgreichen Kurs notwendige individuelle Unterstützung und Begleitung realisieren zu können.

Zur Beschreibung der Zielgruppe in der Ausschreibung empfiehlt sich die Eingrenzung „für Beschäftigte ab 55 Jahren“, das Einhalten starrer Altersgrenzen bei der Teilnahme an diesem Kurs ist jedoch nicht sinnvoll, da das Thema auch für den Personenkreis von Interesse ist, der deutlich vor dem Erreichen der gesetzlichen Altersgrenze in den Ruhestand gehen wird. Daher sollten Mitarbeiterinnen und Mitarbeiter aufmerksam sein für jüngere Beschäftigte, die ebenfalls von diesem Angebot profitieren könnten. Bei großer Nachfrage empfiehlt es sich, Teilnehmerinnen und Teilnehmer vorrangig zu berücksichtigen, für die der Ruhestand unmittelbar bevorsteht.

Kompetenzen der Kursleitung. Die Kursleitung muss über erwachsenenpädagogische (andragogische) und didaktische Kompetenzen sowie eine gute Kenntnis des Teilnehmerkreises verfügen, da es sich zum Teil um bildungsungewohnte Teilnehmerinnen und Teilnehmer handelt. Viele Beschäftigte nehmen zwar an Bildungskursen zum richtigen Umgang mit Gefahren, mit Arbeitsmaterialien und Werkzeugen teil, wie beispielsweise ‚Umgang mit dem Gabel-Hub-Wagen‘ oder ‚Erste Hilfe‘. Dies sind jedoch Veranstaltungen, die praktische Fähigkeiten und Kenntnisse vermitteln, während biographisches Lernen intensive Selbstreflexion erfordert. Aus diesem Grund ist es hilfreich, wenn zumindest bei den ersten Terminen auch eine Mitarbeiterin oder ein Mitarbeiter der Werkstatt (zum Beispiel aus dem Gruppendienst oder dem Sozialdienst) anwesend ist, der allen Teilnehmerinnen und Teilnehmern bekannt ist. Das schafft zum einen Vertrauen, zum anderen hilft das Wissen über die Teilnehmerinnen und Teilnehmer, erste Anknüpfungspunkte für die Initiierung von Bildungsprozessen zu schaffen.

Darüber hinaus muss die Kursleitung darauf achten, ihre eigenen Vorstellungen vom „guten Altern" nicht auf die Teilnehmerinnen und Teilnehmer zu übertragen, sondern sie zu darin unterstützen, individuelle Ziele für das Älterwerden und den Ruhestand zu formulieren. Die Experteninterviews, die im Rahmen des Forschungsprojekts „Anders alt?!" mit Mitarbeiterinnen und Mitarbeiter geführt wurden, zeigten beispielsweise, dass der Besuch der von der Einrichtung organisierten Disco von einigen Mitarbeiterinnen und Mitarbeitern als für ältere Beschäftigte nicht altersangemessen bewertet wurde. Dies sind unreflektierte normative Haltungen, die es Kursteilnehmerinnen und -teilnehmern nicht erleichtern herauszufinden, wie sie selbst sich ihren Ruhestand vorstellen.

Gruppenleitungen haben einen großen Einfluss auf die Anmeldung. Ermutigung ist günstig, gerade wenn die Gruppenleitung den Eindruck hat, das Thema Alter und Ruhestand sei bedeutsam für den Beschäftigten – aber die Kursteilnahme muss freiwillig sein. Auch Vertraulichkeit muss garantiert werden (Lindmeier 2013, 55). In der Auseinandersetzung mit dem eigenen Leben ist es gut möglich, dass beispielsweise traumatische Erlebnisse erinnert werden (a.a.O., 93). In diesen Situationen ist die gemeinsame Kursleitung besonders wichtig, denn ein Kursleiter kann den Kurs fortsetzen, während die andere sich dann gegebenenfalls mit dem betroffenen Teilnehmer oder der Teilnehmerin zurückziehen und gemeinsam beraten kann, welche Schritte für sie oder ihn jetzt hilfreich wären, beispielsweise die Vereinbarung eines Gesprächs mit einer Psychologin des Begleitenden Dienstes der Werkstatt. In diesem Zusammenhang müssen Kursleitungen sensibel darauf achten, wie weit das Erzählte für die Gruppe bzw. die einzelnen Gruppenmitglieder (er-)tragbar ist und auch hier möglicherweise Unterstützung anbieten.

In einem Kurs berichteten zwei Teilnehmerinnen zum Thema ‚früher und heute' von früheren Gewalterfahrungen im Elternhaus. Sie schaukelten sich gegenseitig dahingehend auf, dass jede behauptete, das ‚schwerere Leben' gehabt zu haben, und sie dies mit immer drastischeren Beispielen belegten. Mehrere andere Kursteilnehmerinnen reagierten verstört darauf und versuchten vergeblich das Thema zu wechseln. Die Kursleiterin unterbrach die beiden Teilnehmerinnen und fragte die gesamte Gruppe, ob sie weiter über ‚schlechte Erlebnisse' reden wollten oder ob sie lieber über gute Erlebnisse von früher und heute erzählen würden. Letzteres wurde bejaht und mit dem Rest der Gruppe und einer Kursleiterin umgesetzt, während die andere mit den beiden Frauen in einem Nebenraum sprach. Dabei ging es vor allem darum zu klären, dass die Gruppe kein geeignetes Forum für die intensive Beschäftigung mit der erfahrenen Gewalt sei, weil dies bei anderen Teilnehmerinnen Angst auslöste, dass es aber möglich sei, mit der Psychologin des begleitenden Dienstes einen Termin zu machen. Die Kursleitung bot auch an, dabei zu unterstützen, aber die beiden Teilnehmerinnen lehnten dies ab, da sie schon solche Gespräche geführt hatten.

Während einer überregionalen Wochenendveranstaltung begann eine Teilnehmerin zu weinen und erzählte von sexueller Gewalt durch ihren Vater, deren Aufdeckung dazu geführt habe, dass sie – erst seit kurzer Zeit – im Wohnheim sei, aber auch zu Mutter und Geschwistern keinen Kontakt mehr habe. „Und dann bin ich eben weggekommen" lautete ihre Formulierung, die sie mehrfach wiederholte. Auch hier ging es im folgenden Einzelgespräch darum zu klären, ob sie sich an ihrem Heimatort durch die Mitarbeiter der Einrichtung gut betreut und auch bezüglich der Gestaltung der Beziehungen zu ihrer Familie und etwaiger Gesprächsangebote gut begleitet fühlt, was sie bejahte. Außerdem wurde besprochen, was ihre Motivation zur Anmeldung für die Veranstaltung war, was sie bearbeiten möchte und sich in diesem Kontext zutraut.

Generell gilt aber, nicht zu früh zu intervenieren, denn andere Gruppenmitglieder haben oft gute Strategien, die Äußerungen aufzugreifen und Rückmeldungen zu geben. Durch die Auseinandersetzung mit eigenen, vergleichbaren Erfahrungen durch die Kursteilnehmerinnen und -teilnehmer und ihre unterschiedlichen Strategien und Lösungsansätze wird die Gruppensituation im Verlauf des Kurses auch immer anregender und fruchtbarer. Außerdem werden ja nicht nur negative Erinnerungen thematisiert, sondern ebenso Positives, und auch verpasste oder aufgeschobene Wünsche können zum Inhalt der Gespräche werden. Sie zu thematisieren ist Teil der von Olbrich und Kruse beschriebenen Kompetenz, das eigene Leben zu bewerten und es trotz der erlebten Brüche und enttäuschen Hoffnungen als grundsätzlich positiv zu bilanzieren (Kapitel 2.2). Gerade die (scheinbar) verpassten Wünsche und Chancen sind es, die wichtige Impulse für Wünsche an den Ruhestand geben können: sei es, Verwandte nochmals wiederzusehen, verpasste Bildungschancen nachzuholen oder verschüttete Fähigkeiten wiederzubeleben. Ebenso ist es möglich, dass die Erinnerungen lediglich neu strukturiert und bewertet werden. Müller (1994, zit. nach C. Lindmeier 2013, 27) nennt diese Form des Erinnerns „evaluatives Erinnern“.

Eingesetzte Arbeitsmaterialien. Die Arbeitsmaterialien müssen so gestaltet werden, dass sie grundsätzlich für Menschen mit unterschiedlichen Kompetenzen und Fähigkeiten nutzbar sind. Dennoch bleibt ein gewisses Maß an Abstraktionsvermögen erforderlich und wir empfehlen, Aufgaben stets auch zu erläutern und zu ‚übersetzen‘. Kenntnisse der individuellen Lebenssituation sind dabei sehr hilfreich, darüber hinaus ist es nach unseren Erfahrungen sinnvoll, die anderen Kursteilnehmerinnen und -teilnehmer ebenfalls um Unterstützung zu bitten: Häufig kennen sich die Beschäftigten bereits über viele Jahre, wissen um ausgefallene Interessen und Hobbys. Gleichzeitig sind sie häufig Experten für die Angebote der jeweiligen Region und können dadurch etwa wichtige Hinweise auf bevorzugte Freizeitunternehmungen geben.

Ein Teilnehmer eines Kurses zum Lebensbuch (Kap. 6), der nur einzelne Worte sprach, konnte mit Unterstützung von langjährigen Kollegen, die ebenfalls Teilnehmer des Kurses waren, Auskunft über seine wichtigsten Freizeitvorlieben geben: Seinen Feierabend verbrachte er häufig auf dem Gelände eines örtlichen Fuhrunternehmens, wo er seit Jahren die Lastwagen beim Ankommen, Abfahren und Rangieren beobachtete.

Ohne die Erläuterungen der anderen Teilnehmerinnen und Teilnehmer wäre es im Kurs wohl nicht möglich gewesen, dieses individuelle Hobby adäquat zu beschreiben.

Für die Ermittlung der Kompetenzen im Bereich der Kulturtechniken lässt sich die ‚Leselupe' (Koch/Euker 2009) einsetzen: sie ermöglicht einen schnellen Überblick, welche Lesekompetenzen vorhanden sind, wer also Fotos, Bilder, Piktogramme, Wörter oder Sätze lesen kann. Die individuell ‚lesbare' Gestaltung der angefertigten Materialien ist eine wesentliche Voraussetzung dafür, dass alle Teilnehmerinnen und Teilnehmer sich allein mit ihnen weiter beschäftigen, und dass sie sie nach Ende des Kurses weiterhin nutzen können.

Die Arbeitsblätter dienen der Kursdokumentation und der weitergehenden Auseinandersetzung mit den Kursthemen und den eigenen Perspektiven. Sie werden in individuell gestalteten Arbeitsmappen gesammelt. Eine gut verständliche Dokumentation der Ergebnisse ist von großer Bedeutung, dennoch gilt, dass die intensive Auseinandersetzung mit den einzelnen Themen grundsätzlich Priorität genießt und nicht zugunsten einer geplanten Dokumentation abgebrochen werden sollte. Es ist als Erfolg zu werten, wenn die Gruppe sich intensiv austauscht und längere Überlegungen zu einzelnen Schwerpunkten angestellt werden, selbst wenn dadurch weniger Themen bearbeitet werden können. Dies entspricht dem Grundsatz biographischer Arbeit, dass jeder Teilnehmer und jede Teilnehmerin selbst einschätzen kann und muss, was für ihn oder sie relevant ist. Auch vermeintliche Umwege und ausufernde Erzählungen, die im Arbeitsalltag oft sofort unterbunden werden, müssen ihren Platz bekommen – wobei selbstverständlich auch darauf zu achten ist, dass es sich um wichtige Themen für die gesamte Gruppe handelt und immer wiederkehrende Erzählungen Einzelner die Geduld der übrigen Teilnehmer nicht überfordern. Die Entscheidung über die Fortsetzung, Steuerung oder den Abbruch von Diskussionen ist sicherlich als eine der verantwortungsvollsten Aufgaben der Moderation dieser Kurse zu bezeichnen. Mit diesem Hinweis auf die erforderliche individuelle Gestaltung der Veranstaltung möchten wir noch einmal betonen, dass der weiter unten vorgestellte Kursablauf und die Methoden lediglich beispielhaft zu verstehen sind.

Um die Lebensdauer von Materialien, die in späteren Kursen erneut eingesetzt werden sollen, zu verlängern, empfehlen wir, diese zu laminieren. Das gilt für Bildkarten und für die „Stopp-Leichte Sprache"-Karten.

Bei der (Weiter-)Entwicklung von Materialien sind die Regeln der Leichten Sprache zu beachten. Auch die Größe der Arbeitsblätter (A4 oder A3), die Größe und Farbe des Bildmaterials, die Schriftgröße und Struktur sind wichtige Bestandteile leichter Verständlichkeit. Arbeitsmaterialien in größerem Format lassen sich bei motorischen Einschränkungen besser bewältigen, farbige Bilder lassen sich bei eingeschränkter und/oder nachlassender Sehfähigkeit besser erkennen, das gleiche gilt für die Schriftgröße, die in manchen Fällen individuell angepasst werden muss, aber nicht kleiner als 18 pt groß sein sollte.

Alle Fotos, die die Teilnehmerinnen und Teilnehmer von sich mitbringen, sollten – mit dem Einverständnis der Teilnehmer – gescannt werden. So können sie, wenn nötig, erneut verwendet werden. Außerdem können die Bilder, die möglicherweise aus dem Familienalbum entnommen wurden, nach dem Duplizieren, zurückgegeben werden. Dies erhöht die Bereitschaft von Teilnehmern bzw. ihren Angehörigen, eigene Bilder zur Verfügung zu stellen.

In einem mehrmonatigen Bildungskurs stellt sich die Frage, wer die Arbeitsmappen der Teilnehmerinnen und Teilnehmer aufbewahrt. Generell ist es erstrebenswert, dass die Teilnehmerinnen und Teilnehmer selbst die Verantwortung für ihre Materialien übernehmen. Sie können die Mappen nach dem Kurs wieder mit nach Hause nehmen und ihren Angehörigen bzw. Mitarbeiterinnen und Mitarbeiter und Mitbewohnerinnen und Mitbewohner das neu erarbeitete Material zeigen. Auf diese Weise können andere Personen auch direkt und unkompliziert bei bestimmten Themen unterstützen und dem Teilnehmer bzw. der Teilnehmerin weitere Ideen mitgeben, die ihm bzw. ihr im Kurs nicht eingefallen sind. Es besteht natürlich die Gefahr, dass die Mappen zu Hause vergessen werden und in der jeweiligen Sitzung ohne die bereits erarbeiteten Ergebnisse gearbeitet werden muss. Um dies zu vermeiden, könnte die Kursleitung die Verantwortung für die Arbeitsmappen natürlich übernehmen und diese zum Ende jeder Sitzung wieder einsammeln. Auch wenn damit sehr wahrscheinlich ein großer, beeindruckender Effekt am Ende des Kurses bewirkt würde, wenn nämlich die Teilnehmerinnen und Teilnehmer ihre gesammelten Ergebnisse zu Hause oder in der Arbeitsgruppe präsentieren, wiegt unseres Erachtens der Nachteil schwerer, dass sie während des Kursverlaufs noch keine Routine im Umgang mit der Arbeitsmappe im Alltag entwickeln konnten. Daher empfehlen wir, dass die Teilnehmerinnen und Teilnehmer die Aufgabe haben, an ihre Mappen zu denken. Gemeinsam kann man dann am Anfang über einen guten Aufbewahrungsort für die Mappen nachdenken. Im Laufe des Kurses lohnen sich kurze Blitzlichter, ob man die Mappe schon mal jemandem gezeigt hat oder sie auch an den Tagen zur Hand nimmt, an denen kein Kurs stattfindet.

Anders als in thematisch offenen Angeboten zum biographischen Lernen werden in diesem Angebot sehr viele Informationen präsentiert, die die Teilnehmerinnen und Teilnehmer verarbeiten und auf ihr eigenes Leben beziehen müssen. Daher ist es unserer Erfahrung nach notwendig, Vorbereitungszeit in gut strukturierte, übersichtliche und verständliche Präsentationen zu investieren. Geeignete Bilder, die das Gesagte und Geschriebene ergänzen, bieten zum Beispiel die Lebenshilfe Bremen e.V. (2013) oder die Sammlung „Picto Selector", die kostenlos aus dem Internet heruntergeladen werden kann. Zur Grundausstattung für diesen Kurs gehören:

- Moderationskoffer
- Notebook und Beamer für Powerpoint-Präsentationen
- Eckspannmappen als Arbeitsmappen
- Kugelschreiber, Bleistifte, Anspitzer und Radiergummis,

- Scheren und Kleber für alle Teilnehmerinnen und Teilnehmer
- Eine breite Auswahl an Bildern/Piktogrammen und Magazinen für das Bearbeiten von Arbeitsblättern
- Für Teilnehmerinnen und Teilnehmer, die keine eigene Kamera und kein Fotohandy haben: Einmalkameras
- Im Projekt wurde zudem eine Broschüre für Menschen mit Behinderung zum Ruhestand erarbeitet, die zwar teilweise regionale Besonderheiten enthält, aber möglicherweise dennoch für andere Kurse nutzbar ist (Hochschule Osnabrück et al. 2012).

Vorbereitung. *Vor Kursbeginn* ist es sinnvoll, dass die Kursleitung die Teilnehmerinnen und Teilnehmer in ihrer Arbeitsgruppe aufsucht, um sie persönlich kennenzulernen. Dies wird hinsichtlich des Aufwandes erleichtert, wenn eine Kursleitung aus dem Kontext der WfbM stammt; es ist aber für eine externe Kursleitung noch bedeutsamer. Dabei sollte ein Foto von den Beschäftigten an ihren Arbeitsplätzen gemacht werden, das bei Kursbeginn auf die jeweilige Kursmappe geklebt werden kann. Es lohnt sich, gleich mehrere Abzüge von diesem Foto erstellen zu lassen, da das Bild mehrfach im Kursverlauf benötigt wird. Außerdem sollte in einem gemeinsamen Gespräch eine ‚Personenbeschreibung: das ist wichtig für mich!' mit wesentlichen Informationen (Name, Alter, Wohnort, Arbeitsgruppe, Hobbys, wichtige Menschen) erstellt werden (Abb. 1). Diese wird in der ersten Kurseinheit an die Teilnehmerinnen und Teilnehmer ausgehändigt und dient der Kursleitung bei der Vorbereitung auf den Kurs als Orientierungshilfe, um die ersten Einheiten, in denen die Gruppe noch nicht so gut bekannt ist, möglichst teilnehmerorientiert gestalten zu können. Vor Kursbeginn sollte Eckspannmappen angeschafft werden, in denen alle Materialien, die im Laufe des Kurses erstellt werden, gesammelt werden können. Eckspannmappen eigenen sich besonders gut, weil sie leicht zu handhaben und sicher zu schließen sind, verschiedene Formate sammeln und kein Einheften erfordern.

Abb. 1: Personenbeschreibung: Das ist wichtig für mich

Das ist wichtig für mich

Name: ______________________

Geburtstag: ______________________

Adresse: ______________________

____

Mit diesen Menschen wohne ich zusammen:

____

In dieser Werkstatt arbeite ich:

____

In dieser Arbeits-Gruppe arbeite ich:

____

Diese Dinge mache ich gerne in meiner Freizeit:

____

____

____

Aufbau der Kurseinheiten. Jede Kurseinheit besteht aus folgenden Bestandteilen:

- *Begrüßung*
- *Wiederholung der vorausgegangenen Kurseinheit:* Die Themeninhalte der vorangegangenen Einheit sollen – soweit möglich durch die Teilnehmerinnen und Teilnehmer – zusammenfassend wiederholt werden. Dabei sollen Themen aus der letzten Kurseinheit, die die Teilnehmerinnen und Teilnehmer besonders beschäftigt haben, nochmals aufgegriffen werden. Unterstützend können wesentliche Folien der Präsentation der vorangegangenen Einheit oder Arbeitsmaterialien gezeigt und besprochen werden. Eine gute Erinnerungsstütze besteht darin, von jeder Kurseinheit Fotos zu machen und diese in die Powerpoint-Präsentation der nächsten Einheit einzubauen.
- *Hauptteil:* Die wesentlichen Inhalte der einzelnen Einheiten sind unten genauer beschrieben.
- *Reflexionsrunde:* Am Ende jeder Einheit werden die Kursinhalte von der Kursleitung in einer Art ‚Lehrgespräch' zusammengefasst. Die Teilnehmerinnen und Teilnehmer und die Kursleitung äußern ihre Meinung zu dem aktuellen Kurstag und benennen Wünsche und Erwartungen für das nächste Treffen.

5.3 Kursdurchführung

Da je nach Teilnehmerkreis einige Themen mehr Aufmerksamkeit erfordern und andere vergleichsweise schnell erfolgreich erarbeitet sind, ist die Einordnung der Themen in die einzelnen Einheiten nur als grobe Orientierung zu verstehen – es liegt in der Verantwortung der Kursleitung, Änderungen entsprechend der Bedarfe der Gruppe vorzunehmen. Um also zu gewährleisten, dass sich die Schwerpunktsetzungen und Arbeitsweisen den Bedarfen der Teilnehmerinnen und Teilnehmer anpassen – und nicht umgekehrt, erfordert jede Kurseinheit trotz des detaillierten Konzepts eine gründliche Vor- und Nachbereitung. Dieser zeitliche Aufwand muss in ein entsprechendes Zeitkontingent eingeplant werden.

Einheit 1: Kennenlernen und Einführung in das Thema ‚Älterwerden'

Ziel: Schaffung einer gemeinsamen Arbeitsgrundlage: Kursregeln, thematische Einführung, erste Systematisierung von Vorwissen

Inhalte und Methoden: Nach der Begrüßung, einer kurzen Vorstellungsrunde und einer Übersicht über die bevorstehenden thematischen Bausteine des Kurses beginnt der Kurs mit dem Schlager ‚Mit 66 Jahren' von Udo Jürgens. Die Teilnehmerinnen und Teilnehmer bekommen die Aufgabe, gut zuzuhören, wovon dieses Lied handelt. Danach wird eine Gruppendiskussion angeregt, in der die Fragen beantwortet werden sollen: ‚Worum dreht es sich in diesem Lied?' ‚Was will Udo Jürgens alles machen, wenn er 66 Jahre alt ist?' ‚Warum dann? Was hat es mit den 66 Jahren auf sich? Was ändert sich dann?'

Nach dem thematischen Einstieg geht es zunächst wieder um organisatorische Dinge. Dazu werden als erstes rote Stopp-Karten mit der Aufschrift ‚Stopp-Leichte Sprache' verteilt und ihr Einsatz geübt. Es werden Begriffe in den Raum gerufen, die mit Hilfe der Karten den Kategorien ‚schwierige Sprache' oder ‚leichte Sprache' zugeordnet werden sollen. Die Kursleitung sollte sich dazu vorab eine Auswahl an Wörtern aus den Bereichen Alter und Ruhestand bereitlegen, natürlich können auch die Teilnehmerinnen und Teilnehmer motiviert werden, selbst Begriffe zu nennen und vom Plenum einordnen zu lassen. Unserer Erfahrung nach werden Stopp-Karten von Teilnehmerinnen und Teilnehmer anfangs kaum verwendet, und es ist Aufgabe der Kursleitung, selbst auf leichte Sprache zu achten und bei jeder Gelegenheit Gebrauch von den Karten zu machen. Auf diese Weise wird sowohl der Umgang mit den

Karten geschult als auch gleichzeitig sichergestellt, dass möglichst alle die Inhalte verstehen.

Als nächstes geht es um die Einigung auf Gruppenregeln. Dazu regt die Kursleitung eine Gruppendiskussion über Erfahrungen in Gruppen und mit Gruppenregeln an. Es ist hilfreich, wenn die Kursleiter sich im Vorfeld bereits Regeln überlegt haben und diese bei Bedarf in die Diskussion einführen können (Abb. 2). Es ist allerdings günstig, sie nicht vorzugeben, sondern selbst erarbeiten zu lassen. Als wesentlich können dabei die folgenden gelten:

Abb. 2: Regeln im Kurs

	„Gruppen-Regeln"
	Sich zuhören und ausreden lassen.
	Sich gegenseitig helfen.
	Nicht auslachen.
	Pünktlich sein.
	Handy ausschalten.
	Nichts weitersagen.
	Jeder darf etwas sagen. Niemand muss etwas sagen.
Halt!	Leichte Sprache benutzen.

Piktogramme: Picto Selector
Bilder: © Lebenshilfe für Menschen mit geistiger Behinderung Bremen e.V. Illustrator: Stefan Albers, Atelier Fleetinsel, 2013

Das Ergebnis wird auf einem großen Plakat gut sichtbar für alle festgehalten und spätestens zur nächsten Sitzung mit Piktogrammen ergänzt. In der folgenden Sitzung werden diese Regeln noch einmal wiederholt und offene Fragen dazu beantwortet. Das Plakat wird zu jeder Einheit wieder gut sichtbar angebracht, bei Bedarf erinnert die Kursleitung an die Regeln und regt erneut ihre Bewertung an.

Jede Teilnehmerin und jeder Teilnehmer erhält in der ersten Sitzung eine persönliche Arbeitsmappe. Die Bedeutung dieser Mappe wird dadurch unterstrichen, dass das anlässlich des Vorgesprächs am Arbeitsplatz aufgenommene Foto auf die Mappe geklebt wird. Auch der eigene Name wird möglichst selbst geschrieben. Wenn dies nicht möglich ist, sollten die Teilnehmerinnen und Teilnehmer dazu motiviert werden, die Farbe auszusuchen, in der der Name geschrieben werden soll. Ebenso ist es möglich, den Namen zunächst auszudrucken und ihn vom Teilnehmer bzw. der Teilnehmerin selbst auf die Mappe kleben zu lassen.

Nach der Einführung dieser kursbegleitenden Elemente wird mit Hilfe der Methode ‚Altersreihe' (M1) eine thematische Einführung vorgenommen. Nachdem die Teilnehmerinnen und Teilnehmer so für das Thema „Älterwerden" sensibilisiert wurden, wird das Arbeitsblatt ‚So war ich – so bin ich' (Abb. 3) ausgegeben. Die Teilnehmerinnen und Teilnehmer kleben ein aktuelles Foto von sich ein und bekommen die ‚Hausaufgabe', ein deutlich älteres Foto von sich zu suchen und in der entsprechenden Spalte des Arbeitsblattes zu ergänzen. Es kann vorkommen, dass Teilnehmerinnen und Teilnehmer keine alten Bilder von sich besitzen und sich auch mit Hilfe der Werkstatt von Einzelnen keine alten Bilder auftreiben lassen. Alternativ können sie in solchen Fällen auf andere Beispiele zurückgreifen, die sich auf ihre Vorlieben und Hobbys beziehen. Beispielsweise lässt sich an einem langjährigen Idol (beispielsweise aus Film, Fernsehen, Musik oder Sport) gut aufzeigen, wie er oder sie sich mit der Zeit verändert.

Eine weitere ‚Hausaufgabe' besteht darin, dass diejenigen, die einen Fotoapparat oder ein Fotohandy besitzen, diese Geräte zum nächsten Termin mitbringen.

Zusätzliches Material:

- Schlager ‚Mit 66 Jahren' von Udo Jürgens und Abspielgerät
- Arbeitsblatt ‚So war ich – so bin ich'

Abb. 3: So war ich – so bin ich

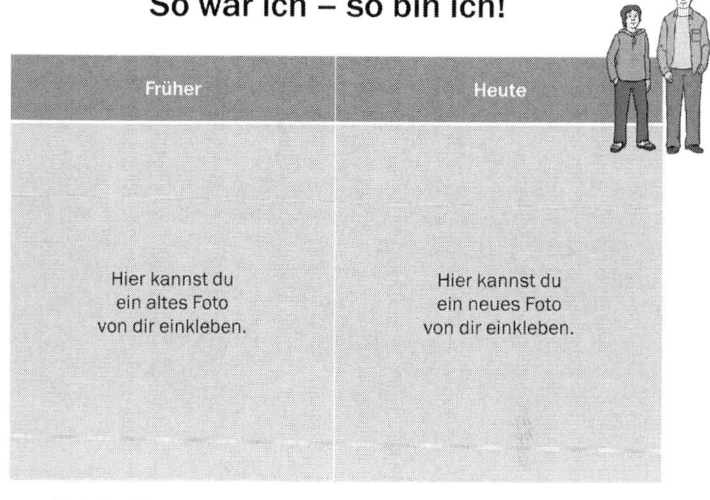

Einheit 2: Früher – heute: Was ist das Alter? Woran merkt man, dass man älter wird?

Ziel: Auseinandersetzung mit alter(n)s- und zeitbedingten Veränderungen

Inhalte und Methoden: Nach einer kurzen Wiederholung der Inhalte des letzten Treffens wird das aktuelle Thema mit Hilfe der Methode „Bilder vergleichen: früher – heute“ (M3) eingeleitet. Die Aufgabe vom letzten Mal, ein älteres Foto von sich selbst mitzubringen, markiert das Ende der Methode und schafft den Übergang zur Bearbeitung des Arbeitsblattes „So war ich – so bin ich“.

Das mitgebrachte Foto von früher wird auf das Arbeitsblatt geklebt, anschließend überlegen alle Teilnehmerinnen und Teilnehmer, welche Veränderungen sich in den letzten Jahrzehnten vollzogen haben: Brauche ich jetzt eine Brille, ein Hörgerät oder einen Rollator? Hat sich meine Haarfarbe verän-

Abb. 4: Ausschnitt aus der Präsentation „früher – heute“

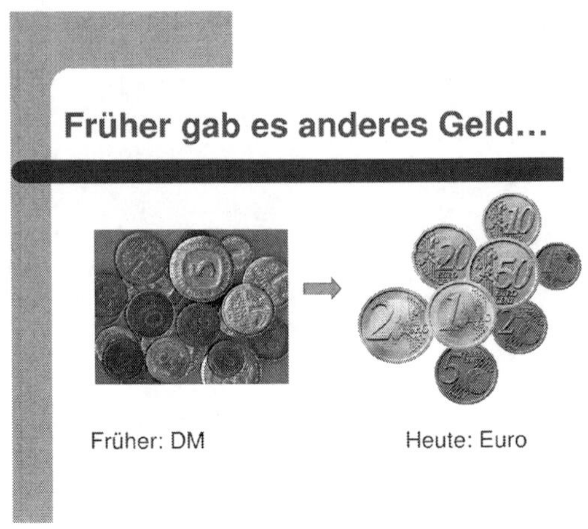

dert? Was bringt mir das Alter Gutes? All dies können Leitfragen sein, die die Auseinandersetzung mit dem eigenen Älterwerden fördern, die zeigen, dass bestimmte altersbedingte Veränderungsprozesse in ihrer Wirkung kompensiert werden können (zum Beispiel durch medizinische Hilfsmittel) und dass dem Alter durchaus auch positive Aspekte abzugewinnen sind. Größere Selbstsicherheit und Zufriedenheit mit dem eigenen Leben sind Punkte, die von Teilnehmerinnen und Teilnehmern durchaus selbst benannt werden.

In einem Kurs bot es sich an, Bilder der WfbM vor und nach einer größeren Erweiterung zu zeigen. In diesem Zusammenhang waren auch Fotos von Werkstattleiter und langjährigen Mitarbeitern gemacht worden, die durch aktuelle Fotos ergänzt wurden. Frisuren und Kleidung der 1970er Jahre sorgen für große Erheiterung in der Gruppe und illustrierten am Beispiel ‚lange Haare früher – schütterer Haarwuchs heute‘ nochmals eine typische Erscheinung des Alterns.

Im letzten Teil der Einheit wird besprochen, wer von den Teilnehmerinnen und Teilnehmer einen eigenen Fotoapparat oder ein Fotohandy hat und selbständig damit umgehen kann. Dies wird anhand der mitgebrachten Geräte ausprobiert. Teilnehmerinnen und Teilnehmer, die keinen eigenen Fotoapparat besitzen, bekommen eine Einmalkamera. Die Bedienung wird gemeinsam im Kurs geübt. Außerdem bekommen die Teilnehmerinnen und Teilnehmer eine Information für ihre Angehörigen bzw. für Mitarbeiterinnen und Mitarbeiter des Wohnbereichs, welche Ziele mit den Fotos verfolgt werden und mit der Bitte, gegebenenfalls zu assistieren. Teilnehmerinnen und Teilnehmer, die eine eigene Kamera besitzen und diese sicher bedienen können, können selbstverständlich auch damit arbeiten, zumal davon auszugehen ist, dass diese eine bessere Bildqualität garantieren.

Der Arbeitsauftrag besteht darin, in den nächsten Wochen alles zu fotografieren, was den Teilnehmern zu Hause (im Zimmer, im Haus, im Garten), in ihrer Straße und in ihrem Ort wichtig ist.

Zusätzliche Materialien:

- Einwegkamera,
- Bedienungsanleitung in leichter Sprache
- Informationen für Angehörige und Begleiter

Tipps: Informieren Sie die Angehörigen und Mitarbeiterinnen und Mitarbeiter gut, ggf. auch telefonisch über die Absicht, die Sie mit den Fotos verfolgen, um Missverständnisse zu vermeiden.

In einem Kurs erlebten wir folgenden Anruf einer Mutter: „Unser Sohn hat erzählt, dass bei einem anderen Kursteilnehmer zu Hause sogar Fotos vom Badezimmer gemacht wurden. Also, das wollen wir nicht. Unser Sohn soll lieber nicht mehr an dem Kurs teilnehmen.“ Diese Reaktion einer Mutter erfolgte, weil sie nicht ausreichend über den Sinn der Fotos informiert war. Für sie schien es, als würden rücksichtslos alle Räume des Hauses fotografiert, und sie fühlte sich in ihrer Privatsphäre nicht respektiert. Vorgesehen ist aber nicht eine vollständige Dokumentation der Wohnsituation, sondern es geht lediglich um die Plätze im Haus, an denen sich der Teilnehmer besonders gerne aufhält. Es soll dadurch erleichtert werden, seine Welt mit seinen Augen zu sehen. In diesem einen Fall, von dem sie gehört hatte, war das gerade rollstuhlgerecht umgebaute Badezimmer der Stolz der ganzen Familie und sollte deswegen unbedingt fotografiert werden. Die Reaktion der Mutter weist auch auf eine zentrale Erfahrung im Kontext von Behinderung hin: etwas, das für einen Teilnehmer gemacht wird, wird für die ganze Gruppe in gleicher Weise gemacht. Diese Erfahrung mangelnder Individualisierung ist leider sehr häufig gemacht worden, so dass es mitunter schwer fällt zu vermitteln, dass im Zentrum der Kurse die individuellen Wünsche und Ziele für den Ruhestand stehen sollen.

Bedenken Sie, dass die Entwicklung der Bilder mindestens eine Arbeitswoche in Anspruch nimmt. Planen Sie außerdem ein, dass einige Teilnehmer möglicherweise vergessen werden, ihre Kamera zu diesem Termin mitzubringen und sich die Entwicklung der Bilder so noch weiter verzögert. Setzen Sie den Termin für das Einsammeln der Kameras, um die Bilder entwickeln zu lassen, also entsprechend zeitig an.

Einheit 3: Mein Leben heute

Ziel: Auseinandersetzung mit den eigenen wöchentlichen Routinen und der Bedeutung des Arbeitslebens

Inhalte und Methoden: Mit Hilfe geeigneter Methoden führen sich die Teilnehmerinnen und Teilnehmer die Zeit vor Augen, die sie wöchentlich bei der Arbeit verbringen und welche verschiedenen Funktionen die Arbeit für sie erfüllt. Des Weiteren dokumentieren sie, welche weiteren festen Termine sie wegen Hobbys oder Routinen haben (beispielsweise Freizeitgruppen, Besuch von Gottesdiensten, feste Einkaufszeiten, Vereinsaktivitäten etc.).

Als Einstieg dienen erneut die während des Vorgesprächs aufgenommenen Bilder der einzelnen Teilnehmerinnen und Teilnehmer am Arbeitsplatz: Jede und jeder berichtet der Gruppe vom eigenen Arbeitsplatz, den typischen Abläufen und ggf. von arbeitsbegleitenden Maßnahmen, an denen er oder sie teilnimmt. Routinen und feste Termine werden auf dem

Arbeitsblatt ‚Mein Wochen-Plan' (Abb. 5) festgehalten und mit Piktogrammen ergänzt. Falls es also besondere Termine im Wochenverlauf gibt, wie Freizeitkurse oder auch einen Rentnertag, so ist dieser mit Hilfe des Arbeitsblattes leicht zu benennen.

Die Aufgabe der Darstellung der wöchentlichen Routinen ist für den weiteren Verlauf des Kurses von großer Bedeutung, sie muss deswegen ausführlich behandelt werden, häufig verlangt dies ein weiteres Treffen.

Zusätzliche Materialien:

- Umfangreiches Bildmaterial zur bildlichen Darstellung des Wochenverlaufes.
- Arbeitsblatt „Mein Wochenplan" (Abb. 5)

Abb. 5: Ausschnitt aus „Mein Wochen-Plan"

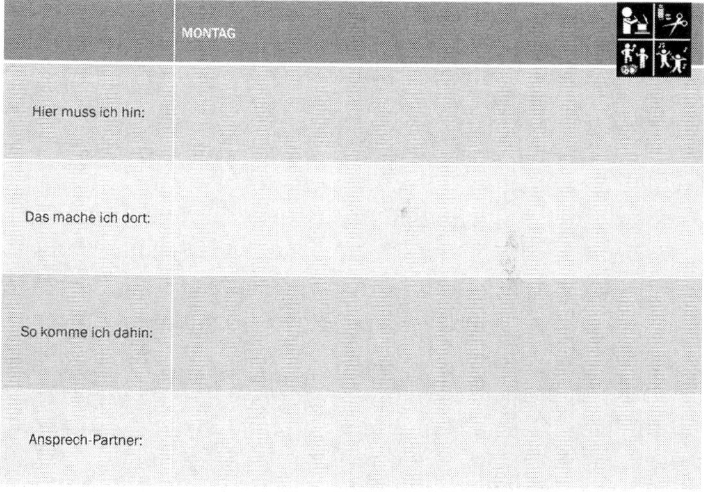

	MONTAG
Hier muss ich hin:	
Das mache ich dort:	
So komme ich dahin:	
Ansprech-Partner:	

Piktogramme: Photo Selector

Tipp: Verwenden Sie ein Arbeitsblatt mindestens in der Größe DINA3+, da aufgrund des Bildmaterials viel Platz benötigt wird. Darüber hinaus kann es hilfreich sein, mit Zustimmung der jeweiligen Teilnehmerinnen und Teilnehmer deren Gruppenleitungen und Angehörige bzw. Mitarbeiterinnen und Mitarbeiter des Wohnbereichs bei der Auseinandersetzung mit dem Wochenplan einzubeziehen, um zu vermeiden, dass wesentliche Aspekte vergessen werden.

Einheit 4: Mein Leben als Rentner – und was ist dann?

Ziel: Entwicklung eines Bewusstseins für die Veränderungen im Tagesablauf im Ruhestand

Inhalte und Methoden: Nachdem die ersten Einheiten einen starken Vergangenheits- und Gegenwartsbezug hatten, werden die Teilnehmerinnen und Teilnehmer nun angeregt, sich aktiv mit ihrer Zukunft im Ruhestand auseinanderzusetzen. Aufbauend auf dem Ergebnis der letzten Einheit, dass das Arbeitsleben einen Großteil der Woche dominiert, geht es nun um die Frage, wie die mit dem Ruhestand zur Verfügung stehende freie Zeit gefüllt werden kann.

Dies wird mit Hilfe der Methode „Torte für den Ruhestand“ (M10) umgesetzt, in der wöchentlich wiederkehrende Aktivitäten (inklusive eines Symbols für die Arbeit in der WfbM) durch Piktogramme oder Bilder auf den jeweiligen ‚Tortenstücken‘ befestigt werden. Das Ablösen der WfbM-Symbole führt den Teilnehmerinnen und Teilnehmer sehr plastisch den Anteil freier Zeit, die im Ruhestand zur Verfügung stehen wird, vor Augen. Dabei wurde immer wieder deutlich, dass (erst) das Ablösen der WfbM-Symbole dazu führt, dass die Teilnehmerinnen und Teilnehmer realisieren, welch einschneidende Veränderung der Wegfall der Beschäftigung darstellt. Überwiegend reagieren die Teilnehmerinnen und Teilnehmer mit großer Bestürzung auf diese Erkenntnis. Diese wird aufgefangen, indem noch in der gleichen Sitzung Wünsche für den Ruhestand bzw. konkrete Möglichkeiten der Freizeitgestaltung formuliert werden, die statt des WfbM-Symbols auf den jeweiligen Tortenstücken angebracht werden.

Hierzu sollte unterstützend auch an Äußerungen über Wünsche aus den letzten Sitzungen erinnert werden. Die Kursleitung benötigt dazu einen guten Überblick und sollte diesbezüglich Notizen zu jeder Teilnehmerin und jedem Teilnehmer führen, um bei Bedarf assistieren zu können. Hilfreich ist es auch, die Gespräche durch Bildkarten, ein Assoziationsspiel (M2), das Mitbringen von Fotoalben und ‚Lieblingsgegenständen' der Teilnehmerinnen und Teilnehmer anzureichern. Folgende thematische Hinweise können sie bei ihren Überlegungen unterstützen:

- Freizeit und Hobbys
- Freundschaften und Partnerschaft
- Anderen helfen
- Hausarbeit
- Handwerkliche Tätigkeiten
- Angebote für Senioren

Abschließend stellen die Teilnehmerinnen und Teilnehmer ihre Vorstellungen zu möglicher Zeitverwendung und geplanten oder gewünschten Aktivitäten vor. Falls jemand seine Vorstellungen noch um die Ideen anderer Teilnehmerinnen und Teilnehmer ergänzen möchte, sollte dies noch in dieser Einheit gemacht werden.

Für die Teilnehmerinnen und Teilnehmer handelt es sich um eine sehr emotionale Einheit, die Irritationen oder Ängste hervorrufen kann. Daher ist es von großer Bedeutung, ausreichend Zeit einzuplanen und in der Regel eine zweite Kurssitzung dafür zu verwenden.

Zusätzliches Material:

- Arbeitsmaterial für die „Torte für den Ruhestand" (M10)
- Umfangreiches Bildmaterial
- Gegenstände für das Assoziationsspiel (M2)

Tipps: Bei der Auseinandersetzung mit den Wünschen ist es möglich, dass Teilnehmerinnen und Teilnehmer ihre Wünsche aufgrund der damit verbundenen Kosten oder notwendigen Bedingungen sofort wieder in Frage stellen. In diesen Fällen ist es die Aufgabe der Kursleiter zu verdeutlichen, dass es in dieser Aufgabe darum geht, alle Wünsche aufzuschreiben, die man für den Ruhestand hat und dass die Finanzierung oder Organisation dabei zunächst noch nicht wichtig ist. Zudem ist oft Zeit nötig, an den Assoziationen und an sehr vorsichtig geäußerten Wünschen zu arbeiten.

In dieser Einheit müssen die Einmalkameras wieder eingesammelt werden bzw. die Bilder der Fotohandys und Digitalkameras überspielt werden. Da es sich bei der nächsten Einheit um eine Exkursion (M5) handelt und die Bilder erst beim übernächsten Treffen verwendet werden können, ist jetzt der ideale Zeitpunkt, die Bilder entwickeln zu lassen: Falls jemand seine Kamera vergessen hat, wird dieser Zeitverlust durch den Ausflug kompensiert.

Einheit 5: Exkursion (M5): Angebote für Seniorinnen und Senioren

Ziel: Kennenlernen eines regionalen Angebots für Seniorinnen und Senioren (mit Behinderung)

Inhalte und Methoden: In dieser Einheit lernen die Teilnehmerinnen und Teilnehmer ein Angebot für Seniorinnen und Senioren kennen und entwickeln so eine Vorstellung von einer Unterstützung im Ruhestand. Meistens dürfte das zur Zeit ein besonderes Angebot für lebenslang behinderte Menschen sein. Im Mittelpunkt des Besuchs stehen nicht nur die Lage und die Räumlichkeiten, sondern vor allem das Angebot an Aktivitäten und an individueller Unterstützung, das den Nutzerinnen und Nutzern zur Verfügung gestellt wird.

Für diese wie auch für die spätere Exkursion empfehlen wir, im Vorfeld bereits gemeinsam Fragen zu erarbeiten, die an die Mitarbeiterinnen und Mitarbeiter und Nutzerinnen und Nutzer des jeweiligen Angebots gestellt werden sollen (M7).

Unsere Erfahrung zeigt, dass diese Fragen nur selten spontan geäußert werden. Eine geeignete Vorbereitung auf den Besuch erhöht den Erfolg der Einheit und die Zahl der Einzelheiten, an die sich die Teilnehmerinnen und Teilnehmer hinterher leichter erinnern können. Dabei sollte auch die Unterstützung eigenständiger, individueller Aktivitäten *außerhalb* der Seniorenbetreuung berücksichtigt werden.

Tipps: Wenn mehrere Teilnehmerinnen und Teilnehmer des Kurses bei Angehörigen oder selbstständig leben, bietet sich eine zweite Exkursion in ein Wohnheim oder in die Wohnung eines Nutzers von ambulanter Assistenz an. Dies wird gerne von anderen Teilnehmerinnen und Teilnehmern organisiert, die auf diese Weise ihr Zuhause präsentieren können. Gerade bei ambulant betreutem Wohnen ist es hilfreich, wenn auch eine Assistenzkraft vor Ort sein kann, um bei der Vorstellung der Lebensbedingungen und der vorhandenen Unterstützung zu illustrieren, was ihre Aufgabe ist. Andernfalls entsteht leicht der Eindruck, ‚ganz allein' zurechtkommen zu müssen.

Angebote der Altenhilfe sollten nach unserer Erfahrung nur in sehr kleinen Gruppen oder mit einzelnen interessierten Kursteilnehmerinnen und -teilnehmern besucht werden, um die Chance zu erhöhen, dass die Menschen mit Behinderung von den anderen alten Menschen als Individuen, nicht als Gruppe wahrgenommen werden. Es sollte unbedingt darauf geachtet werden, dass die Umstände des Besuchs vorhandene Vorurteile über Menschen mit geistiger Behinderung nicht vertiefen (Kapitel 7).

Einheit 6: So möchte ich wohnen!

Ziele: Kennenlernen verschiedener Möglichkeiten des Wohnens mit Unterstützung; Herausarbeiten von individuellen Vorlieben und Veränderungswünschen in Bezug auf das eigene Wohnen

Inhalte und Methoden: Nachdem in den vorherigen Einheiten der Schwerpunkt auf der Freizeitgestaltung als Rentnerin oder Rentner lag, wird nun das Wohnen in den Fokus genommen. Es geht dabei nicht darum, einzelne Wohnformen als besser oder schlechter darzustellen. Ziel ist es stattdessen herauszufinden, welche Aspekte der eigenen Wohnsituation man erhalten möchte und solche zu benennen, die sich gegebenenfalls ändern sollten. Besonderer Gesprächsbedarf besteht hier für Menschen, die nicht in Wohnheimen oder Wohngruppen leben, sondern im Elternhaus, in einer Einliegerwohnung im Haus von nahen Verwandten oder selbständig mit ambulanter Assistenz. Sie alle sind in größerer Sorge hinsichtlich der Tragfähigkeit ihrer Lebenssituation im Ruhestand. Während Teilnehmerinnen und Teilnehmer, die durch ambulante Assistenz unterstützt werden, insbesondere über Mobilität, Nutzung ihrer Freizeit und möglicherweise die Tragfähigkeit ihres Wohnarrangements bei steigendem Hilfebedarf sprechen möchten, kommt für die übrigen die Sorge um die alternden Eltern(teile) bzw. die grundsätzliche Frage eines Umzugs hinzu (Kapitel 6).

Als Einstieg eignen sich kurze Filmausschnitte der Wohnverbünde vor Ort, die über die Öffentlichkeitsabteilungen größerer Einrichtungen erhältlich sind. Die Kursleitung muss vorab überprüfen, dass in den Beiträgen unterschiedliche Formen des Allein- und Zusammenlebens mit passgenauer Unterstützung dargestellt werden, um den Teilnehmerinnen und Teilnehmern möglichst viele Alternativen zu präsentieren. Sollte dies nicht der Fall sein, sollte sie weitere Filme recherchieren, um die Teilnehmerinnen und Teilnehmer umfassend zu informieren. Auch der in der Einheit 11 genutzte Film über das persönliche Budget bietet sich an. Im Anschluss an den Film wird eine Diskussion angeregt. Die Fragen dazu sollten zunächst stark auf das Gesehene bezogen sein und erst dann dazu motivieren, sich eine eigene Meinung zu bilden („Welche Wohnformen wurden in dem Film vorgestellt? Welche Art zu wohnen und leben kennt ihr? Was gefällt euch daran und was nicht?").

Zu diesem Zeitpunkt müssen die Fotos entwickelt sein und den Teilnehmerinnen und Teilnehmer vorliegen. Die Fotos verdeutlichen die individuellen Vorlieben und Wünsche der Nutzerinnen und Nutzer in Bezug auf ihre Wohnsituation und werden zur Vertiefung des Themas genutzt. Mit Hilfe der Bilder können sie eigene Ansprüche an das Wohnen konkreter formulieren.

Es empfiehlt sich, daran die Methode „Malen & Collagen" (Lindmeier 2013, 152) anzuschließen, und den Fokus auf das Thema „So möchte ich wohnen" zu richten.

Zusätzliches Material:

- Filmmaterial zum Thema ‚Wohnen'
- Entwickelte Fotos
- Umfangreiches Bildmaterial/Zeitschriften/Kataloge

Tipp: Das Betrachten der entwickelten Fotos nimmt möglicherweise viel Zeit und Aufmerksamkeit in Anspruch, so dass diese Einheit beim nächsten Treffen fortgesetzt werden muss. Auch dafür muss genügend Zeit zur Verfügung stehen. Da die Fotos der Einmalkameras oft nicht gut belichtet sind, ist es wichtig, die jeweiligen Fotografinnen und Fotografen dazu erzählen zu lassen. Es sollte stichpunktartig mitgeschrieben werden, welche Wünsche einzelne Teilnehmerinnen und Teilnehmer äußern, um daran mit ihnen während der folgenden Treffen weiter arbeiten zu können.

Einheit 7: Das kann ich gut! – Meine Stärken

Ziel: Auseinandersetzung mit den eigenen Stärken

Inhalte und Methoden: Für die Entwicklung von Perspektiven für den Ruhestand darf auch eine Auseinandersetzung mit den eigenen Stärken nicht fehlen. Dies findet im Rahmen dieser Einheit zu einem relativ weit fortgeschrittenen Zeitpunkt im Kurs statt und ist u. a. auch dadurch begründet, dass so die

Kursleitenden gezielter bei der Analyse von Stärken unterstützen können.

Materialien zur Auseinandersetzung mit den eigenen Vorlieben und Fähigkeiten gibt es von unterschiedlichen Anbietern. Wir haben gute Erfahrungen mit Bildkarten aus dem Ordner ‚Gut leben' zur Persönlichen Zukunftsplanung (Emrich/Gromann/Niehoff 2006), den ‚Ich bin'- und ‚Ich kann' Karten der Hamburger Arbeitsassistenz (2007) sowie den Materialien, die im Rahmen des PEZ-Projekts entwickelt wurden (Osnabrücker Werkstätten gGmbH 2014), gesammelt.

Das Arbeitsblatt ‚9 gute Dinge über mich' (Abb. 6) diente auch als Dokumentation der Einheit. Es kann von den Teilnehmerinnen und Teilnehmern selbst ausgefüllt werden, ergänzend bietet es sich jedoch auch an, eine bedeutungsvolle Vertrauensperson zu bitten, einige Felder dieses Arbeitsblattes zu füllen: Für viele war dies die Gruppenleitung, und die Zuschreibung von Fähigkeiten durch sie hatte auf sie eine ungemein positive, stärkende Wirkung. Das Arbeitsblatt ‚9 gute Dinge über mich' wurde auf diese Weise für viele Teilnehmerinnen und Teilnehmer zum bedeutungsvollsten Dokument in der Arbeitsmappe.

Die dokumentierten Stärken können von großem Nutzen sein bei der Entwicklung weiterer Ideen für die Gestaltung des Ruhestandes.

Zusätzliches Material:

- Ordner ‚Gut leben' (Emrich/Gromann/Niehoff 2006): Bildkarten sowie Material zum Thema ‚Fähigkeiten'
- ‚Ich bin'- und ‚Ich kann'-Karten der Hamburger Arbeitsassistenz (2007)
- Arbeitsblatt ‚9 gute Dinge über mich'

Tipp: Die mit der Einmalkamera festgehaltenen Situationen können weitere wichtige Einblicke in die Stärken der Teilnehmerinnen und Teilnehmer außerhalb der Werkstatt geben. Beispielsweise gab es in einem Kurs zum Lebensbuch den Fall, dass ein Teilnehmer die Verantwortung für die Müllentsorgungstermine der gesamten Nachbarschaft übernommen hatte und täglich die entsprechenden Mülltonnen an die Straße stellte und später wieder zurückbrachte. Verlässlichkeit, Hilfsbereitschaft und körperliche Kraft sind nur drei Eigenschaften, die sich anhand dieses Beispiels ableiten lassen.

Abb. 6: 9 gute Dinge über mich

Meine Stärken: 9 gute Dinge über mich [1]

Name: ....

Datum: ....

Bitte beschreiben Sie möglichst genau, was Ihre Stärken sind.
Am besten sind Beispiele aus Ihrem Alltag.

	Beim Arbeiten …	Mit Menschen …	In der Freizeit …
1.			
2.			
3.			

1 In enger Anlehnung an: Emrich, C.; Gromann, P. & Niehoff. U. (2009): Gut leben. Persönliche Zukunftsplanung realisieren – ein Instrument. Marburg: Lebenshilfe-Verlag | Weiterentwickelt von:

HHO | Heilpädagogische Hilfe Osnabrück
Osnabrücker Werkstätten

Piktogramme: Picto Selector

Einheit 8: Das tut mir gut! – Ressourcen

Ziel: Dokumentation von Einflussfaktoren für das individuelle Wohlbefinden

Inhalte und Methoden: Der Einstieg in dieses Thema kann durch das Assoziationsspiel (M2) erleichtert werden. Es ist ohnehin günstig, Spiele öfter zu wiederholen, bei Bedarf etwas abgewandelt. Gegenstände und Bilder werden auf einer Fläche verteilt und die Teilnehmerinnen und Teilnehmer werden gebeten, sich etwas auszusuchen, das sie mit Glück und Zufriedenheit verbinden. Möglicherweise ist dazu zunächst die Auseinandersetzung mit verschiedenen Gefühlszuständen auf Bildkarten hilfreich, an die sich dann die Frage anschließen könnte: ‚Was könnte dieser Person helfen, sich wieder besser (fröhlicher, mutiger, stärker) zu fühlen?'.

Bewährt haben sich in dieser Einheit die Arbeitsblätter ‚Glücks-Blatt – Das tut mir gut' sowie unterschiedliche Varianten von ‚Wichtige Personen' (beides findet sich u. a. in dem Ordner ‚Gut leben', Emrich, Gromann & Niehoff 2006).

Zusätzliches Material:

- Arbeitsblätter ‚Glücks-Blatt – Das tut mir gut', ‚Wichtige Personen'
- Abbildungen von verschiedenen Gefühlszuständen/Gesichtsausdrücke

Einheit 9: Exkursion (M5): Besuch eines Ortes zur Tagesgestaltung

Ziel: Aufzeigen weiterer Möglichkeiten der Tagesstrukturierung im Ruhestand

Inhalte und Methoden: Neben den tagesstrukturierenden Angeboten für Seniorinnen und Senioren, die in unserem Fall räumlich an Wohnheime für Menschen mit Behinderung angegliedert waren, führte die zweite Exkursion (M5) zu den sogenannten Nachbarschaftstreffs: Sie sind ein Angebot des Wohnbereichs des Trägers, das hauptsächlich Klientinnen und Klienten der Ambulanten Assistenz anspricht und ihnen Gesellschaft und Halt im Alltag bieten möchte. Neben diesen Nachbarschaftstreffs könnten auch Begegnungsorte für behinderte und nicht behinderte Menschen besucht werden, beispielsweise Seniorentreffs oder Angebote der örtlichen Kirchengemeinde. In diesen Fällen ist mehr Zeit für die Vorbereitung zu investieren, und es sollten zwei interessenbezogene Kleingruppen gebildet werden, die unterschiedliche Angebote besuchen. Ein vorbereitendes Treffen der Kursleitung mit den Verantwortlichen vor Ort verhindert, dass der Besuch am Interesse der Teilnehmerinnen und Teilnehmer vorbeigeht.

Tipp: Wenn Sie nach dieser Exkursion noch Zeit haben, besprechen Sie mit den Teilnehmerinnen und Teilnehmer die Inhalte der kommenden Sitzung: Hier werden Expertinnen und Experten für das Thema ‚Ruhestand' für ein Interview bereitstehen. Dabei handelt es sich zum einen um eine Mitarbeiterin aus dem Sozialdienst, die die rechtlichen und finanziellen Fragen rund um das Thema beantworten wird, zum anderen um ehemalige Beschäftigte, die mittlerweile in Rente sind und die von ihren Erfahrungen berichten können. Regen Sie die Teilnehmer und Teilnehmerinnen dazu an, sich bis zur nächsten Woche eigene Fragen an die Gäste auszudenken. Wenn zeitlich möglich, sollte die Nachbereitung der Exkursion und die Vorbereitung der noch offenen Fragen an diese Experten an einem eigenen Treffen stattfinden.

Einheit 10: Talkshow – Expertinnen und Experten stehen Rede und Antwort (M9)

Ziele: Rollenvorbilder für den Ruhestand kennenlernen; Konkrete Details über Rahmenbedingungen des Ruhestands erfahren

Inhalte und Methoden: Im Rahmen dieser Kurseinheit werden bereits im Ruhestand befindliche, ehemalige Beschäftigte sowie eine Mitarbeiterin des Sozialdiensts der Werkstatt als Expertinnen und Experten für das Thema ‚Ruhestand' eingeladen. Die Erfahrungsberichte machen das Thema für die Teilnehmerinnen und Teilnehmer konkret greifbar, sie zeigen Schwierigkeiten und Lösungsansätze auf. Der Sozialdienst informiert über finanzielle und rechtliche Sachverhalte und sollte dies auch einzelfallbezogen vorbereitet haben, wofür er vorab über die Kursteilnehmerinnen und -teilnehmer und von ihnen bereits geäußerte Fragen informiert sein muss.

Diese Einheit muss von der Kursleitung intensiv vorbereitet werden: Sie muss die Rolle der Moderation übernehmen und Fragen formulieren, die den Talkshow-Partnerinnen und -Partnern gestellt werden. Dabei ist es hilfreich, interessante oder schwierige Themen des Kurses wieder aufzugreifen (während des Kurses Notizen dazu machen!), z.B. erläutern zu lassen, welche Hilfen es im Übergang in eine andere Wohnsituation gibt, und was der Sozialdienst tun kann, um bei Anträgen etc. zu helfen. Für den Sozialdienst ist es daher wichtig, rechtzeitig über die Fragen informiert zu werden. Die Rentnerinnen und Rentner sollten verständlich über ihren Alltag berichten können. In vielen Fällen ist es nötig, dies mit ihnen gemeinsam zu erarbeiten. Möglicherweise kann das mit einer Mitarbeiterin aus einem Angebot für Senioren geschehen. Andernfalls ist hierzu ist ein Besuch der Kursleitung erforderlich. Mit dem Sozialdienst sollte man genauer besprechen, wie detailliert die Informationen sein dürfen bzw. müssen, damit sie von allen Teilnehmerinnen und Teilnehmern verstanden werden, und mit wem weitere Beratungsgespräche vereinbart werden sollen.

Da es sich hier um eine besondere Einheit handelt, sollte dieser Charakter auch unterstrichen werden, beispielsweise durch eine veränderte Sitzordnung oder ein abschließendes gemeinsames Kaffeetrinken.

Zum Abschluss dieser Einheit sollten die Teilnehmerinnen und Teilnehmer den Hinweis erhalten, dass bald das letzte

Treffen erreicht ist. Sie sollen sich zum nächsten Treffen überlegen, was sie beim letzten Treffen gerne noch besprechen möchten, bzw. wie sie das letzte Treffen gestalten möchten.

Einheit 11: Ziele und Wünsche für den Ruhestand

Ziel: Formulieren konkreter Wünsche für den Ruhestand auf der Basis der bisher erarbeiteten Ergebnisse

Inhalte und Methoden: Der Einstieg in das Thema ‚Wünsche und Ziele' kann durch einen Film zum Persönlichen Budget erleichtert werden (Bundesministerium für Arbeit und Soziales 2008). Menschen mit Behinderung erzählen in diesem Film, wie ihre Wünsche und Ziele dank des Persönlichen Budgets Wirklichkeit wurden. Damit wird beispielhaft gezeigt, dass man nicht bei der Formulierung von Wünschen und Zielen stehen bleiben darf, denn der Schwerpunkt der Einheit soll der Weg von der Zielformulierung zur Umsetzung sein: Was führte zum Ziel, welche Teilschritte waren von Bedeutung, welche Personen haben dabei unterstützt?

In einem zweiten Schritt werden die Teilnehmerinnen und Teilnehmer aufgefordert, eigene Ziele zu formulieren. Dies kann durch Rückgriffe auf bisher erarbeitete Materialien und die entwickelten Fotos, aber auch beispielsweise durch Kartensets aus ‚Gut leben' unterstützt werden.

Auch in dieser Einheit empfehlen wir die Methode „Malen & Collagen" (Lindmeier 2013, 152), da es möglicherweise zu schwierig ist, spontan Ziele für den Ruhestand zu formulieren. Die entspannte Auseinandersetzung mit Bildmaterial, das zur Entwicklung eigener Ideen für die Zukunft anregt, kann ein hilfreicher Zwischenschritt auf dem Weg zur konkreten Zielformulierung sein. Diese kann dann später auch bereits mögliche Unterstützer und Teilziele enthalten.

Diese Einheit führt alle mit Blick auf den Ruhestand wichtigen Ergebnisse des Kurses zusammen. Dennoch handelt es sich nicht um eine Wiederholung. Es stellt eine Herausforderung für die Teilnehmerinnen und Teilnehmer dar, ihre Ideen zu konkretisieren und Prioritäten zu setzen. Insofern ist es wichtig, für dieses Thema ausreichend Zeit einzuplanen. Sie brauchen zudem Assistenz bei der Einschätzung, welche Ziele vergleichsweise einfach oder schwieriger umsetzbar sind. Je geringer der eigenständige Handlungsspielraum bisher war, desto weniger konnte diese Fähigkeit geübt werden, und für einzelne Teilnehmerinnen und Teilnehmer erscheint folglich der Kauf eines Handys oder einer Dartscheibe ein ebenso schwer erreichbares Ziel wie ein Umzug. Sie brauchen am Ende dieser Einheit daher einen verständlichen Überblick über ihre Ideen, klare Formulierungen der nächsten notwendigen Schritte und u. U. Ermutigung, mit Eltern oder gesetzlichen Betreuern darüber zu sprechen.

Ein Teilnehmer rückte erst in dieser Einheit mit dem sehnlichen Wunsch nach einer Dartscheibe heraus. Er hatte noch nie jemandem davon erzählt, schon gar nicht seinen Eltern, bei denen er lebte. Nach der Ermunterung der Kursteilnehmerinnen und -teilnehmer sowie der Kursleitung, eine Dartscheibe sei finanziell durchaus im Bereich des Möglichen, man könne sie sich selbst kaufen oder zu Weihnachten wünschen, sprach er diesen Wunsch an – und noch vor Kursende hatte er die Scheibe in seinem Zimmer hängen.

Solche Erlebnisse sind (auch stellvertretend für die anderen Kurteilnehmerinnen und -teilnehmer) wichtig, um einen Mangel an Erfahrung und Einschätzungsfähigkeit alltäglicher Lebenssituationen auszugleichen und zu realisieren, dass im Leben doch manchmal mehr geht, als man anfangs meint. Dies gilt insbesondere für Kursteilnehmerinnen und -teilnehmer, die das Gefühl haben, ihre alt werdenden Eltern schützen zu müssen oder die aus beengten finanziellen Verhältnissen kommen.

Wichtig:

- Zum Abschluss dieser Einheit müssen die Teilnehmer daran erinnert werden, dass das nächste Treffen auch das letzte Treffen sein wird.
- Teilnahmebescheinigungen in leichter Sprache müssen vorbereitet werden.

Zusätzliche Materialien:

- Filmmaterial zur Auseinandersetzung mit Wünschen und Zielen, beispielsweise die DVD zum Persönlichen Budget (herausgegeben vom Bundesministerium für Arbeit und Soziales 2008)
- Material zur Auseinandersetzung mit Wünschen

Einheit 12: Abschlussveranstaltung

Ziele: Beenden der Veranstaltung; Evaluation der Veranstaltung durch die Teilnehmerinnen und Teilnehmer

Inhalte und Methoden: Das letzte Treffen dient der Evaluation der Veranstaltung aus Nutzersicht und bietet letztmalig die Gelegenheit, offene Fragen im gewohnten Kurskontext zu klären, speziellen Gesprächswünschen von Teilnehmerinnen und Teilnehmern in einem adäquaten Umfang nachzukommen und Lösungsideen mit auf den Weg zu geben. Wichtig ist auch eine gemeinsame Durchsicht der Arbeitsmappen, die die Kursleitung spätestens jetzt mit den wichtigsten Folien der Powerpoint-Präsentationen vervollständigt. Die Vergabe der Teilnahmebescheinigungen stellt den feierlichen und erfolgreichen Abschluss des Kurses dar.

Eine Evaluation der Kurseinheit sollte am Ende jeder Einheit stattfinden. Die abschließende Evaluation jeder Einheit dient zugleich aber der Erinnerung an die einzelnen Einheiten und der Auffrischung des Gelernten; sie sollte daher in dieser Sitzung nochmals für den gesamten Kurs erfolgen. Eine Beurteilung der Zufriedenheit mit dem Kurs kann beispielsweise durch eine Punkteabfrage erfolgen. Dazu sollte die Kursleitung zunächst eine für alle sichtbare und verständliche Zusammenfassung jeder einzelnen Einheit geben, unterlegt mit repräsentativen Bildern, die das Erinnern und Unterscheiden der einzelnen Veranstaltungen erleichtert. Dann können die Teilnehmerinnen und Teilnehmer mit Hilfe von Klebepunkten für jede Einheit entscheiden, wie wichtig sie ihnen war oder wie viel Spaß sie ihnen gemacht hat. Smileys und Daumen können diese Abfrage erleichtern (Abb. 7).

Abb. 7: Smileys und Daumen

Das Treffen kann feierlich, beispielsweise durch ein gemeinsames Frühstück oder Kaffeetrinken, beendet werden.

Zusätzliches Material:

- Teilnahmezertifikate in leichter Sprache
- Plakate, auf denen Wesentliches der einzelnen Veranstaltungen dokumentiert ist (ein Plakat pro Einheit) – mit Hilfe der Plakate können die Teilnehmerinnen und Teilnehmer ihre Zufriedenheit mit dem Kurs ausdrücken
- Klebepunkte (sollten im Inventar eines Moderationskoffers enthalten sein)

6. Biographiearbeit mit dem Lebensbuch Übergangsgestaltung mit ‚älteren Familien'

„All I want is to know that he will be safe, happy, well looked after and able to do the things he likes. If I felt sure that would happen I could die in peace." (Magrill/Sanderson/Short 2005, 13)

Das Verstehen, die Beratung und Unterstützung von Familien, in denen erwachsene Menschen mit geistiger oder mehrfacher Beeinträchtigung leben, steht im Mittelpunkt des folgenden Kapitels. Viele dieser sogenannten ‚älteren Familien' sehen sich mit der Herausforderung konfrontiert, tragfähige Zukunftsperspektiven zu entwickeln. Dargestellt wird, welchen Schwierigkeiten sie dabei begegnen und wie Fachkräfte sie mit Hilfe eines biographieorientierten Zugangs bei dieser Auseinandersetzung unterstützen können.

6.1 Lebenssituationen älterer Familien

Mit dem Ausbau der Wohngebote wurde es im Verlauf der 1970er Jahre und der folgenden Jahrzehnte immer selbstverständlicher, dass auch Menschen mit einer geistigen Behinderung im jungen Erwachsenenalter aus dem Elternhaus ausziehen konnten. Die Aufmerksamkeit im fachlichen Diskurs richtete sich daher lange Zeit auf die Verbesserung entsprechender Angebote: Die Entwicklung einer größeren Vielfalt an Wohnformen und entsprechender Wahlmöglichkeiten, Deinstitutionalisierungs- und Enthospitalisierungsprogramme und der Ausbau ambulanten Wohnens wurde vorangetrieben. Die Orientierung an neuen Leitprinzipien wie Selbstbestimmung oder Sozialraumorientierung stand im Mittelpunkt. Dabei geriet aus dem Blick, dass eine nicht unerhebliche Zahl Erwachsener mit (geistiger) Behinderung diese Angebote gar nicht in Anspruch nehmen, weil sie auch im – teilweise fortgeschrittenen – Erwachsenalter mit ihren Angehörigen (i.d.R. Eltern oder Geschwistern) zusammenleben. Für die Bundesrepublik Deutschland sprechen Schätzungen von 60% aller erwachsenen Menschen mit geistiger Behinderung, die im Elternhaus leben (Theunissen 2002, 13). Für die meisten europäischen Länder wird ebenfalls von erheblichen Zahlen ausgegangen, für Großbritannien beispielsweise von geschätzten 44% geistig behinderter Menschen im Elternhaus (Hogg/Lambe 1998). Es ist allerdings schwer abzuschätzen, wie viele dieser Menschen bereits im fortgeschrittenen Erwachsenenalter sind, wie alt die Eltern oder der verbliebene Elternteil sind oder in wie vielen Fällen Geschwister die Begleitung übernommen haben.

Bis zum Eintritt einer Krise handelt es sich um einen unauffälligen Personenkreis, denn das familiäre Betreuungsarrangement hat sich über Jahrzehnte ‚eingespielt' und sich mit zunehmendem Alter der Eltern häufig in Richtung einer gegenseitigen Unterstützung gewandelt. Veränderungen der Betreuungssituation treten sehr häufig durch Krankheit, Tod oder Pflegebedarf eines Elternteils ein, und meist erfolgt dann die Aufnahme des behinderten Menschen in eine Wohneinrichtung. Je mehr Zeitdruck in einer solchen Situation besteht, desto weniger ist es möglich, die Wohnsituation entsprechend der Wünsche des behinderten Menschen zu gestalten. Sowohl die Auswahl der Wohneinrichtung bzw. die Gestaltung eines ambulanten Arrangements, als auch die Vorbereitung und Information des behinderten Menschen und der Mitarbeiterinnen und Mitarbeiter können nicht in der Form erfolgen, die ohne Zeitdruck möglich und für einen gelingenden Übergang notwendig wäre. Einrichtungen und Dienste der Behindertenhilfe entwickeln zwar zunehmend – bei sehr großen regionalen Unterschieden – differenzierte und individuelle Angebote und leisten häufig eine sehr schnelle und umsichtige Unterstützung in Krisen, können jedoch so keine langfristige Vorbereitung ersetzen. Um eine selbstbestimmte Lebensführung gut vorbereiten zu können, ist es aus fachlicher Sicht aber wünschenswert, rechtzeitige Vorkehrungen für eine Sicherung der Wohn- und Lebenssituation zu treffen. Auch den Eltern und einem Teil der behinderten Angehörigen ist bewusst, dass Krankheit oder Pflegebedürftigkeit zu großen Problemen führen können, und der Gedanke an die Zukunft ist bei einem Großteil der Eltern mit Sorge verbunden. Trotzdem zögern viele Familien die Auseinandersetzung mit der zukünftigen Wohn- und Lebenssituation des behinderten Angehörigen auf unbestimmte Zeit hinaus. In anderen Familien werden zwar Pläne gemacht, ihre Umsetzung aber immer wieder aufgeschoben – mitunter auch deshalb, weil ein Elternteil den Auszug des ‚Kindes' befürwortet, der andere nicht.

Was hält Familien davon ab, die notwendigen Entscheidungen zu treffen und umzusetzen, obwohl sie sich der Vorteile einer rechtzeitigen Veränderung bewusst sind? Welche Rolle spielen die Wünsche der behinderten Menschen, welche die der Eltern, und welchen Einfluss haben Fachkräfte auf die Bereitschaft der Familien, ihre Zukunft zu planen?

Biographische Erfahrungen der Eltern

Familien mit älteren behinderten Angehörigen sind zu einer Zeit mit der Behinderung ihres Kindes konfrontiert worden, zu der das Unterstützungssystem noch wenig ausdifferenziert war. Der Ausbau von Frühförderung, Sonderkindergärten und Sonderschulen war vielerorts noch wenig fortgeschritten. Integration fand mancherorts in der Form statt, dass ein behindertes Kind, das unauffällig war, einfach ‚mitlief', eine Integration im heutigen Sinne, die den besonderen Bedürfnissen eines Kindes mit Behinderung in einer Regeleinrichtung zu entsprechen suchte, gab es allerdings kaum. Viele Eltern haben dementsprechend die Erfahrung der Ablehnung ihres Kindes durch Regeleinrichtungen oder sogar durch Sondereinrichtungen erlebt.

Medizinische Fachkräfte schätzten die Lebenserwartung der behinderten Kinder als relativ niedrig ein und prognostizierten häufig einen frühen Tod – im Jugendalter oder frühen Erwachsenenalter. Diese falschen Prognosen sind allerdings inzwischen korrigiert worden: Angesichts der deutlich gestiegenen Lebenserwartung werden Menschen mit einer geistigen Behinderung ihre Eltern in der Regel überleben. Menschen mit sehr schweren Behinderungen haben noch immer eine geringere, individuell sehr unterschiedliche Lebenserwartung. Bei Menschen mit Down-Syndrom ist die Lebenserwartung ebenfalls geringer als bei der durchschnittlichen Bevölkerung, aber auch bei ihnen ist davon auszugehen, dass sie ihre Eltern überleben werden. Auf einer rationalen Ebene gibt es nur noch wenige Eltern, die dies bezweifeln, wir haben aber die Erfahrung gemacht, dass die Hoffnung, den Auszug gar nicht mehr thematisieren zu müssen, in einigen Familien durchaus vorhanden ist.

Ärztinnen und Ärzte sowie Fachkräfte der Behindertenhilfe rieten bis in die 1970er Jahre häufig dazu, das Kind ins Heim zu geben, und argumentierten mit der besseren Förderung des Kindes, der Gefahr des Scheiterns der Ehe und Schwierigkeiten für die weiteren Kinder der Familie. Der Großteil der Heime dieser Zeit war allerdings noch durch ein relativ stark defizitorientiertes Bild von geistiger Behinderung, große Gruppen, die in Schlaf- und Aufenthaltssälen lebten, und ein hohes Maß an Fremdbestimmung gekennzeichnet. Für Eltern konnte dies kaum als wünschenswerte Alternative zum Leben im Kreis der Familie gelten. Für diejenigen, die eine Betreuung zu Hause leisten konnten, waren die zu dieser Zeit vorhandenen Angebote zu einem großen Teil inakzeptabel. Viele Eltern wandten sich nach diesen ersten negativen Eindrücken erschüttert ab und beschäftigten sich nie wieder mit der Entwicklung von Wohneinrichtungen und der Entstehung ambulanter Unterstützungsstrukturen.

Ältere Eltern haben im Verlauf ihres Lebens extreme Unterschiede in Bezug auf den gesellschaftlichen Umgang mit Behinderung, die Erwartungen an Eltern, die fachlichen Prinzipien der Betreuung und die vorhandenen Angebote erlebt (Bigby 2004, 195). Was heute als richtig gilt, war vor 30 oder gar 50 Jahren undenkbar. Dies berichten ältere Eltern in allen Ländern, es betrifft aber in besonderer Weise Eltern aus Deutschland und aus den während des Nationalsozialismus durch Deutschland besetzten Gebieten. Auch Eltern, die selbst erst gegen Ende oder nach der NS-Zeit geboren wurden, wurden mit dem noch lange nachwirkenden eugenischen Gedankengut konfrontiert. Aber auch in anderen Ländern herrschte eine stark defizitorientierte Sicht auf geistig behinderte Kinder, ihre Entwicklungsfähigkeit, ihre Lebenserwartung und die Möglichkeiten ihrer Betreuung vor.

Selbst wenn den beschriebenen Erfahrungen auch gute Erfahrungen gegenüberstanden, war das Erleben von Ausschluss und Isolation für viele Eltern dennoch prägend, ebenso die Erfahrung, auf sich allein gestellt zu sein. Ein Teil der Eltern kam so zu dem Schluss, dass es besser sei, die Betreuung des Kindes autonom zu regeln und zu verantworten. Andere ließen sich auf Angebote ein, waren aber mit deren Qualität nicht zufrieden – sodass sie mangels Alternativen oftmals beschlossen, ihr Leben weitgehend allein ohne externe Hilfen zu gestalten. Dies entsprach zudem den (damaligen) Vorstellungen von Familienleben als Privatangelegenheit und der geringen Bedeutung außerhäuslicher Betreuungsangebote auch für nicht behinderte Kinder.

Trotz aller negativen Erfahrungen mit verschiedenen Institutionen wird ein Kontakt zum Unterstützungssystem von Familien allerdings immer wieder als sehr positiv und hilfreich beschrieben: Der Bereich Arbeit und Beschäftigung. Die meisten behinderten Erwachsenen, die im Elternhaus leben, sind in einer Werkstatt für behinderte Menschen beschäftigt (Stamm 2008, 257). Neben der Beschäftigung ermöglicht die Tätigkeit in einer WfbM oder Tagesförderstätte auch die Pflege von sozialen Kontakten und Freundschaften sowie die Inanspruchnahme von Angeboten der beruflichen Bildung und von Sportangeboten. Gerade Menschen, die im Elternhaus leben, schätzen die Tätigkeit in der WfbM daher grundsätzlich positiv ein

(Lindmeier 2010). Dieser häufig von der ganzen Familie als hilfreich erlebte Zugang zum Hilfesystem ist eine vielversprechende Basis für die Begleitung von Familien bei der Entwicklung tragfähiger Zukunftsperspektiven.[2] Diesen konstruktiv erlebten Kontakt erfolgreich nutzen zu können, erfordert allerdings eine wertschätzende und ergebnisoffene Begegnung mit den Familien – eine Bedingung, die für Fachkräfte nicht immer einfach einzuhalten ist. Aktuelle Leitprinzipien der Behindertenhilfe wie Selbstbestimmung und Empowerment führen vielfach dazu, dass Fachkräfte ältere Eltern als überbehütend wahrnehmen und nur schwer nachvollziehen können, wie die ablehnende Haltung gegenüber den Angeboten der Behindertenhilfe entstanden ist und welche durchaus positiven Seiten das familiäre Zusammenleben für alle Beteiligten haben kann.

Mit dieser Haltung, die die familiäre Lebensleistung wenig wertschätzt, stoßen sie auf zum Teil erheblichen Widerstand, denn ältere Eltern selbst sehen sich keineswegs als ‚Problemgruppe'. Sie haben sich gut mit der Situation arrangiert und erleben weniger Stress als jüngere Familien mit einem behinderten Kind. Viele Eltern ziehen beispielsweise Befriedigung und Stolz aus der Tatsache, keine Hilfe annehmen zu müssen, allein, oder mitunter mit der Unterstützung eines Netzwerks im Familien- und Freundeskreis, zu Recht zu kommen, das ‚Kind' gut versorgt zu wissen. Sie sind der Auffassung, eine Betreuung im Wohnheim könne gar nicht so individuell sein wie zu Hause, und insbesondere die nicht die elterliche bzw. familiäre emotionale Zuwendung bieten.

Hinzu kommt, dass sich die Beziehungen mit zunehmendem Alter häufig in Richtung einer gegenseitiger Unterstützung bzw. Abhängigkeit entwickeln: der behinderte Angehörige kann häufig Aufgaben im Rahmen der täglichen Versorgung über-

---

2 Hier besteht ein wesentlicher Unterschied zur Situation beispielsweise in Großbritannien, wo von 25 % behinderten erwachsenen Menschen im Elternhaus ausgegangen wird, die überhaupt keinen Zugang zu Unterstützungsleistungen haben, und deren Familien daher als ‚hidden families' bezeichnet werden (Magrill 2005).

nehmen, die die Eltern nicht mehr leisten können, beispielsweise das Tragen von Einkäufen, Rasenmähen oder die Verrichtung von Hausarbeiten und Pflegetätigkeiten, meist unter Anleitung. Für verwitwete Elternteile ist auch die Anwesenheit einer weiteren Person im Haushalt von großer Bedeutung, wie die folgenden Zitate aus Interviews mit Fachkräften zeigen:

> „Ja, das ist dann, das ist sogar auch mit ein Grund, weshalb alte Eltern auch gar nicht unbedingt ihren Sohn abgeben wollen, weil er ist ja immer noch da und wenn ich denn falle, dann ist ja mein Sohn noch da, der das zumindest sieht und gelernt hat er vielleicht, einen Telefonhörer abzunehmen, um eine Nummer zu wählen, weil ich es ihm beigebracht habe."

> „Da sagte mal ein Vater, der Anfang 80 war, der sagte dann: Ich weiß, man sollte sie eigentlich ins Wohnheim geben, aber man behält sie ja auch für sich selber. Also das es auch klar ist. Ein gewisses Interesse daran besteht, das, was jahrzehntelang die Eltern-Kind-Beziehung, die so da war. Die will man mit dem Alter, also wenn man sie so viele Jahrzehnte hatte, möchte man sie im Alter nicht missen."

Auch der finanzielle Beitrag zum Familienbudget durch Grundsicherung, Werkstattlohn, Erwerbsminderungsrente und möglicherweise Pflegegeld kann ein Grund sein, die familiäre Wohnsituation aufrecht zu erhalten:

> „Und vielleicht gibt es auch eine finanzielle Abhängigkeit bei den Eltern, dass diese Beschäftigten gerade noch zu Hause wohnen. Weil es gibt schon die Fälle, dass über die Beschäftigten z.B. das Auto finanziert wird oder anders irgendwie steuerlich auch abzurechnen ist, als wenn ich das für mich habe. (...) Das müssen wir schon mit bedenken, dass ein Stück Lebensunterhalt vielleicht auch dadurch gesichert wird, obwohl es nicht so sein sollte, dass, es ist vielleicht auch ein Stück Normalität, dass das dann eben doch so ist."

Nicht zuletzt konfrontiert die Auseinandersetzung mit der Zukunft die Eltern auch direkt mit ihrer eigenen Sterblichkeit.

Dies allein stellt schon eine große Herausforderung dar, die erschwert wird durch das Bewusstsein, dass das eigene Kind, für das man lebenslang bedingungslos Fürsprecher und Begleitung war, einen seiner stärksten Verbündeten verliert (Lindmeier et al. 2012, 32).

Biographische Erfahrungen und aktuelle Lebensbedingungen sind also wesentliche Einflussfaktoren für das Festhalten an der aktuellen Lebenssituation, die nach unseren Erfahrungen auf Seiten der Eltern gleichzeitig immer auch durchdrungen ist von dem Bewusstsein und dem Anspruch, etwas verändern zu müssen, um die Lebenssituation des erwachsenen behinderten Kindes zu sichern und zukunftsfähig zu machen.

Das Erleben der geistig behinderten Angehörigen

Das Erleben der erwachsenen ‚Kinder' ist noch wenig untersucht, weitere Forschung auf diesem Gebiet dringend nötig. Dass wir mehr über die Eltern schreiben, bedeutet nicht, dass die Position des behinderten Menschen selbst weniger wichtig wäre – es gibt nur noch zu wenig gesicherte Erkenntnisse, und die Entscheidungen werden in der Regel von den Eltern getroffen.

Eine angelsächsische Studie (Walmsley 1996) berichtet, dass die behinderten Angehörigen sich zum Teil durchaus andere Lebensperspektiven vorstellen können oder wünschen als den aktuell gelebten Lebensentwurf, sich aber verantwortlich fühlen für ihre Eltern. Walmsley weist auch darauf hin, dass die Eltern die Kontrolle über finanzielle Fragen, Lebensstil und familiäre Rollen weitgehend behalten. Hinweise darauf ergeben auch die Untersuchung von Borchers/Hellmann/Olejniczak (2007), die Arbeit des aufsuchenden familienberatenden Dienstes Kompass der Lebenshilfe Karlsruhe (Feurer/van Eickels 2010; Lindmeier/Feurer 2011) und eine eigene Untersuchung (Lindmeier et al. 2012). Da Borchers/Hellmann/Olejnczak allerdings Menschen mit Behinderungen im Beisein ihrer Eltern interviewten und in der Darstellung nicht unterscheiden, ob die Antworten von Eltern oder erwachsenen Kindern stammen, sind sie für eine Unterscheidung der Positionen der Familienmitglieder nicht nutzbar. Eine eigene Befragung älterer Beschäftigter in Werkstätten ergab sehr unterschiedliche Aussagen: neben Stolz auf die Leistungen für die Familie, die Haushalt und Pflege pflegebedürftiger Elternteile umfassten, wurde – teilweise von den gleichen Personen – Sorge vor eigener Überforderung bei zunehmender Pflegebedürftigkeit der Eltern geäußert. Ähnliches berichteten die Fachkräfte desselben Trägers, die in Wohnberatung, WfbM und Kurzzeitpflege häufig mit ‚älteren Familien' zu tun haben (Lindmeier 2010; Lindmeier et al. 2012, 33).

Auch die Untersuchung von Bowey/McGlaughlin stützt diese Ergebnisse: 43 % der von ihnen befragten Personen gaben an, ihrerseits ihre älteren Eltern praktisch und emotional zu unterstützen. Viele sind stolz auf ihre Rolle als Helferin oder Helfer, sie erleben dadurch eine Aufwertung: „I love helping my mum, with washing up, with cleaning, I do lots" (2005, 1383). Die gegenseitige Unterstützung, durch die die Lebenssituation der gesamten Familien aufrechterhalten wird, beeinflusst allerdings auch ihre Bereitschaft, Wünsche über Veränderungen zu formulieren und umzusetzen: Nur 27 % der Befragten äußerten den Wunsch, umzuziehen. Neben der Aufwertung der sozialen Rolle ist mit der Unterstützungsleistung für die Eltern oder den Elternteil jedoch auch eine große Sorge um diese verbunden. Darin spiegelt sich auch ihr Bewusstsein für die Endlichkeit der aktuellen Lebenssituation: 73 % der Befragten hatten sich damit bereits auseinandergesetzt. Bowey/McGlaughlin beleuchten damit einen noch ganz neuen Aspekt in der Debatte um ältere Familien: Die Notwendigkeit von Unterstützungsleistungen für Menschen mit Behinderung, die ihrerseits die Pflege ihrer älteren Eltern übernehmen[3]. Zeitlich begrenzte Unterbrechungen der gegenseitigen Unterstützungssituation (Kurzzeitpflege, Freizeitangebote) sind hilf-

3 Im Rahmen des „Mutual Caring Project" gibt es diesbezüglich schon vielversprechende, innovative Ansätze (Magrill, o. J.).

reich für die Entwicklung einer Bereitschaft, Perspektiven für eine alternative Lebenssituation zu entwickeln.

Fachkräfte, die behinderte Menschen im Prozess einer Planung für die Zukunft beraten, müssen sich bewusst machen, wie bedeutungsvoll die aktuelle Lebenssituation auch für sie ist, dass sie Selbstbewusstsein aus der Unterstützungsleistung ziehen, die sie geben, und dass sie stolz sind, ihren Beitrag zum Familienleben beizutragen. Eine Veränderung muss diese Werte berücksichtigen und Möglichkeiten aufzeigen, sie – wenn auch in anderer Form – weiter zu leben.

Die Wahrnehmung der Familien durch Fachkräfte

Fachkräfte bewerten die Situation ‚älterer Familien' mitunter sehr pessimistisch, weil sie sie auf Grund ihres persönlichen Wertesystems und neuerer fachlicher Leitprinzipien beurteilen: Selbstbestimmung, Selbstverwirklichung, neue Erfahrungen für alle Familienmitglieder und persönliches Wachstum sind für sie sehr wichtig. Es fällt ihnen schwer zu erkennen, dass sich auch die Familien, aus ihrer Perspektive als familiäre Einheit, teilweise auf ähnliche Werte berufen, indem sie Selbstbestimmung und Autonomie so definieren, dass die Familie unabhängig von der Hilfe Dritter ist. Für viele Fachkräfte ist es kaum vorstellbar, dass eine Familie nie in den Urlaub gefahren ist, der behinderte Angehörige nie eine Nacht außerhalb des Elternhauses verbracht hat, was bei einem Teil der Familien, mit denen wir zusammen gearbeitet haben, der Fall ist. Auch der Entscheidungsspielraum mancher behinderter Angehöriger wird von den Fachkräften als sehr begrenzt wahrgenommen, während die Eltern ihr Verhalten als verantwortlich und fürsorglich beschreiben würden.

Hinzu kommt, dass die Wahrnehmung von Familien, die mit älteren behinderten Angehörigen zusammenleben, in den letzten Jahrzehnten von der Zuschreibung geprägt war, diese Familien hätten ‚die Ablösung verpasst'. Die erste kritische Auseinandersetzung mit dieser Auffassung erfolgte durch Weiß (2002), der eine Analogie zum ‚Annahmepostulat' in der

Frühförderung herstellte. In der Frühförderung hatte in den 1980er Jahren eine intensive Diskussion über die Forderung von Fachkräften stattgefunden, Eltern müssten die Behinderung ihres Kindes ‚annehmen'. Diese Forderung führte bei Eltern vielfach dazu, dass sie sich unter Druck gesetzt fühlten. Zudem wurde auch sachliche Kritik an Einrichtungen der Behindertenhilfe oder dem Handeln von Fachkräften nicht selten mit dem Hinweis abgewehrt, sie hätten ‚die Behinderung nicht angenommen' (Weiß/Neuhäuser/Sohns 2004, 137ff.). Weiß beschreibt, dass die Forderung nach ‚Ablösung' mitunter ganz ähnlich eingesetzt wird: Eltern, die unzufrieden mit den vorhandenen Angeboten sind, können leicht mit der Aussage zum Schweigen gebracht werden, sie hätten lediglich die Ablösung nicht vollzogen oder seien an ihr gescheitert. Eltern selbst erleben die Forderung nach Ablösung als unangemessen und fühlen sich unter Druck gesetzt. Kontakte zu Fachkräften werden leicht durch die Erwartung belastet, dass offen oder unausgesprochen der Vorwurf einer versäumten Ablösung im Raum stehen könnte. Wie jeder Vorwurf mangelnder Erziehungskompetenz oder mangelnder elterlicher Verantwortlichkeit ist dies keine gute Basis für eine tragfähige Zusammenarbeit im Interesse des behinderten Angehörigen.

Diese Haltung gegenüber Eltern hat sich bei einigen Einrichtungen und Diensten in den letzten Jahren allerdings verändert, wozu verschiedene Entwicklungen beigetragen haben: Die Angebote für erwachsene Menschen sind weiter ausdifferenziert; Fachkräfte arbeiten mit stärkerem Bezug zum Sozialraum und versuchen gewachsene soziale Netze zu stärken. In diesem Prozess wurde die Bedeutung familiärer Beziehungen stärker anerkannt. Außerdem wuchs die Sensibilität dafür, wie groß die Anpassungsleistungen für Familien und behinderte Menschen auf der Suche nach einem geeigneten Wohn- und Unterstützungsangebot sein können, und dass auch ein grundsätzlich gutes Angebot nicht unbedingt dem gewünschten Lebensstil entsprechen muss. Durch das Bestreben, soziale Netze zu würdigen und zu erhalten, wird die Exklusivität der familiären Beziehungen, ihre Bedeutung ebenso wie ihre Begrenzungen, besser erkannt. Dies entspricht auch der – nicht neuen – Erkenntnis der Entwicklungspsychologie des Jugendalters, dass die Entwicklungsaufgabe der Beziehungsgestaltung zu den Eltern nicht als Ablösung, sondern als ein Umbau der Beziehung zu den Eltern beschrieben werden kann (Fend 2004, Fischer 2013). Im Verlauf dieses Umbaus werden Beziehungen zu Gleichaltrigen desselben und des anderen Geschlechtes zwar wichtiger, aber die Beziehung zu den Eltern bleibt eine lebenslang bedeutsame Beziehung.

Die Veränderungen im Denken von Mitarbeiterinnen und Mitarbeitern werden beispielhaft an folgender Aussage deutlich:

> „Aber ne, das ist so eine, aus meiner Sicht eine zweischneidige Geschichte, ne. Zu sagen, jemand, der relativ fit ist und zu Hause gelebt hat, der hat natürlich auch ... eine gewisse Lebensqualität, die im Wohnheim unter Umständen eingeschränkt wird. Äh, selbständiges Wohnen, mit all dem, was damit verbunden ist, auch wenn die Eltern mit dabei sind. Für andere ist Wohnheim, wenn sie jetzt zu Hause rauskommen, soziale Kontakte haben, an bestimmten Angeboten teilnehmen (...) Da ist dann für die vielleicht, dass der Wechsel in ein Wohnheim mehr Lebensqualität bedeutet. Also ich glaube, das hängt immer auch vom Einzelfall ab."

Es wurden auch zunehmend Erfahrungen mit Familien im Verlauf von Kriseninterventionen gesammelt, wenn für behinderte Menschen mit hochaltrigen Betreuungspersonen wegen Krankheit, Pflegebedürftigkeit oder Tod kurzfristig Lösungen gefunden werden mussten. Die Einsicht in die Dynamik der Familiensysteme und die Notwendigkeit eines Handelns im Interesse der Beteiligten hat dazu beigetragen, dass Schuldzuweisungen und Appelle vielerorts einer pragmatischen Herangehensweise gewichen sind.

Wohneinrichtungen und Werkstätten haben sich zum Teil sehr intensiv mit dem Leitprinzip der Selbstbestimmung auseinandergesetzt. Selbstbestimmung ernst zu nehmen bedeutet auch, das Votum behinderter Menschen ernst zu nehmen, die bestehende Lebenssituation aufrecht zu erhalten. Dazu gehört auch die Auseinandersetzung mit dem eigenen Wunsch als Fachkraft, dem behinderten Menschen andere Perspektiven zu öffnen, vor allem dann, wenn Hinweise vorliegen, dass er selbst die Lebenssituation im Elternhaus vor allem aus Rücksicht auf die Eltern denn aus eigenem Interesse fortführt. Dennoch sind Positionen, die zwar die Einschränkungen für den behinderten Menschen in seiner aktuellen Lebenssituation sehen, aber das Handeln der Eltern nicht verurteilen, noch relativ selten. Häufiger wird versucht, Eltern durch ‚sanften Druck' und durch den Appell an ihr Verantwortungsbewusstsein (und damit durch die Unterstellung mangelnder Verantwortlichkeit, falls sie nicht entsprechend reagieren) zu einem Auszug ihrer behinderten Angehörigen zu überzeugen oder zu überreden.

6.2 Unterstützung älterer Familien

Die Auffassung, wer sein Kind nicht ausziehen lasse, habe ‚die Ablösung versäumt', machte es in der Vergangenheit unnötig darüber nachzudenken, ob die Entscheidung gegen einen Auszug möglicherweise auch an den Angeboten liegen könnte, die diesen Familien gemacht werden. Heute gehen wir grundsätzlich davon aus, dass bei sozialen Dienstleistungen Angebot und Bedarf in besonderer Weise zueinander ‚passen' müssen, und dass ein gutes Ergebnis das Resultat der Zusammenarbeit aller Beteiligten ist. Anders als bei Produkten wie Kleidung oder Autos, die unabhängig von ihrer Nutzung existieren, sind soziale Dienstleistungen immer an ihren Nutzer oder ihre Nutzerin gebunden und existieren nicht als unabhängiges Produkt. Eine Beratung zur Wohnsituation oder ein Umzug kann entsprechend nur gemeinsam von Fachkräften, Eltern des behinderten Menschen und ihm selbst so gestaltet werden, dass ein gutes Ergebnis entsteht.

Entsprechend ist auch weniger eindeutig, was als ‚gut' zu gelten hat: Neben fachlichen Kriterien sowie Verfahrensvorschriften des Leistungsträgers ist die Nutzerzufriedenheit von Bedeutung. Diese ist jedoch beeinflussbar. Gerade bei (geistig) behinderten Menschen, die im Elternhaus leben, ist die Meinung ihrer Eltern auch für ihre eigenen Entscheidungen von hoher Bedeutung. Es kommt kaum vor, dass sich Menschen mit (geistiger) Behinderung gegen den Willen ihrer Eltern für einen Umzug entscheiden oder eine Einrichtung oder Wohnform wählen, mit der die Eltern nicht einverstanden sind. Wenn man als Fachkraft ein selbstbestimmtes Leben behinderter Menschen für richtig hält, mag man das bedauern. Man mag auch das Handeln der Eltern im Einzelfall für falsch halten. Da es im Folgenden aber darum geht, wie man mit Familien zusammenarbeiten kann, müssen die Eltern als zentrale Akteure einbezogen werden.

Ein biographischer Zugang, der die Geschichte und die aktuelle Situation der Familien respektiert und wertschätzt, hat sich dabei als erfolgreicher Türöffner erwiesen. Die leitende Frage dabei ist, was die Familien selbst an der momentanen Situation wichtig und erhaltenswert finden, was sie auch für die Zukunft gesichert wissen möchten. Das in den folgenden Abschnitten näher beschriebene Lebensbuch (Lindmeier/Oermann 2014) orientiert sich stringent an dieser Frage, indem es Familien dazu einlädt, die Lebensqualität in der Gegenwart und in den familiären Bezügen zu dokumentieren. Zugleich gibt es dem behinderten Angehörigen Raum für seine, u. U. von der Perspektive der Eltern abweichende, Sicht auf sein Leben und seine Zukunft. Dieser Zugang vermittelt allen beteiligten Familienmitgliedern: ‚Hier erkennt jemand meine Deutung unserer Lebensgeschichte an. Hier nimmt jemand ernst, dass ich gute Gründe habe für meine Entscheidungen und glaubt nicht, es von vornherein besser zu wissen.‘

Eine Unterstützung, die von ‚älteren Familien‘ auch als solche wahrgenommen und akzeptiert werden soll, muss also eine doppelte Strategie verfolgen: Sie muss zum einen die Wünsche und Bedarfe der Eltern als relevant und aus ihrer Perspektive sinnvoll anerkennen, selbst wenn sie fachlichen Standards nicht entsprechen. Zum anderen muss sie selbstverständlich die langfristigen Bedürfnisse der behinderten Menschen einbeziehen.

Dazu gehört auch, dass es grundsätzlich günstig ist, wenn andere Personen wie Verwandte oder eine Vertrauensperson der Eltern einbezogen werden, da dies Sicherheit und Kontinuität gewährleisten kann. Bigby (2004, 124) weist darauf hin, dass die Benennung von sogenannten Schlüsselpersonen, die Verantwortung für eine reibungslose Gestaltung des Übergangs, übernehmen, sehr günstig ist. Dem ist aus unseren Erfahrungen zuzustimmen, soweit die Pläne nicht ‚über ihren Kopf hinweg' gemacht werden. Nicht selten fühlen sich die benannten Personen in einer Weise den Wünschen der (verstorbenen) Eltern verpflichtet, die sie stark unter Druck setzt, wie das folgende Zitat zeigt:

> „Bei einer Beschäftigten bei uns ist es so, da hat die Schwester, also die Tante von ihr, die hat also dem Vater auf dem Sterbebett versprochen, ich kümmere mich so lange, wie ich kann. So, da sitzt dann wieder so ein Druck darin."

Wenn es allerdings gelingt, dass jemand nur so viel Verantwortung übernimmt, dass er oder sie sich dabei nicht belastet fühlt, kann das eine ähnliche Wirkung haben, wie sie aus der Zukunftsplanung mit Unterstützerkreisen bekannt ist: In einem solchen Fall können Geschwister beispielsweise die gesetzliche Betreuung übernehmen, ebenso können Geschwister oder andere Verwandte möglicherweise zusagen, dass sie weiterhin einen Kontakt pflegen werden, wie er unter erwachsenen Geschwistern oder entfernten Verwandten üblich ist. Wenn sie sich nicht überfordert fühlen und die Verantwortung teilen können, sind die meisten Menschen eher bereit, Verantwortung zu übernehmen. Für manche Eltern kann dies – auch wenn es in ihren Augen nicht die Ideallösung ist – eine hinreichende Zusicherung sein, dass eine familiäre Bindung und Beziehung zur Herkunftsfamilie gewahrt bleiben kann.

Auf den nächsten Seiten beschreiben wir, wie man mit Hilfe biographisch orientierter Bildungsarbeit mit dem Lebensbuch diesem Anspruch gerecht werden kann.

6.3 Meine Lebensgeschichte: Biographisch orientierte Bildungsarbeit mit dem Lebensbuch

Das Lebensbuch (Lindmeier/Oermann 2014) ist ein Instrument zur Unterstützung biographisch orientierter Bildungsarbeit mit Erwachsenen mit geistiger Behinderung, die im Elternhaus mit ihren Angehörigen zusammenleben. Grundgedanke des Lebensbuches ist es, das Leben des behinderten Menschen in der Gegenwart in den Mittelpunkt zu stellen. Mit Hilfe der ergänzenden biographischen Arbeit sollen mehrere Ziele erreicht werden:

- Der behinderte Mensch erhält die Möglichkeit, über sich und sein Leben nachzudenken und mit anderen darüber zu sprechen.
- Wenn dies in einem Erwachsenenbildungskurs geschieht, kann der Austausch mit Gleichbetroffenen im Sinne des Empowerment wirken: die Teilnehmerinnen und Teilnehmer stellen fest, dass es Menschen gibt, die sich in einer ähnlichen Situation befinden. Sie erhalten Anregungen, wie Andere beispielsweise ihren Tag verbringen oder ihre Mobilitätsprobleme lösen, und merken, dass auch andere Menschen in ähnlicher Situation sich fragen, wie ihre Zukunft aussieht.
- Wichtiges biographisches Wissen wird gesichert.
- Die Gegenwart wird in ihrer Bedeutung gewürdigt und festgehalten. Damit wird auch die Lebensleistung der Familien gewürdigt.
- Die Angehörigen werden an einigen Stellen bezüglich biographischer Erinnerungen, Informationen und Einschätzungen um Mithilfe gebeten. So werden die Familienmitglieder eingeladen, zu den Themen Zusammenleben, zur Frage, was daran besonders wichtig ist, und evtl. auch zur Zukunftsgestaltung miteinander ins Gespräch zu kommen.
- Soweit der behinderte Mensch und seine Angehörigen dies möchten, finden Besuche zu Hause statt. Diese dienen zum

einen zur Dokumentation der aktuellen Lebenssituation, zum anderen dazu, die gerade beschriebenen unterstützenden Gespräche anzuregen und zu moderieren. Daneben besteht die Möglichkeit, die Angehörigen zur letzten Kurseinheit einzuladen, in der die Arbeitsergebnisse präsentiert werden. Das ermöglicht es den Angehörigen, die erwachsenen Kinder oder Geschwister mit Behinderung in einem anderen Kontext und mit anderen Facetten seiner oder ihrer Persönlichkeit wahrzunehmen.

Damit kann das Buch in manchen Fällen eine Planung der Zukunft vorbereiten und einleiten. In anderen Fällen, in denen keine rechtzeitige Sicherung einer von den Eltern unabhängigen Lebenssituation erfolgt, kann eine Krise entschärft werden, da wichtige Informationen über Lebensstil, Vorlieben Wünsche etc. festgehalten wurden und zur Verfügung stehen. Dabei ist zu beachten, dass das Lebensbuch das Eigentum des Menschen ist, um dessen Leben es geht. Es ist nicht primär als Dokumentation und als Informationsquelle für alle möglichen Fachleute gedacht. Sein Besitzer muss jeweils entscheiden, ob und wem gegenüber er es herausgeben möchte. In der Regel sind die Menschen, mit denen wir arbeiten, aber daran interessiert, mit wichtigen Bezugspersonen wie Eltern, Gruppenleitung oder bei einem Umzug mit Assistenten oder Bezugsbetreuern zu sprechen und Informationen weiterzugeben.

Kurzer Überblick über das Instrument ‚Lebensbuch'

Das Lebensbuch ist ein Kommunikations- und Dokumentationsbuch, das zum Festhalten der Ergebnisse biographisch orientierter Bildungsarbeit dient.

Es besteht aus fünf Kapiteln, die einen breiten Überblick über Bereiche des täglichen Lebens geben, aber auch über Bedeutsames aus der Vergangenheit abbilden. Farblich unterschiedlich gekennzeichnet sind die Themenbereiche:

- Über mich (Abb. 8)
- Dinge, die ich tue
- Dinge, die ich kann
- Meine Gesundheit
- Notfallplan

Die Seiten sind in einem Ringbuch zusammengefasst, so dass nach Bedarf auch Seiten und Bilder ergänzt sowie überflüssige Seiten entfernt werden können.

Das Lebensbuch erfordert viel schriftliche Dokumentation, auch wenn diese bei Bedarf auf jeder Seite durch Fotos oder Piktogramme ergänzt werden kann. Dennoch steht das Ziel, Lebensqualität und Lebensgeschichte zu sichern, im Zentrum der Arbeit mit dem Lebensbuch, und dafür ist Schrift die am besten geeignete Form. Die Bilder helfen dem Besitzer, insbesondere, wenn er nicht (gut) lesen kann, sich selbstständig im Buch zurechtzufinden und sich an das Besprochene und Aufgeschriebene selbständig oder im Gespräch zu erinnern.

6.3.1 Kursorganisation

Die Grundlage für das hier beschriebene Bildungsangebot liefern unsere Erfahrungen mit der Arbeit mit dem Lebensbuch, die wir seit 2008 in Kooperation mit den Osnabrücker Werkstätten gGmbH gesammelt haben. In der Zeit von 2013 bis 2016 wurde die Arbeit in größerem Umfang im Kontext des Aktion Mensch Projekts „Mein Leben: Das ist mir wichtig – das soll so bleiben. Biografiearbeit mit dem Lebenbuch“[4] mit ebendieser Einrichtung erprobt und evaluiert.

Das Angebot besteht aus einer Kombination aus biographischer Einzel- und Gruppenarbeit. Dem sieben Einheiten umfassenden Kursangebot ist eine etwa sechswöchige Phase

---

4 Das Projekt wurde gefördert von Aktion Mensch und der Förderstiftung HHO; ein Abschlussbericht soll 2017 erscheinen.

vorgelagert, in der in Einzelarbeit wesentliche Grundlagen erarbeitet werden. In dieser Phase finden auch die Hausbesuche statt, sofern die Teilnehmerinnen und Teilnehmer und ihre Angehörigen damit einverstanden sind. Sie stellen häufig einen ganz wesentlichen Faktor für die erfolgreiche Kursteilnahme dar. Die Einzelarbeit dient auch dem Aufbau eines Vertrauensverhältnisses zwischen Kursleitung und Teilnehmenden. Bei einer doppelten Kursleitung ist es empfehlenswert, dass die Verantwortlichkeiten für die Einzelarbeit gut abgesprochen sind und Teilnehmerinnen und Teilnehmer sich nicht wöchentlich auf andere Gesprächspartner einlassen müssen. Darüber hinaus ist diese Arbeitsphase sehr hilfreich, um die Fähigkeiten und den Unterstützungsbedarf der Teilnehmerinnen und Teilnehmer einschätzen und die Kursinhalte entsprechend anpassen zu können.

Gute Erfahrungen haben wir mit Arbeitsgruppen von sechs bis acht Teilnehmerinnen und Teilnehmer mit einer doppelten Kursleitung gesammelt. Auf diese Weise ist es möglich, dem zum Teil hohen Unterstützungsbedarf beim Schreiben, aber vor allem bei der Auseinandersetzung mit persönlich relevanten Themen effektiv nachkommen zu können. Teilnehmerinnen und Teilnehmer mit hohem Unterstützungsbedarf sollten ausdrücklich nicht vom Bildungsangebot ausgeschlossen werden: Das Setting in der Gruppe bietet viele Vorteile gerade für wenig sprechende Menschen. Zusätzliche Arbeitsphasen in Einzelarbeit außerhalb des Kurses sind dann jedoch wahrscheinlich notwendig, um den in der Regel höheren Zeitbedarf bei der Gestaltung des Buches (Auswahl von Bildern, detaillierte Beschreibung bestimmter wichtiger Assistenzleistungen bei täglichen Routinen etc.) und der Vertiefung von Themen gerecht zu werden. Hier sind auch Praktikantinnen und Praktikanten mit Gewinn für beide Seiten einsetzbar.

Zusätzlich zum Lebensbuch erhalten die Teilnehmerinnen und Teilnehmer Eckspannmappen, in denen weitere Arbeitsblätter aufbewahrt werden können, die im Laufe des Kurses entstehen.

Um eine gute Arbeitsatmosphäre zu gewährleisten, ist ein geeigneter Kursraum wichtig, der genügend Platz lässt, um mit den zum Teil sehr großen Materialien zu hantieren (Körperumriss, Zeitleiste, s. u.). Darüber hinaus wird die in Kapitel 5 dieses Bandes beschriebene Grundausstattung benötigt.

Wir empfehlen, die biographieorientierte Bildungsveranstaltung im Kontext der beruflichen Bildung der WfbM zu verorten. Dies bietet mehrere Vorteile:

- Die berufliche Bildung ist in der Regel allen Beschäftigten in der Werkstatt bekannt. Verschiedene Kursangebote werden häufig bereits genutzt. Mögliche Hemmschwellen bei der Anmeldung, wie zum Beispiel ein fremdes Anmeldeverfahren und unbekannte Mitarbeiterinnen und Mitarbeiter, zu denen man Kontakt aufnehmen muss, werden vermieden.
- Eine Bildungsveranstaltung außerhalb der Arbeitszeit, noch dazu an einem anderen Ort als der Werkstatt, kann eine weitere Barriere bei der Teilnahme darstellen: Nicht immer ist vorausgesetzt, dass der Bildungsort selbständig erreicht werden kann, und die (älteren) Angehörigen können sich möglicherweise auch nicht zu einem wöchentlichen Fahrdienst verpflichten.
- Nicht zuletzt ist die Werkstatt für ältere Familien häufig einer der wenigen fachlichen Ansprechpartner in Bezug auf das Leben mit dem erwachsenen Kind mit Behinderung. Mit Hilfe des Kursangebotes kann diese Bindung verstärkt werden, was sich mit Blick auf die angestrebte Auseinandersetzung mit der Zukunft förderlich auswirken kann.

Das Lebensbuch ist sehr umfangreich, und obgleich es ausdrücklich nicht das erklärte Ziel der Bildungsveranstaltung ist, das Buch vollständig auszufüllen, so sollte doch ein Großteil der enthaltenen Themen erarbeitet werden. Dies muss nicht ausschließlich im Kurs geschehen, sondern kann in der biographischen Einzelarbeit, die im Vorfeld des Kurses oder ggf.

begleitend stattfindet, oder mit Unterstützung der Angehörigen, sofern diese dazu bereit sind und dies auch von den Kursteilnehmerinnen und -teilnehmern gewünscht ist, umgesetzt werden.

Zusammenarbeit mit Angehörigen

Besonders erwähnt werden soll an dieser Stelle noch einmal die Zusammenarbeit mit Angehörigen: Als zentrale Bezugspersonen im täglichen Leben sind sie wichtige Partnerinnen und Partner bei der Beschreibung bedeutsamer Erfahrungen und liebgewonnener Routinen.

Eine authentische Offenheit der Kursleitung für die jeweiligen Angehörigen ist eine wichtige Voraussetzung für den Erfolg der Veranstaltung: Bei biographisch orientierter Bildungsarbeit steht selten nur der jeweilige ‚Biographieträger' allein im Fokus, sondern auch seine Beziehungen zu den Menschen in seinem Umfeld. Insofern ist es verständlich, wenn Angehörige zu Beginn skeptisch sind und sich Aufklärung wünschen, welche Ziele dieser Kurs verfolgt. Und da mit dem Kurs ja durchaus auch eine Zukunftsorientierung angestrebt wird, und diese ebenfalls nicht allein den behinderten Menschen, sondern alle Familienmitglieder betrifft, sind Offenheit und Respekt bereits bei der Ankündigung der Kurse wesentlich. Diese Offenheit meint eine umfassende Information sowohl über die geplanten Inhalte als auch über die Art der Unterstützung, die die Angehörigen, wenn sie möchten, leisten können: Angehörige können beim Ausfüllen des Lebensbuches unterstützen, beim Aussuchen von Fotos für die Dokumentation wichtiger Themen oder ihren Söhnen und Töchtern schon über die Themen der nächsten Woche sprechen. Darüber hinaus sieht das Kurskonzept vor, die Arbeitsergebnisse in der letzten Einheit ausgewählten Gästen vorzustellen. Fast immer waren die Angehörigen auf der Gästeliste der Teilnehmerinnen und Teilnehmer.

Wie beschrieben unterteilen wir das Angebot in eine vorbereitende Phase und in die eigentliche Kursphase. Die Vorbereitungsphase wird mit sechs Wochen angesetzt, die Kursphase mit sieben Wochen. Es empfiehlt sich, mit einem ‚achten Termin' zu planen, um in Einzelarbeit den noch offenen Fragen oder Bedarfen nachkommen zu können: Immer wieder gibt es beispielsweise Teilnehmerinnen oder Teilnehmer, die eine umfangreiche, Jahrzehnte umspannende Fotosammlung mit in den Kurs bringen, die eine (zeit)intensivere Auseinandersetzung in Einzelarbeit erfordert.

Tabelle 1: Kursplan

Vorbereitungsphase: Einzelarbeit	
Woche 01	• Treffen mit allen Teilnehmern • Informieren über Kursstart und die vorbereitenden Angebote • Ausgabe der Lebensbücher und Arbeitsmappen • Terminieren der Einzeltreffen
Woche 02–06	Ggf. Hausbesuche; Bearbeiten der Arbeitsblätter • „Seite über mich" • „Mein Lebenslauf" • „Wichtige Menschen" • „9 gute Dinge über mich"
Kursphase	
Woche 07	Kurseinheit 1: So lebe ich
Woche 08	Kurseinheit 2: Meine Stärken und Vorlieben
Woche 09	Kurseinheit 3: Mein Lebensbaum
Woche 10	Kurseinheit 4: Stationen auf dem Lebens-Weg
Woche 11	Kurseinheit 5: Wichtige Erinnerungen
Woche 12	Kurseinheit 6: Meine Wünsche für die Zukunft
Woche 13	Kurseinheit 7: Abschluss
Woche 14	Nachbereitung

6.3.2 Kursdurchführung: Vorbereitungsphase

Ziele der Vorbereitungsphase sind, wie beschrieben, das gegenseitige Kennenlernen und der Aufbau eines Vertrauensverhältnisses. Die Vorbereitungsphase beginnt mit einem kurzen Treffen aller angemeldeten Kursteilnehmerinnen und Kursteilnehmer, um sie über die nächsten Schritte zu informieren und ihnen ihr Material auszuhändigen.

Wichtig sind die Ausgabe des Kursplans und die Klärung der bevorstehenden Einzelarbeitsphasen. Es muss unbedingt vermieden werden, dass Teilnehmer sich zurückgesetzt fühlen, wenn sie erleben, dass Treffen zwischen der Kursleitung und einem anderen Teilnehmer bzw. einer anderen Teilnehmerin stattfinden, an denen sie nicht beteiligt werden. Bestenfalls wurden am Ende des ersten Treffens mit allen Teilnehmerinnen und Teilnehmern Termine für die Einzelarbeit besprochen und notiert.

Folgende Arbeitsblätter haben sich als nützlich für die vorbereitende Arbeit unter Einbeziehung der Angehörigen erwiesen:

- Seite über mich (Abb. 8),
- Mein Lebenslauf (Abb. 9)
- Wichtige Personen in meinem Leben (Abb. 10)
- 9 gute Dinge über mich (Abb. 6)

Seite über mich: Auf drei Seiten fasst dieses Arbeitsblatt einen Großteil der im Kurs angesprochenen Themen zusammen. Die ersten drei Zeilen betreffen den Namen, den Geburtstag und die Adresse des Teilnehmers oder der Teilnehmerin. Auf den folgenden drei Zeilen geht es um eine nähere Auseinandersetzung mit dem Thema ‚Wohnen': Mit wem wohnt der Teilnehmer bzw. die Teilnehmerin zusammen, was schätzt der/diejenige an seinem/ihrem Wohnort allgemein und was an seinem/ihrem Zuhause im Besonderen? Das Arbeitsblatt schließt mit Wünschen für die Zukunft und wichtige Lebensereignisse. Wir empfehlen, dieses Arbeitsblatt zu Beginn und zum Ende des Kurses ausfüllen zu lassen. Auf diese Weise können sowohl Kursleitende als auch Teilnehmerinnen und Teilnehmer schnell die Entwicklung feststellen, die im Laufe der gemeinsamen Arbeitszeit stattgefunden hat. Im derzeit durchgeführten Projekt werden neben anderem diese Veränderungen evaluiert.

Abb. 8: Seite über mich

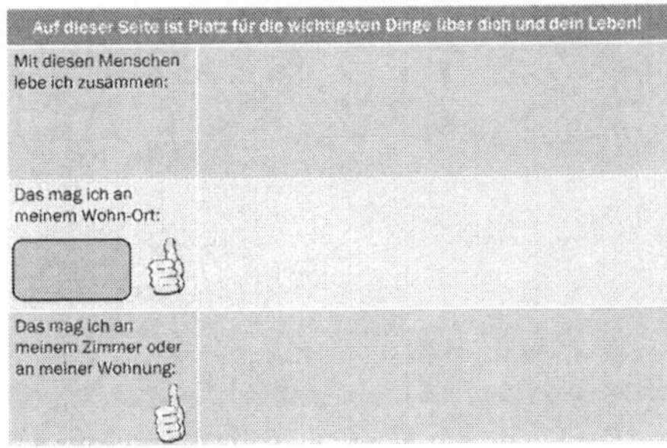

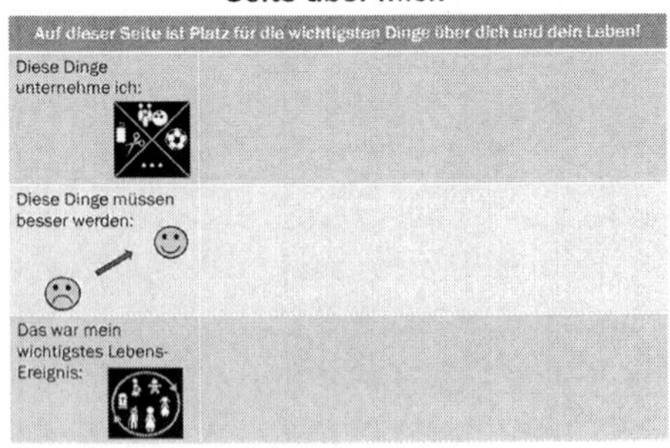

Mein Lebenslauf: Dieses Arbeitsblatt dient der gezielten Vorbereitung der Einheit vier und fragt nach den klassischen lebenslaufbezogenen Daten zu Schulzeit, Berufsbildungsbereich (früher: Arbeitstrainingsbereich) und Arbeitsleben. Das Ausfüllen des Arbeitsblattes regt häufig dazu an, über die Erinnerungen an die Schulzeit und das Arbeitsleben zu sprechen und möglicherweise erste Bewertungen vorzunehmen. Mitunter kommt es vor, dass Teilnehmer unsicher sind, auf welche Schule sie gegangen sind, oder die genauen Zeiten fallen ihnen nicht ein. Es empfiehlt sich, mit Angehörigen über dieses Arbeitsblatt ins Gespräch zu kommen und sie damit anzuregen, ihre Erinnerungen über die ersten Schultage oder den Übergang in den Arbeitsbereich mitzuteilen. Dies hilft in der Regel auch der Erinnerung des Teilnehmers auf die Sprünge, zusätzlich vermittelt es einen Eindruck von den Sorgen und Ängsten, die bei den bereits erlebten Übergängen erlebt wurden, sowie der erlebten positiven Entwicklungen bei ihrer Bewältigung.

Abb. 9: Mein Lebenslauf

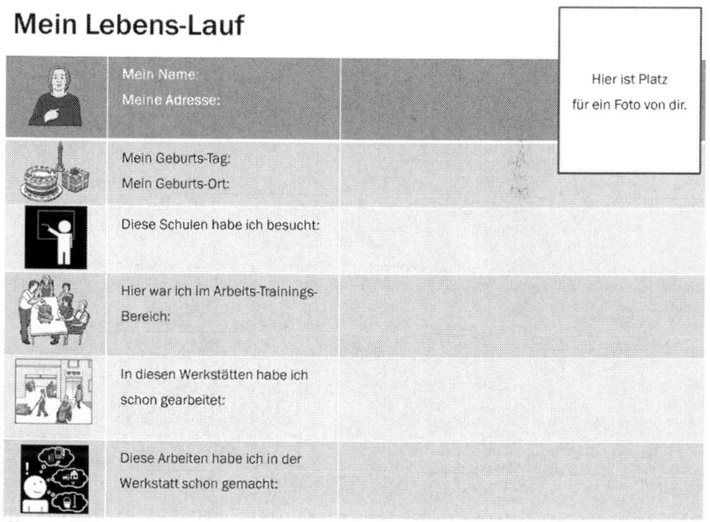

Mein Lebens-Lauf

Hier ist Platz für ein Foto von dir.

	Mein Name: Meine Adresse:	
	Mein Geburts-Tag: Mein Geburts-Ort:	
	Diese Schulen habe ich besucht:	
	Hier war ich im Arbeits-Trainings-Bereich:	
	In diesen Werkstätten habe ich schon gearbeitet:	
	Diese Arbeiten habe ich in der Werkstatt schon gemacht:	

Abb. 10: Wichtige Personen in meinem Leben

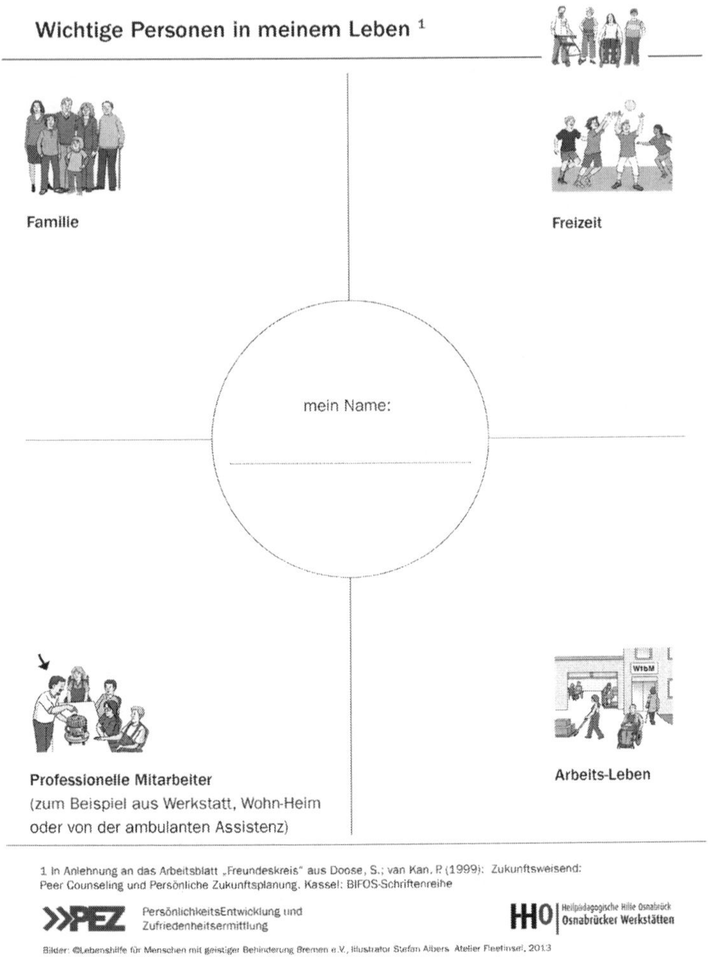

Wichtige Personen in meinem Leben [1]
Familie
Freizeit
mein Name:
Professionelle Mitarbeiter
(zum Beispiel aus Werkstatt, Wohn-Heim
oder von der ambulanten Assistenz)
Arbeits-Leben
WfbM
1 In Anlehnung an das Arbeitsblatt „Freundeskreis" aus Doose, S.; van Kan, P. (1999): Zukunftsweisend:
Peer Counseling und Persönliche Zukunftsplanung. Kassel: BIFOS-Schriftenreihe
PEZ
PersönlichkeitsEntwicklung und
Zufriedenheitsermittlung
HHO
Heilpädagogische Hilfe Osnabrück
Osnabrücker Werkstätten
Bilder: ©Lebenshilfe für Menschen mit geistiger Behinderung Bremen e.V., Illustrator Stefan Albers, Atelier Fleetinsel, 2013

Wichtige Personen in meinem Leben: Dieses Arbeitsblatt fragt gezielt nach Bezugspersonen des Teilnehmers oder der Teilnehmerin aus den Kontexten ‚Familie', ‚Freizeit', ‚Arbeitsleben' sowie ‚professionelle Mitarbeiter' und dient der Vorbereitung von Einheit 3 (‚Mein Lebensbaum'). Auch dieses Arbeitsblatt eignet sich als Gesprächsgrundlage für den An-

gehörigenbesuch. Insbesondere Verwandtschaftsbeziehungen lassen sich im Gespräch mit den Angehörigen häufig genauer beschreiben. Darüber hinaus reichert das Gespräch über die wichtigen Personen häufig die Erinnerungen an schöne oder schwierige Momente im Leben der Person an, was wiederum für die Planung der Einheit 5 („Wichtige Erinnerungen") hilfreich ist.

9 gute Dinge über mich: Nicht zuletzt stehen auch die Stärken der Teilnehmerinnen und Teilnehmer im Fokus der Vorbereitung. Dazu kann das Arbeitsblatt „9 gute Dinge über mich" (Abb. 6) verwendet werden, auf dem jeweils drei Stärken in den Bereichen „Arbeit", „Mit Menschen" und „In der Freizeit" benannt werden können. Neben den Angehörigen sind auch Gruppenleitungen bei diesem Arbeitsblatt wichtige Unterstützer für das Ausfüllen dieses Arbeitsblattes.

Der Besuch zu Hause: Der Besuch beim Teilnehmer zu Hause dient zunächst der Dokumentation der aktuellen Lebenssituation. Das Lebensbuch sieht vor, ein Foto vom Zuhause einzukleben sowie Fotos von den Personen, mit denen man zusammenlebt. Die Frage nach den Lieblingsplätzen zu Hause ist für einige Teilnehmer schwierig zu beantworten, wenn sie nicht direkt vor Ort sind. Auch dafür ist ein Besuch vor Ort sehr hilfreich.

Darüber hinaus kann der Besuch auch sehr gut genutzt werden, um Angehörige noch einmal persönlich über die Inhalte und Ziele der biographischen Arbeit zu informieren und deutlich zu machen, an welchen Stellen ihre Mithilfe wünschenswert wäre. Wir haben die Erfahrung gesammelt, dass dieser Kontakt von vielen Angehörigen nach anfänglicher Zurückhaltung sehr positiv bewertet wurde, sofern dabei das gemeinsame Interesse an der Lebensgeschichte des Angehörigen und seiner Familie sowie Respekt und Wertschätzung für die gemeinsam erbrachte Lebensleistung im Mittelpunkt standen.

6.3.3 Kursdurchführung: Kursphase

Der Kurs umfasst wie oben beschrieben sieben Einheiten, die jeweils vier Zeitstunden inklusive einer 30-minütigen Pause umfassen. Die längeren kreativen Phasen innerhalb der einzelnen Einheiten ermöglichen es auch bildungsungewohnten Teilnehmerinnen und Teilnehmern, an einem zeitlich so umfassenden Angebot erfolgreich teilzunehmen.

Jede Einheit beginnt mit einem kurzen Rückblick auf das letzte Treffen, Fotos von typischen Kurssituationen unterstützen die Erinnerung. Es folgt eine Einführung ins aktuelle Thema, dazu werden das entsprechende Piktogramm und die Überschrift auf ein Plakat geklebt, das die einzelnen Einheiten abbildet und den Teilnehmerinnen und Teilnehmer eine Übersicht über die Termine gibt.

Am Ende jeder Einheit werden die Teilnehmerinnen und Teilnehmer gebeten, die Inhalte noch einmal zusammenzufassen und die Einheit mit Hilfe von Piktogrammen zu bewerten (vgl. Kapitel 5). Im Folgenden werden die sieben Einheiten einzeln vorgestellt. Zur besseren Übersicht werden die Ziele der Einheit, benötigte Materialien, verwendete Methoden und der Ablauf einleitend tabellarisch dargestellt.

Einheit 1: So lebe ich

Ziele	• Gegenseitiges Kennenlernen • Aufstellen von Gruppenregeln • Auseinandersetzung mit der eigenen Wohnsituation
Materialien	• Piktogramme zu Gruppenregeln • Arbeitsblatt ‚So lebe ich' • Stifte und Kleber • große Papierbögen (in Körpergröße) • Fotos des Wohnumfelds der Teilnehmerinnen und Teilnehmer (von den Angehörigenbesuchen) • Lebensbuch
Methoden	• ‚Körperumriss' (M6)

Einstieg

- Vorstellungsrunde:
  - Wo wohne ich?
  - Mit wem wohne ich zusammen?
  - Wie wohne ich?
  - Seit wann arbeite ich schon in der Werkstatt?

Ablauf

- Vorstellung der Kursinhalte
- Erarbeitung von Gruppenregeln (evtl. Unterstützung durch Piktogramme)
- Bearbeitung des Arbeitsblattes ‚So lebe ich' mit begleitendem Austausch in der Gruppe
- Erarbeitung der Körperumrisse
- Bearbeitung der Seiten 10–14 im Lebensbuch (Ergänzung der Fotos der Angehörigenbesuche)

Abschluss

- Zusammenfassung der Sitzung
- Bewertung der Sitzung durch Teilnehmerinnen und Teilnehmer

Die Einheit beginnt mit einer Vorstellungsrunde, in der alle Anwesenden ihre Namen nennen, erzählen, wo, wie und mit wem sie wohnen und wie lange sie schon in der jeweiligen Werkstatt arbeiten. Dieser Einstieg gibt den Teilnehmerinnen und Teilnehmern für gewöhnlich Sicherheit in der Gruppensituation und auch, wenn sie sich untereinander schon kennen, gibt es darin oft noch Neues, Interessantes über die Lebenssituation der anderen zu erfahren.

Nach einer kurzen Übersicht über die Inhalte der bevorstehenden Wochen regt die Kursleitung die Teilnehmerinnen und Teilnehmer dazu an, sich über die Regeln zu verständigen, nach denen sie miteinander im Kurs arbeiten möchten. Es empfiehlt sich, dazu eine kleine Auswahl passender Piktogramme vorliegen zu haben, um die Diskussion anzuregen (Kapitel 5.3, Abb. 2).

Anschließend steigt die Gruppe in das Thema der Einheit ‚So lebe ich' ein. Mit Hilfe eines Arbeitsblattes tauschen sich die Teilnehmerinnen und Teilnehmer über ihre aktuelle Wohnsituation aus: „Mit wem lebe ich zusammen? Was gefällt mir an meinem Wohnort? Was gefällt mir an meinem Zuhause? Was nervt mich? Wie möchte ich in 20 Jahren wohnen?" – all dies sind Fragen, die mit Hilfe des Arbeitsblattes diskutiert werden. Durch den Austausch in der Gruppe besteht die Möglichkeit, sich gegenseitig mit Ideen oder Wünschen sowie auch durch die Aktivitäten, denen man am Wohnort nachgeht, anzuregen oder den eigenen Lebensentwurf zu erweitern.

Nachdem die Ergebnisse dokumentiert wurden, beginnt die kreative Arbeitsphase dieser Einheit: Von den Teilnehmerinnen und Teilnehmern wird ein lebensgroßer Körperumriss (M6) angefertigt und sie werden angeregt, diesen möglichst detailgetreu auszumalen. Die Kursleitung unterstützt bei dieser Arbeit und motiviert dazu, möglichst alle Besonderheiten (Augenfarbe, Frisur, Kleidungsstil, Schmuck etc.) abzubilden.

Zum Ende der Einheit sollte noch ausreichend Zeit zur Verfügung stehen, um die thematisch entsprechenden Seiten im Lebensbuch (10–14) auszufüllen und um die Fotos zu ergänzen, die bestenfalls im Rahmen des Hausbesuchs gemacht wurden. Die Einheit endet mit einer Zusammenfassung und der Bewertung durch die Teilnehmerinnen und Teilnehmer.

Einheit 2: Meine Stärken und Vorlieben

Ziele

- Auseinandersetzung mit den eigenen Fähigkeiten und Hobbys
- Stärkung des Selbstbewusstseins

Materialien

- Fotos der letzten Einheit
- für das Spiel ‚Typisch Mann – typisch Frau?‘
  - Gegenstände, die als ‚typisch männlich‘ bzw. ‚typisch weiblich‘ zugeordnet werden können
  - Abbildungen von einer Frau und von einem Mann
- Stifte und Kleber
- angefertigte Körperumrisse aus der letzten Sitzung (aufgehängt im Kursraum)
- ‚Ich-bin‘-Karten der Hamburger Arbeitsassistenz (2007)
- Blanko-Karten
- Lebensbuch

Methoden

- Spiel ‚Typisch Mann – typisch Frau?‘ (M11)

Einstieg

- gemeinsame Rückschau auf letztes Treffen (unterstützt durch Fotos)
- Abstreichen der vorherigen Einheit auf dem Kursplan

Ablauf	• Spiel ‚Typisch Mann – typisch Frau?‘ (M11) → erste individuelle Besonderheiten werden benannt und dokumentiert • Besprechung der ‚Ich-bin‘-Karten der Hamburger Arbeitsassistenz (2007) • Auswahl, Ausschneiden und Aufkleben übereinstimmender Fähigkeiten zur eigenen Person (ggf. Ergänzung fehlender Eigenschaften auf Blanko-Karten) auf Körperumriss • gemeinsame Betrachtung der Körperumrisse • ggf. Bearbeitung der Seiten ‚Dinge, die ich kann‘ (Seite 98 ff.) im Lebensbuch
Abschluss	• Zusammenfassung der Sitzung • Bewertung der Sitzung durch Teilnehmerinnen und Teilnehmer

Die Einheit beginnt mit einer gemeinsamen Rückschau auf das letzte Treffen. Fotos helfen bei der Erinnerung, zusätzlich werden die Teilnehmer gebeten, ihren Kursplan hervorzuholen und die letzte Einheit abzustreichen. Auf diese Weise entwickeln sie ein Gespür für das Voranschreiten des Kurses.

Die Kursleitung führt mit Hilfe des Spiels „Typisch Mann – typisch Frau?“ (M11) in die Einheit ein. Für gewöhnlich können die Teilnehmerinnen und Teilnehmer auf diese Weise schon erste eigene Besonderheiten benennen und dokumentieren.

In einem zweiten Schritt erhalten sie die sogenannten „Ich-bin“-Karten, einem Instrument der Hamburger Arbeitsassistenz (2007). Auf drei Seiten sind hier vielfältige Eigenschaften abgebildet, die in der Gruppe gemeinsam Bild für Bild besprochen werden. Wenn ein Teilnehmer oder eine Teilnehmerin eine Eigenschaft als für sich ‚passend‘ bewertet, kann er oder sie diese markieren. Anschließend schneiden sie die markierten Eigenschaften aus und kleben diese als Dokumentation ihrer Stärken in ihre Körperumrisse, die die Kursleitung zuvor an den Wänden des Kursraumes angebracht hat. Zusätzliche Eigenschaften können auf Blanko-Karten ergänzt werden.

Um diesen Arbeitsschritt abzuschließen, werden die Körperumrisse gemeinsam betrachtet.

Die noch übrige Zeit kann dazu genutzt werden, einige Seiten aus dem Lebensbuch im Bereich „Dinge, die ich kann" (98 ff.) auszufüllen. Allerdings haben wir die Erfahrung gesammelt, dass es Teilnehmerinnen und Teilnehmern mitunter schwer fällt, Aussagen über ihre Fähigkeiten im häuslichen Bereich zu treffen, weshalb es sinnvoll sein kann, diese Seiten mit Hilfe der Angehörigen bearbeiten zu lassen.

Auch diese Einheit endet mit einer Rückschau und einer Bewertung.

Einheit 3: Mein Lebensbaum

Ziel	• Dokumentation der wichtigsten Bezugspersonen der Teilnehmerinnen und Teilnehmer
Materialien	• Bilder zu verschiedenen sozialen Beziehungen • Lebensbaum der Kursleitung • Vorlage Lebensbaum für alle Teilnehmerinnen und Teilnehmer • ausgefülltes Arbeitsblatt ‚Wichtige Menschen in meinem Leben' • Fotos der wichtigen Bezugspersonen (ggf. Kopien) • Lebensbuch
Methoden	• Lebensbaum (M7)
Einstieg	• gemeinsame Rückschau auf letztes Treffen (unterstützt durch Fotos) • Abstreichen der vorherigen Einheit auf dem Kursplan
Ablauf	• Gespräch über soziale Beziehungen anhand von Bildern über soziale Beziehungen • Vorstellung des eigenen Lebensbaums durch die Kursleitung • Gestaltung von Lebensbäumen (unter Zuhilfenahme der Arbeitsblätter ‚Wichtige Menschen in meinem Leben') • Aufkleben der Bilder wichtiger Personen auf den Lebensbaum • Gemeinsame Betrachtung und Vorstellung der Lebensbäume • Eintragung im Lebensbuch (‚Wichtige Menschen', Seite 15–31)
Abschluss	• Zusammenfassung der Sitzung • Bewertung der Sitzung durch Teilnehmerinnen und Teilnehmer

Nach der gemeinsamen Rückschau regt die Kursleitung die Teilnehmerinnen und Teilnehmer mit Hilfe von Bildern dazu an, über verschiedene soziale Beziehungen ins Gespräch zu kommen, z.B. Verwandtschaft, Partnerschaft, Freundschaft oder Arbeitskollegen.

Anschließend stellt die Kursleitung seinen bzw. ihren Lebensbaum vor, auf diese Weise entwickeln die Teilnehmerinnen und Teilnehmer eine Vorstellung vom Arbeitsauftrag für die heutige Einheit.

Im nächsten Schritt erhält jede Teilnehmerin und jeder Teilnehmer einen eigenen vorgedruckten Lebensbaum, den er bzw. sie im Folgenden gestaltet (M7). Als Hilfsmittel kann das Arbeitsblatt „Wichtige Personen in meinem Leben“ genutzt werden, das im Rahmen der Vorbereitungsphase bereits ausgefüllt wurde. Normalerweise liegen zu diesem Zeitpunkt auch schon Fotos von den wichtigsten Bezugspersonen vor, die die Kursleitung jetzt farbkopieren kann, damit die entsprechenden Personen auf den Lebensbaum geklebt werden können.

Gemeinsam werden schließlich die Lebensbäume betrachtet und vorgestellt.

In der noch verbleibenden Zeit können, soweit noch nicht vorhanden, Eintragungen im Lebensbuch auf den Seiten über die wichtigen Menschen (15–31) vorgenommen werden. Wir empfehlen auch, in dieser Einheit mit den Teilnehmerinnen und Teilnehmer darüber nachzudenken, ob jemand etwas *für sie* in ihr Lebensbuch schreiben darf („Menschen, die mich gut kennen“, 26–29) und bei der Umsetzung ggf. zu unterstützen.

Wie gewohnt endet die Einheit mit einer Zusammenfassung und einer Bewertung.

Einheit 4: Stationen auf dem Lebens-Weg

Ziele

- Auseinandersetzung mit dem eigenen Lebensalter
- Dokumentation der wichtigen lebenslaufbezogenen Stationen auf einer Zeitleiste
- Dokumentation ihrer lebensgeschichtlichen Bedeutung

Materialien	• für das Spiel ‚Stationen auf dem Lebensweg' (M8): – Bilder einer Person in unterschiedlichen Altersstufen (Säugling, Kleinkind, Kind, Jugendlicher, Erwachsener, älterer Erwachsener (deutlich über Rentenalter), Friedhof; Piktogramme Kindergarten, Schule, Ausbildung/Berufsbildungsbereich, Arbeitsleben, Hochzeit, Familie mit Kind, Betriebsjubiläum, Ruhestand • für die Zeitleiste (M12): – drei Bögen weißer Tonkarton pro Teilnehmer – Gewebeband, – Piktogramme von Menschen in unterschiedlichen Altersstufen – Piktogramme zur Dokumentation lebenslaufbezogener Ereignisse und anderer wichtiger Erinnerungen (siehe unten) • Lebensbuch (evtl. zusätzliche Blanko-Seiten bereithalten)
Methoden	• ‚Stationen auf dem Lebensweg' (M8) • Zeitleiste (M12)
Einstieg	• Rückschau auf die letzte Sitzung • ‚Stationen auf dem Lebensweg'
Ablauf	• Teilnehmer notieren lebenslaufbezogene Daten auf ihrer Zeitleiste (Schrift und Bild) • persönliche Fotos können an entsprechender Station aufgeklebt werden • Eintragung im Lebensbuch (Seite 32–43, ggf. zusätzlich Blanko-Seiten bereithalten)
Abschluss	• Zusammenfassung der Sitzung • Bewertung der Sitzung durch Teilnehmerinnen und Teilnehmer

Nach einer gemeinsamen Rückschau führt die Methode ‚Stationen auf dem Lebensweg' (M8) in die Einheit ein. Auf diese Weise führen sich die Teilnehmerinnen und Teilnehmer alterstypische Lebensphasen und die dazu gehörigen Übergänge (wie die Einschulung) vor Augen.

Im Anschluss erhalten alle Teilnehmer ihre eigene Zeitleiste (M12), auf der sie in dieser Einheit zunächst nur die mit lebenslaufbezogenen Daten bildlich und schriftlich notieren. Fotos aus den entsprechenden Phasen sind hervorragend geeignet, um die Identifikation mit dieser Lebensphase zu unterstützen.

Abb. 11: Beispiele für Bilder zu Auseinandersetzung mit lebenslaufbezogenen Ereignissen (Lebenshilfe Bremen)

Die wichtigsten Daten und Bilder können anschließend im Lebensbuch festgehalten werden (32–43). Häufig ist der Platz, den die Lebensbuch-Seiten hier bieten, nicht ausreichend, es empfiehlt sich, zusätzliche Blankoseiten einzufügen und zu füllen.

Einheit 5: Wichtige Erinnerungen

Ziel	• Dokumentation wichtiger individueller Erinnerungen auf der Zeitleiste
Materialien	• angefertigte Zeitleisten der Teilnehmerinnen und Teilnehmer • Kleber und Stifte • persönliche Fotos aus dem Leben der Teilnehmerinnen und Teilnehmer
Methoden	• Zeitleiste (M12)
Einstieg	• Rückschau auf die letzte Sitzung
Ablauf	• Teilnehmerinnen und Teilnehmer werden durch Bilder angeregt, besondere Situationen (besonders schön, traurig, ...) ihres Lebens zu erinnern • Erinnerungen werden auf Zeitleiste festgehalten, ggf. mit Fotos unterstützt • Erinnerung an Einladung für die Abschlusssitzung
Abschluss	• Zusammenfassung der Sitzung • Bewertung der Sitzung durch Teilnehmerinnen und Teilnehmer

Die gemeinsame Rückschau auf die letzte Einheit ist gleichzeitig eine sehr hilfreiche Einleitung in das heutige Thema, in der weiterhin die Zeitleiste (M12) und die Vergangenheit im Mittelpunkt stehen. Allerdings geht es diesmal nicht um die lebenslaufbezogenen Erinnerungen, stattdessen werden die Teilnehmer mit Hilfe entsprechender Bilder dazu angeregt, über ihr ganz persönlichen wichtigen (schönen, traurigen, ärgerlichen) Erinnerungen nachzudenken und diese auf den Zeitleisten festzuhalten.

Abb. 12: Beispiele für Bilder zu Auseinandersetzung mit persönlich wichtigen Erinnerungen (Lebenshilfe Bremen)

Dies ist häufig eine sehr emotionale Einheit, bei der es sich lohnt, abschließend in der Gruppe die Erfahrungen zu betonen, die viele Teilnehmerinnen und Teilnehmer miteinander verbindet: Die Erinnerung sowohl an sehr schöne, lebensbejahende Ereignisse, aber auch die schwierige Auseinandersetzung mit beispielsweise Krankheiten, Tod und Trauer.

Zur Vorbereitung auf die nächste Einheit erinnert die Kursleitung die Teilnehmerinnen und Teilnehmer zum Abschluss daran, dass sie zur letzten Einheit Gäste einladen dürfen. Sie bittet die Teilnehmerinnen und Teilnehmer, aufzuzählen, wen sie gerne einladen würden. Bis zum nächsten Treffen bereitet die Kursleitung Einladungen in entsprechender Anzahl vor, die die Teilnehmerinnen und Teilnehmer dann verteilen können.

Eine gemeinsame Zusammenfassung und die individuellen Bewertungen beenden diese Einheit.

Einheit 6: Meine Wünsche für die Zukunft

Ziele
- Entwicklung von Zielen und Wünschen für die Zukunft
- Dokumentation der Wünsche auf der Zeitleiste
- Ggf. auch Dokumentation von Ereignissen, vor denen Teilnehmerinnen und Teilnehmer sich fürchten, die nicht eintreten sollen.

Materialien
- angefertigte Zeitleisten
- Stifte
- ggf. Bilder oder Piktogramme, die mögliche Wünsche repräsentieren können oder Ideen zur Formulierung eigener Wünsche geben
- Einladungen zur Abschlusssitzung

Methoden
- Zeitleiste (M12)

Einstieg
- Rückschau auf letzte Sitzung

Ablauf
- Aufforderung an die Gruppe, den Begriff ‚Zukunft' zu erklären (Hilfestellung: ‚nächster Geburtstag' oder anderes zukünftiges, konkretes Ereignis)
- Teilnehmerinnen und Teilnehmer bitten, eigene Wünsche zu formulieren
- geäußerte Wünsche auf der Zeitleiste des jeweiligen Teilnehmers/der jeweiligen Teilnehmerin in Wolkenform umranden
- Verteilung der Einladungen für die letzte Sitzung, die von den Teilnehmerinnen und Teilnehmern (ggf. mit Unterstützung) an die ausgewählten Gäste weitergegeben werden

Abschluss
- Zusammenfassung der Sitzung
- Bewertung der Sitzung durch Teilnehmerinnen und Teilnehmer

Nach einer gemeinsamen Rückschau leitet die Kursleitung in das heutige Thema ein, indem sie die Teilnehmerinnen und Teilnehmer bittet, zu erklären, was ‚Zukunft' bedeutet. Häufig fällt es einigen Teilnehmerinnen und Teilnehmer schwer, dieses abstrakte Konstrukt zu beschreiben und zu verstehen. Für diese Situationen ist es hilfreich, auf konkret bevorstehende Ereignisse zurückzugreifen, wie den nächsten Geburtstag, das nächste Jubiläum oder den nächsten Urlaub. Das unterstützt die Teilnehmerinnen und Teilnehmer für gewöhnlich dabei, zu verstehen, dass in dieser Einheit der Blick nach vorne gerichtet werden soll.

Darüber hinaus haben wir gute Erfahrungen mit dem Einladen von ‚Expertinnen und Experten für Zukunftswünsche' gesammelt: Gemeint sind Beschäftigte des Werkstattstandorts, die entgegen vieler Prognosen einen Lebenstraum umgesetzt haben, indem sie beispielsweise geheiratet haben, einen Berufswunsch oder besonderen Urlaub verwirklicht haben. Wenn sie im Kurs von ihren Schritten zum Ziel berichten, kann dies einen sehr motivierenden Effekt auf die Teilnehmerinnen und Teilnehmer haben, die dadurch möglicherweise gestärkt werden, auch Wünsche zu äußern, die zunächst wenig realistisch erscheinen.

Die Auseinandersetzung mit Wünschen lässt sich auch mit Hilfe von Bildern gut unterstützen, wichtig ist, dass die Kursleitung die Teilnehmerinnen und Teilnehmer nicht damit bedrängt, einen bestimmten Wunsch zu formulieren: Die Teilnehmerinnen und Teilnehmer entscheiden, welche Wünsche auf ihrer Zeitleiste (M12) dokumentiert werden und welche nicht. Diese Wünsche können mit einer Wolke umrandet werden, um sie von den bereits geschehenen Ereignissen deutlicher zu unterscheiden.

Zum Abschluss verteilt die Kursleitung die Einladungen, ggf. muss sie Teilnehmerinnen und Teilnehmer bei der Weitergabe unterstützen. Es ist die Aufgabe der Kursleitung, für die letzte Einheit für eine einladende Atmosphäre mit Getränken und Gebäck zu sorgen. Möglicherweise bedeutet das auch, einen anderen Raum zu reservieren, der ausreichend Platz bietet, die Arbeit im Kurs gut sichtbar zu präsentieren.

Wie gewohnt endet die Einheit mit einer Rückschau und der Bewertung.

Einheit 7: Abschluss

Ziele	• Fertigstellen von Arbeiten im Lebensbuch oder an den Methoden • Präsentation der Arbeitsergebnisse • Abschließende Bewertung des Kurses und der einzelnen Methoden

Materialien	•	Lebensbuch
Einstieg	•	Rückschau auf die letzte Einheit
	•	Erläuterung des Ablaufs der heutigen Sitzung (keine neuen Themen, lediglich Fertigstellung noch offener Aufgaben)
Ablauf	•	ggf. Fertigstellung von verschiedenen Arbeitsergebnissen oder Eintragungen im Lebensbuch
	•	bei Eintreffen der Gäste: Begrüßung durch Kursleitung, Einführung in die Arbeit mit dem Lebensbuch und den Kurs
Abschluss	•	Zusammenfassung der Sitzung
	•	Bewertung der Sitzung durch Teilnehmerinnen und Teilnehmer
	•	Auswahl der jeweiligen Methode, die am besten oder am wenigsten gefallen hat
	•	Überreichung der Teilnahmezertifikate durch die Kursleitung

Die letzte Einheit sieht keinen inhaltlichen Input mehr vor. Sie kann als ‚Puffer' genutzt werden, indem die Zeit bis zum Besuch durch die Gäste (wir empfehlen hier zwei Stunden bis zum Eintreffen der Gäste) für die Fertigstellung noch offener Aufgaben mit den Teilnehmerinnen und Teilnehmern genutzt wird. Folglich gibt es auch nach der gemeinsamen Rückschau und der kurzen Einführung in den heutigen Ablauf keine gemeinsame Arbeitsphase der Gruppe bis zum gemeinsamen Abschluss eine Stunde vor Ende des Kurses.

Beim Eintreffen der Gäste ist es Aufgabe der Kursleitung, begrüßende und einleitende Worte über die Veranstaltung und die Arbeit der Teilnehmerinnen und Teilnehmer zu sagen. Darüber hinaus lohnt es sich, noch einmal über die weitere Arbeit mit dem Lebensbuch zu sprechen und zu erläutern, dass das Ende des Kurses nicht das Ende der Arbeit mit dem Buch bedeuten soll: Die Angehörigen sollten eingeladen werden dabei zu unterstützen, neue Erfahrungen, die gesammelt werden, Ereignisse, die bedeutungsvoll sind, im Lebensbuch einzutragen. Andere Gäste, beispielsweise Gruppenleitungen, können angeregt werden, häufiger mal zu fragen, ob die Teilnehmerinnen und Teilnehmer ihnen mit Hilfe des Buches aus ihrem Leben erzählen. Auf diese Weise setzen die Teilnehmerinnen und Teilnehmer ihren Lernprozess fort, über sich und ihr Leben zu berichten und ihre Erfahrungen zu bewerten.

Zum Abschluss der Veranstaltung werden die Teilnehmerinnen und Teilnehmer aufgefordert, nicht nur die letzte Einheit mit Hilfe der Daumen zu bewerten, sondern auch zu überlegen, welche der drei erprobten Methoden (Körperumriss, Lebensbaum und Zeitleiste) ihnen am besten bzw. am wenigsten gefallen hat.

Mit der feierlichen Ausgabe der Zertifikate und einem Dank an die Teilnehmerinnen und Teilnehmer beendet die Kursleitung die letzte Einheit.

Nachbereitung

Ziele	• Bearbeitung des Arbeitsblattes ‚Seite über mich' • Ggf. Fertigstellung von Arbeiten im Lebensbuch
Materialien	• Arbeitsblatt ‚Seite über mich' • Lebensbuch • ggf. weitere Fotos der Teilnehmerinnen und Teinehmer
Ablauf	• Bearbeitung des Arbeitsblatts ‚Seite über mich' zur Feststellung von Veränderung zu den vorherigen Erhebungszeitpunkten • Weiterarbeit im Lebensbuch • ggf. Hinzufügen weiterer Fotos ins Lebensbuch oder auf Zeitleiste oder Lebensbaum

Eine Woche nach der Abschlussveranstaltung ist ausreichend Zeit vergangen, um abschließend mit jedem Teilnehmer bzw. jeder Teilnehmerin einzeln noch einmal das Arbeitsblatt „Seite über mich" zu bearbeiten. Ein Vergleich der beiden Erhebungszeitpunkte wird in den meisten Fällen eine Veränderung, eine Entwicklung dokumentieren, die sowohl den Kursleitung als auch den Teilnehmerinnen und Teilnehmer ihren Erfolg vor Augen führt.

Darüber hinaus kann die Zeit dazu genutzt werden, die Arbeiten zu vervollständigen, die auch im Rahmen der Abschlussveranstaltung noch nicht fertiggestellt werden konnten. Mitunter bewirkt die Abschlussveranstaltung mit den Angehörigen auch noch einmal ein vertieftes Verständnis für die Kursinhalte. In der Folge bringen Teilnehmerinnen und Teilnehmer weitere Fotos aus ihrem Leben mit, die zur Dokumentation auf den Methoden oder im Lebensbuch dienen.

6.4 Schlussbemerkung: Kontinuität und Veränderung!

‚Alles soll so bleiben, wie es ist!' Diese Äußerung wurde von einem Teilnehmer in einer Pilotphase zur Einführung der Arbeit mit einem Lebensbuch (2008) in einer der Werkstätten des Projektpartners geäußert. Wörtlich genommen erscheint dieser Zukunftswunsch sehr unwahrscheinlich. Die Möglichkeit, im Rahmen des Erwachsenenbildungskurses einen solchen Wunsch zu äußern, zu erzählen, was ihm wichtig und erhaltenswert ist, es zu fotografieren und aufschreiben zu lassen, hat aber greifbare Folgen: die Teilnehmerinnen und Teilnehmer haben sich mit den Dingen auseinandergesetzt, die ihnen wichtig sind, Kolleginnen und Kollegen sowie die Kursleitung haben sich dafür interessiert, haben nachgefragt und Vorschläge gemacht, Angehörige haben sie in einzelnen Veranstaltungen erlebt und sie bei der Auseinandersetzung mit ihrem Leben unterstützt. Die Wahrscheinlichkeit, dass wichtige Dinge erhalten bleiben, ist dadurch gestiegen. Die Werkstattkolleginnen und -kollegen aus dem Kurs und Mitarbeiterinnen und Mitarbeiter des Sozialdienstes können in Zukunft wichtige Ansprechpartner werden, falls sich seine Lebenssituation verändern sollte. Sie haben wichtige Bedürfnisse und liebgewonnenen Gewohnheiten kennengelernt, wissen, dass derjenige ein Lebensbuch besitzt, das auch kleine Details der Tagesgestaltung, wichtige Personen und Bedürfnisse beschreibt und das der- oder diejenige nutzen kann, um sich auch unbekannten Personen mitzuteilen und ihnen gegenüber Unterstützungsbedarf zu formulieren. Dadurch bestehen gute Voraussetzungen, dass auch der von einer Mutter geäußerte

Zukunftswunsch verwirklicht werden kann: „Mein Sohn soll sich später einmal so wohl fühlen wie heute zu Hause".

In anderen Familien zeigt sich im Verlauf der Arbeit mit dem Lebensbuch, dass die Vorstellungen von einer gelungenen Zukunft nicht übereinstimmen. Nicht immer gelingt es den behinderten Angehörigen, sich gegenüber den Eltern überhaupt zu artikulieren, geschweige denn ihre Wünsche durchzusetzen, wie das folgende Beispiel zeigt. Auch hier kann allerdings die Arbeit mit dem Lebensbuch dazu beitragen, dass jemand die eigenen Wünsche und Vorstellungen für sich klären und zunächst in neutralem Raum zu artikulieren lernt.

Marianne Steiner, Jahrgang 1953, lebt zusammen mit ihrer Mutter in einer Wohnung im Erdgeschoss eines großen Hauses, indem sie ein schönes eigenes Zimmer hat, in das sie sich gerne zurückzieht, um Musik zu hören oder DVD zu schauen. Frau Steiners Lieblingsplätze in der Wohnung sind ein gemütlicher Sessel im Wohnzimmer sowie die Terrasse. Im Haus und in der Werkstatt nutzt sie einen Rollator, für längere Strecken auch schon mal den Rollstuhl.

Seit es ihrer Mutter gesundheitlich schlechter geht, unterstützen sich Mutter und Tochter im Alltag zunehmend gegenseitig: Marianne Steiner hilft ihrer Mutter zunehmend im Haushalt, indem sie kleinere Tätigkeiten übernimmt.

Im gleichen Haus wohnt auch der Bruder mit seiner Lebensgefährtin. Die Lebensgefährtin unterstützt Frau Steiner bei der Körperpflege. Frau Steiner hat zudem eine Schwester, der gemeinsame Vater ist bereits verstorben. Frau Steiners Mutter hat viele Geschwister, mit denen sich die Familie regelmäßig zum Kaffeetrinken trifft. Diese Treffen genießt Frau Steiner sehr.

Außerhalb der Familie pflegt Marianne Steiner keine persönlichen Beziehungen zu Arbeitskollegen in der WfbM oder anderen Menschen – ihr soziales Netzwerk umfasst den engsten Kreis der Familie.

Wenn ihre Mutter in den Urlaub fährt, macht Frau Steiner ‚Urlaub' in der Kurzzeitpflege eines Senioren- und Pflegeheims. Sie geht in dieser Zeit nicht zur Werkstatt. Einerseits genießt sie die Entspannung und Versorgung, andererseits ist es ihr größter Wunsch mit der Mutter Urlaub zu machen bzw. alleine eine Busreise zu unternehmen.

Frau Steiner besuchte weder einen Kindergarten noch eine Schule, sondern bekam auf Wunsch des Vaters, der nicht wollte, dass seine

Tochter ‚Sondereinrichtungen' besuchte, Privatunterricht. Erst nach dem Tod des Vaters nahm Marianne Steiner mit 34 Jahren eine Beschäftigung in der Werkstatt auf. Aktuell arbeitet Frau Steiner in einer Gruppe, in der sie sich die meiste Zeit sehr wohl fühlt – außer, wenn nicht ausreichend Arbeit vorhanden ist. Dann langweilt sie sich schnell. Da Marianne Steiner in wenigen Jahren in den Ruhestand gehen wird, wurde für sie ein von ihr als ‚Rentnertag' bezeichneter freier Tag eingerichtet, der sie langsam auf den Übergang in den Ruhestand vorbereiten soll.

Als während des Besuchs bei Familie Steiner die Sprache auf den Notfallplan im Lebensbuch kommt, erklärt Marianne Steiners Mutter, dass ihre Tochter immer im Haus wohnen bleiben solle. Der Bruder werde die Versorgung und Betreuung übernehmen, das sei alles geregelt und festgelegt, ihre Tochter müsse auf keinen Fall in ein Wohnheim ziehen, das sei auch der Wunsch des verstorbenen Vaters gewesen.

Während die Mutter ihre Vorstellungen für die Zukunft mitteilt, weicht Marianne Steiner den Blicken der Kursleitung aus und wird still. Als die eigenen Wünsche für die Zukunft im Kurs Thema werden, erzählt Frau Steiner auf Nachfrage, dass sie später nicht mit ihrem Bruder zusammenwohnen wolle, da sie kein besonders gutes Verhältnis zu ihm und seiner Lebensgefährtin habe, sondern lieber gemeinsam mit Gleichaltrigen wohnen wolle.

Deutlich wird an dieser Stelle, dass sich die Wünsche und Vorstellungen von Marianne Steiner hinsichtlich ihrer zukünftigen Wohnsituation sowohl hinsichtlich des Wohnorts, als auch bezogen auf die Menschen, die in ihrer Nähe sein sollen, von den Plänen ihrer Mutter deutlich unterscheiden.

Während Frau Steiner beim gemeinsamen Besuch bei ihr und ihrer Mutter schweigt, als das Gespräch auf das Thema ‚zukünftige Wohnsituation' kommt, kann sie im Kurs mit Unterstützung für sich klare Ziele benennen: Sie möchte so lange wie möglich arbeiten und in einem Wohnheim mit Gleichaltrigen leben: „Da ist immer was los!". Marianne Steiner findet es im Kurs sichtlich erleichternd und toll, ihre eigenen Vorstellungen einmal in Worte zu fassen und darüber zu reden – auf die Zeitleiste soll dieser Wunsch für die Zukunft allerdings nicht. Sie möchte ihrer Mutter nicht widersprechen.

7. Alltagsbegleitende Angebote für Seniorinnen und Senioren

Der Eintritt in den Ruhestand bedeutet für Menschen mit einer kognitiven Beeinträchtigung, wie für alle anderen Menschen auch, einen erheblichen Einschnitt im eigenen Leben: das Ausscheiden aus dem Beruf – in der Regel einer langjährigen Tätigkeit in der Werkstatt für behinderte Menschen (WfbM) – und die damit verbundenen zeitlichen Freiräume, aber ebenso den Verlust von Anerkennung, sozialen Beziehungen und Leistungen des Arbeitgebers, wie im Kontext der WfbM, dem Sport- und Bildungsangebot. Die Fähigkeit, diese Veränderungen problemlos zu bewältigen und die beginnende Lebensphase selbstbestimmt zu gestalten und für die Verwirklichung eigener Wünsche und Vorstellungen zu nutzen, wird vorausgesetzt. Menschen, die in ihrem Leben häufig nur selten aufgefordert und befähigt wurden, ihre Wünsche und Vorstellungen zu äußern, und die über eine insgesamt deutlich eingeschränkte Alltagskompetenz verfügen, haben allerdings gerade bei der Bewältigung einer solchen Veränderung weiterhin einen Bedarf an Leistungen zur Teilhabe, um ihr tägliches Leben zu gestalten.

Da Angebote für Seniorinnen und Senioren durch den demographischen Wandel erst in den letzten 20 Jahren an Bedeutung gewannen, sind in manchen Bundesländern noch keine oder nur unzureichende Leistungs- und Vergütungsvereinbarungen geschlossen worden. Vielerorts sind die Kostensätze, gerade angesichts steigenden Pflegebedarfs und des Anspruchs einer weitgehenden Individualisierung, unzureichend: Einrichtungen können die Wünsche und Ansprüche von Nutzerinnen und Nutzer unter ihren momentanen Finanzierungsbedingungen mitunter nur unzureichend erfüllen. Qualität bemisst sich u. E. dennoch daran, ob sie den Anspruch einer individuellen, biographiesensiblen Begleitung überhaupt als solchen formulieren, sowie daran, wie sie ihm innerhalb ihrer Rahmenbedingungen zu entsprechen suchen. Im Vergleich der hier geschilderten Bedarfe älterer Menschen und wünschenswerter Konzeptionen von Angeboten ist allerdings zu berücksichtigen, dass sich manches derzeit nicht realisieren lässt. Aufgabe eines Fachbuches ist es in dieser Situation, die fachlich notwendigen Inhalte herauszustellen und Fachkräfte so darin zu unterstützen, Forderungen an die Gestaltung und die Finanzierungsbedingungen von Angeboten für Seniorinnen und Senioren zu formulieren.

7.1 Individuelle Ruhestandsgestaltung durch Leistungen zur Teilhabe

Angebote für Seniorinnen und Senioren haben das Ziel, die Teilhabe von älteren und alten Menschen mit Behinderung zu sichern. Dies ist besonders wichtig, da das Recht auf Teilhabeleistungen – trotz einer eindeutigen gesetzlichen Lage – gelegentlich in Frage gestellt wird. Dies geschieht beispielsweise durch den Hinweis, dass auch nicht behinderte Arbeitnehmerinnen und Arbeitnehmer mit dem ‚Pensionsschock' zurecht kommen müssten, ohne auf besondere Leistungen zurückgreifen zu können. Zudem gibt es eine Tendenz, Menschen mit Behinderungen, die auch Pflegeleistungen benötigen, trotz eines gleichzeitig bestehenden Eingliederungshilfebedarfs ausschließlich auf Pflegeleistungen zu verweisen, entweder in Form von Plätzen in Pflegeheimen nach SGB XI oder in spezialisierten Wohngruppen in Einrichtungen der Eingliederungshilfe, wie sie in Komplexeinrichtungen häufig existieren (Lindmeier/Lubitz 2012). „Nahezu einhellig treten die an den Interviews [der Berliner Kundenstudie, Anm. der Verf.] beteiligten Fallmanager(innen) dafür ein, dass die Angebote für *älter werdende Menschen mit steigendem Pflegebedarf* passgerechter gestaltet werden sollten: Eine Betreuung in Einrichtungen oder Gruppen mit Versorgungsvertrag nach SGB XI sei angemessener und entlaste zudem den Sozialhilfeträger" (Seifert 2010, 247).

Dem ist entgegenzuhalten, dass ein Bedarf an Leistungen zur Teilhabe, der bereits vor Eintritt des Ruhestandes besteht, durch den Eintritt in den Ruhestand nicht einfach wegfällt. Wenn Pflegebedürftigkeit besteht, dann müssen Pflegeleistungen ergänzend erbracht werden – und es ist dringend eine gesetzliche Regelung zu treffen, die Menschen in Einrichtungen der Eingliederungshilfe die vollen Leistungen der Pflegeversicherung erschließt.[5] Wir stimmen mit der Aussage von Schäper überein, „dass Menschen mit Behinderungen Eingliederungshilfe lebenslang benötigen und der Anspruch auf Eingliederungshilfe mit dem Ziel der Sicherstellung der sozialen Teilhabe nie aufhört, unabhängig vom Ausmaß eines (zusätzlichen) Pflegebedarfs" (2009, 219). Zu einem ähnlichen Resümee kommt auch Seifert: „Die Einschätzungen hinsichtlich der ‚Eingliederungsfähigkeit' von Menschen mit hohem Hilfe- und Pflegebedarf lassen auf unzureichende Kenntnis der international anerkannten Teilhabedimensionen der WHO und der Erkenntnisse der Schwerstbehindertenpädagogik schließen" (2010, 248).

Unabhängig von Pflegebedürftigkeit sind Leistungen zur Teilhabe so zu erbringen, dass die aktive Beteiligung der betroffenen Menschen und ihre Autonomie gesichert sind. Die Situation lebenslang (geistig) behinderter Menschen unterscheidet sich von derjenigen anderer alter Menschen insofern, als die Gefahr einer verschärften Diskriminierung besteht. Die Deklaration von Graz empfiehlt daher die Entwicklung von EU-weiten und nationalen Strategien, die sowohl die Entwicklung von Dienstleistungen für den gesamten Personenkreis alter Menschen vorantreiben, als auch spezifische Angebote für

---

5 Leistungen der Pflegeversicherung werden in Einrichtungen der Eingliederungshilfe entsprechend § 43a SGB XI nur in Form eines Pauschalbetrags von 256,00 € durch die Pflegeversicherung erstattet. Dieser Betrag ist nicht annähernd kostendeckend, insbesondere nicht bei hohem Pflegebedarf (zur Notwendigkeit einer Reform Langer (2012)).

die besondere Personengruppe der geistig behinderten Menschen ermöglichen sollen. Diese Ausrichtung von Dienstleistungen – bessere Zugänglichkeit und ‚Passung' allgemeiner Angebote, ergänzt durch spezifische Angebote – halten auch wir für die richtige Entwicklungsrichtung.

Die Folgen mehrdimensionaler Diskriminierung lassen sich u. a. daraus erkennen, dass dieser Personenkreis sowohl bei der Konzipierung von Angeboten für alte Menschen als auch solchen für behinderte Menschen tendenziell ‚vergessen' wurde, sodass sie als Gruppe mit besonderen Bedürfnissen lange nicht wahrgenommen bzw. als ‚Einzelfälle' angesehen wurden, obwohl die Zahl älterer Menschen bereits erheblich war. Eine andere Auswirkung mehrdimensionaler Diskriminierung besteht darin, dass Vorurteile hinsichtlich der Leistungsfähigkeit alter Menschen und behinderter Menschen zusammenwirken: ‚alt und behindert' wird mit geistigem und physischem Abbau gleichgesetzt – nur so lässt sich auch der Verweis auf Pflegeeinrichtungen als geeignete ‚Versorgungsform' und die Nichtbeachtung des Wunsch- und Wahlrechtes dieser Personengruppe plausibel erklären.

Angebote für alte Menschen mit Behinderung müssen als individuelle Teilhabeleistungen gestaltet werden, durch die die Gesundheit erhalten, die Vielfalt der Lebensentwürfe gesichert und der Diskriminierungsgefahr begegnet wird. Dabei muss der gesamten Vielfalt der Lebensentwürfe und Hilfebedarfe Rechnung getragen werden. Aus der Sicht der Seniorinnen und Senioren sollten gute Angebote – dies zeigen auch Nutzerbefragungen (Lindmeier et al. 2012, 25 ff.) – sehr Unterschiedliches leisten: verschiedene Interessen und Hobbys sollten gepflegt werden können; Bedürfnisse, darunter auch das Bedürfnis nach Geselligkeit, Selbstbestimmung, einer ‚Grundversorgung' mit warmen Mahlzeiten, Kaffee und Kuchen, eine richtige Mischung aus Aktivität und Ruhe, auch bei wechselnder ‚Tagesform' sind aus ihrer Perspektive wichtig. Auch die in dieser Generation überwiegend starke Orientierung an geschlechtsspezifischen Normen und Aktivitäten sollte in der Angebotsplanung beachtet werden.

Die Notwendigkeit, täglich eine solche Form der Seniorenbetreuung zu nutzen, wird von manchen Nutzerinnen und Nutzern bereits als ‚fürsorgliche Belagerung' und ‚Überbetreuung' wahrgenommen. Für sie ist es wichtig, kein (unterschwelliges) Gedrängtwerden zu erleben, sondern sich ‚in Ruhe gelassen' und autonom zu erleben – bei gleichzeitiger Möglichkeit, im Bedarfsfall Unterstützung zu bekommen oder auch punktuell Ansprache und Geselligkeit zu finden. Für Mitarbeiterinnen und Mitarbeiter sind solche Rückzugstendenzen mitunter schwierig zu ertragen. Gründe dafür liegen zum einem in ihrem beruflichen Selbstverständnis, zum anderen in der Erwartung mancher Leistungsträger nach einem sichtbaren Kompetenzzuwachs. Dies erzeugt einen Förderdruck, der in der Arbeit mit Senioren nicht angemessen ist (Lindmeier et al. 2012, 26). „Ich kann nicht mal hier in meinem Zimmer sitzen und Fernseh gucken, dann muss ich schon raus. Und dann möchte ich aber in Ruhe Fernseh sehen", beschreibt ein Nutzer eines tagesstrukturierenden Angebots seinen Unmut (ebd.).

Aus der Sicht der Einrichtung lassen sich also zwei Gruppen von Nutzerinnen und Nutzern beschreiben: diejenigen, die dauerhaft unterstützt werden müssen und die dies zum Teil auch nicht selbst einfordern können, und diejenigen, die punktuell Unterstützung wünschen und brauchen. Diese Unterscheidung ist vor allem aus organisatorischen Gründen unumgänglich: Für diejenigen, die wegen ihres Pflegebedarfs oder ihrer mangelnden Orientierung wenigstens eine Fachkraft vor Ort benötigen, muss diese vorgehalten werden, was es unmöglich macht, zugleich durch dieselbe Fachkraft beispielsweise eine Begleitung zu einem Termin außer Haus durchzuführen. Selbst die Möglichkeit eines intensiven Beratungsgesprächs wird durch die Abrufbarkeit des Mitarbeiters oder der Mitarbeiterin eingeschränkt.

Zusammenfassend lässt sich also festhalten: „Angebote dienen daher der Beratung und Begleitung, der Prävention und Prophylaxe. Lebensqualität im Alter wird überdies bestimmt durch angemessene Wohnformen, Integration in ein soziales Netz, Zufriedenheit mit den Möglichkeiten der Interessenverfolgung und der Sicherheit, ein positives Selbstbild zu entwickeln. In diesem Sinne müssen Angebote vielfältig, kundenorientiert und nachhaltig entworfen werden" (Landesverband der Lebenshilfe Niedersachsen/LAG Werkstätten Niedersachsen und Bremen 2008, 4). Sie sollten zudem sowohl lebensgeschichtlich entstandenen Interessen und Bedürfnissen Raum geben – auch solchen, die durch besondere Biographien und ‚Einrichtungssozialisation' erst entstanden sind – als auch Möglichkeiten zur Entwicklung neuer Interessen bieten.

7.2 Organisatorische Fragen – die Abstimmung von Bedarf und Angebot

Bei der Organisation der Angebote stellt sich für die Anbieter von Leistungen daher die Frage, wie den unterschiedlichen Interessen und Bedarfslagen bestmöglich begegnet werden kann.

Da ein Teil der Seniorinnen und Senioren Unterstützung bei der Strukturierung des Tages, wiederkehrende Hilfen im Alltag oder bei der Pflege benötigt, wurden die ersten Angebote für Seniorinnen und Senioren analog zur Werkstattbeschäftigung wenigstens im Umfang von 35 Wochenstunden angeboten, und es wurde in der Regel davon ausgegangen, dass die Nutzerinnen und Nutzer auch die ganze Zeit teilnahmen. Dies ist hinsichtlich einer klaren Vereinbarung mit dem Leistungsträger und für die Personalplanung des Anbieters eine verlässliche und transparente Lösung. Auch aus der Sicht der Wohneinrichtungen oder Wohnbereiche ist eine solche verlässliche Regelung günstig, da sie dann während der Öffnungszeit einer Seniorenbetreuung kein Personal im Wohnbereich vorzuhalten brauchen. Die Nachfrage der Wohneinrichtung, nicht des Nutzers oder der Nutzerin selbst, bestimmt in einer solchen Organisationsform, etwas überspitzt formuliert, daher auch das Angebot.

Aus fachlicher Sicht spricht einiges dagegen, wie bereits deutlich geworden sein sollte:

- Ein Angebot für Seniorinnen und Senioren, das regelmäßig besucht wird bzw. werden muss, verhindert Selbstbestimmung im Alltag, z. B. in Form einer individuellen Tagesgestaltung: ein späteres Frühstück oder die Nutzung des Angebots nach ‚tagesaktuellem Interesse' nur stunden- oder tagesweise ist nicht möglich.
- Ein Angebot für Seniorinnen und Senioren, das an einem bestimmten Ort vorgehalten wird, strukturiert durch die Möglichkeiten dieses Ortes die Beschäftigungen vor, die Nutzern angeboten werden. Es beeinflusst durch das vorhandene Angebot sogar, was überhaupt nachgefragt wird. Ohne gezielte Interessenerkundung dominieren Beschäftigungen, die sich auch bei Personalmangel, schlechtem Wetter und wenig Zeit für Vorbereitung realisieren lassen, wie Karten- und Brettspiele, Singkreise und Basteln.
- Es gibt Nutzerinnen und Nutzer, die ihre freie Zeit gern zeitweilig selbständig organisieren würden. Häufig leben sie mit ambulanter Assistenz und sind es gewohnt, Teile des Alltags selbst zu managen. Aber auch manche Bewohnerinnen und Bewohner von Wohnheimen haben sich eine hohe Eigenständigkeit bewahrt. Auch sie benötigen allerdings Beratung, Begleitung, Informationen und Hilfen bei der Organisation von Aktivitäten, um die neugewonnene freie Zeit zu nutzen. Wenn sie als regelmäßige Nutzerinnen und Nutzer ein festes Tagesangebot besuchen, das als ‚Seniorenbetreuung' konzipiert ist, entziehen sie sich oft der Gruppensituation, indem sie spazieren gehen, ihre Zeit rauchend vor der Tür verbringen und so versuchen, so viel Selbständigkeit wie möglich zu erhalten. Sie fordern aber in der Regel keine alternativen Angebote ein. Dies gilt sowohl für inhaltliche Wünsche als auch für Angebote, die eine selbständige Lebensgestaltung unterstützen, wie eine persönliche Zukunftsplanung, ausführliche Beratung oder Unterstützung bei der Interessenentwicklung. Auch individuelle Hilfen zur Erschließung von Angeboten, beispielsweise Hilfe bei der Anmeldung in einem Sportverein oder Begleitung zum ersten Termin eines Angebotes im Stadt-

teil, sind für diese Nutzerinnen und Nutzer nötig, werden aber in gruppenbezogenen Angeboten in der Regel nicht vorgesehen. Dies liegt in der Regel daran, dass der Personalschlüssel nicht auf Bildungsangebote hin angelegt ist, aber häufig auch die Mitarbeiter gar nicht auf den Gedanken kommen, dass ihr Betreuungskonzept in dieser Weise erweitert werden könnte und sollte.

Im Folgenden wird in umgekehrter Form vorgegangen, indem zunächst benötigte Leistungen und Inhalte beschrieben, und erst im Anschluss daran Organisationsformen dargestellt werden. Damit möchten wir der gängigen Denktradition entgegenwirken, zunächst die Organisationsform festzulegen (und finanziell zu verhandeln), die die möglichen Inhalte bereits vorstrukturiert, und danach innerhalb dieser Setzungen zu realisieren, was (dann noch) realisierbar ist.

Inhalte eines regelmäßigen Tagesangebotes umfassen in der Regel:

Basisversorgung, u. a.

- Essen und Trinken (auch gemeinsame Zubereitung oder ‚Dabeisein', Hilfe beim zu sich nehmen von Nahrung und Flüssigkeit);
- (Körper-)Pflege (u. a. Toilettennutzung/Versorgung bei Inkontinenz, angemessene Bekleidung);
- Gestaltung des Tagesrhythmus (individuelles Angebot von Aktivitäts- und Ruhephasen);
- Mobilität und Orientierung (Aufrechterhaltung der Mobilität durch individuelle Bewegungsangebote, Unterstützung bei Verlust der Orientierungsfähigkeit);
- Ausführung ärztlicher Verordnungen, Organisation bzw. Erbringung nötiger Behandlungspflege (je nach Leistungsvereinbarung und etwaiger Anerkennung nach SGB XI durch externen Pflegedienst oder selbst – in den einzelnen Bundesländern bestehen hier unterschiedliche Regelungen);
- Unterstützung von Autonomie und Selbstbestimmung – bei schwer behinderten, demenzkranken oder final er-

krankten Nutzerinnen und Nutzern ebenso wie bei sehr selbständigen und aktiven Menschen;

- Motivation zu Aktivitäten, zur Äußerung von Interessen und Wünschen und ihrer Realisierung; wenn möglich Anknüpfen an Wünschen und Interessen, die in der Planung des Übergangs herausgefunden wurden;
- Kompetenzerhalt und -entwicklung, auch in den unten genannten Feldern;
- soziale Kontakte mit anderen Seniorinnen und Senioren und Fachkräften.

So weit möglich, sind die Angebote der Basisversorgung so zu gestalten, dass sie die im Folgenden benannten Bereiche mit berücksichtigen, wie es im Kapitel 8 an einem Fallbeispiel exemplarisch beschrieben wird. Zudem ist bei nachlassenden Kräften, körperlichem oder geistigem Abbau der Kompetenzerhalt als Leistung zur Teilhabe ebenso bedeutsam wie eine Erweiterung von Kompetenzen bei anderen Nutzerinnen und Nutzer. Die Auffassung mancher Leistungsträger, sog. ‚Erhaltungsziele' rechtfertigten keine Leistungen zur Teilhabe oder seien im Vergleich zu ‚Förderzielen' weniger unterstützungswürdig, ist fachlich für diese Altersgruppe nicht zu rechtfertigen. Sie widerspricht sowohl dem Kompetenzmodell des Alterns, das sogar ausdrücklich mit dem Begriff des ‚Erhaltens' von Kompetenzen und Teilhabemöglichkeiten arbeitet, als auch dem deutschen Sozialrecht, das auch darauf ausgerichtet ist, die Folgen einer Behinderung ‚zu mildern' (§ 4, Abs. 1 SGB IX).

Hobbys, Bildung, Freizeitgestaltung (Verwirklichung von Interessen)

- Beteiligung an der Planung der internen Angebote, des Tages- und Wochenablaufs;
- Haushaltstätigkeiten (kochen, backen, Wäschepflege, auf- und abdecken, Hof fegen, handwerkliche Tätigkeiten (z.B. Regal zusammenbauen), Kräuterbeet pflegen etc.);
- Bildungsangebote im weiteren Sinn (Zeitung lesen, über Politik sprechen, Erwachsenenbildungsangebote (auch und

vor allem außerhalb), Biographiearbeit in Kursform und als biographiesensible Alltagsbegleitung Einzelner im Zusammenspiel mit der Basisversorgung: Einkaufszettel schreiben und lesen, (Lieblings-)Rezepte lesen und nachkochen, Briefe schreiben und lesen, Umgang mit dem Handy);

- Bewegungsangebote (Spaziergänge, Kegeln, Sportangebote wie Sitztanz, Schwimmen etc., auch Teilnahme an Angebote von Vereinen organisieren);
- Musik machen und hören (Band, Singen, CDs hören);
- Spiele (Brett- und Kartenspiele, X-Box u. a.);
- Kreative und handwerkliche Angebote (Handarbeiten, Malen, Basteln, handwerkliche Tätigkeiten, letztere auch in Verbindung mit täglich anfallenden Aufgaben, wie z. B. Reparaturen im Haus);
- Umgang mit neuen Medien wie Internet, Facebook, whatsapp;
- Soziale Kontakte mit gewünschten Interaktionspartnern, auch außerhalb der täglichen Verkehrskreise (wie Kontakt zu Angehörigen oder ehemaligen Kolleginnen und Kollegen, neue Kontakte).

Diese Angebote können nur teilweise (und wenn, in der Regel nicht regelmäßig) im Rahmen eines Seniorenangebots gemacht werden. Ebenso wichtig ist es daher, Angebote anderer Anbieter zugänglich zu machen – beispielsweise den Besuch des Schwimmbads, eines Volkshochschulkurses, der Kirche oder eine Vereinsmitgliedschaft. Welche Form der Unterstützung nötig ist, ist ebenfalls unterschiedlich: Hilfe bei der Auswahl, Motivation oder Überwindung von Angst vor dem ersten Ausprobieren, die Bewältigung der Anmeldung, des Weges oder des ersten Termins können Inhalt der Unterstützung sein.

Unterstützung bei der selbständigen Gestaltung des Lebens

- Unterstützung bei der Planung des Tages- und Wochenablaufs, der Auswahl von Angeboten ‚intern' und ‚extern'.

Dies kann sich aus der gemeinsamen Wochenplanung ergeben, erfordert in der Regel aber Einzelgespräche oder intensivere Formen der Beschäftigung mit der eigenen Lebensgeschichte, unerfüllten Wünschen und ihrer Umformung in konkrete Willensäußerungen und Pläne, z.B. durch Methoden der persönlichen Zukunftsplanung oder Biographiearbeit. Im Idealfall ergeben sich Anknüpfungspunkte aus den Kursen zur Vorbereitung auf den Ruhestand und der Hilfeplanung.
- Unterstützung bei der Formulierung von Interessen, bei der Erschließung neuer Angebote oder der Wiederentdeckung alter Interessen, auch aus der Kindheit;
- Beratung und Unterstützung bei besonderen Anliegen, beispielsweise dem Kontakt zu Angehörigen, Partnerschaftsfragen, Krankheit, Sterben, Tod und Trauer; Letzteres umfasst sowohl den Umgang mit eigenen Erkrankungen als auch Erkrankung und Tod von Angehörigen und Mitbewohnerinnen und Mitbewohner.

Kommunikation und soziale Beziehungen

- Unterstützung bei der Organisation sozialer Beziehungen einschließlich der Nutzung von geselligen Angeboten;
- Kommunikation (UK, Gebärden, elektronische Kommunikation)

In der Organisationsform eines Bildungsangebots geschieht es leicht, dass Basisversorgung und die Gestaltung von Angeboten, die man für alle oder zumindest mehrere Nutzerinnen und Nutzer zusammen, ohne Ortswechsel und ohne große Vorbereitung machen kann, ein starkes zeitliches Übergewicht bekommen und die individuelle Unterstützung sowie die gemeinsame Entwicklung von Ideen und besonderen Projekten in den Hintergrund rückt. Dies passiert besonders leicht bei Personalmangel, weil dann eine Situation entsteht, in der Mitarbeiterinnen und Mitarbeiter sich vor allem daran orientieren, was dringend getan werden muss – und hier sind Nahrungsaufnahme, Pflege und Hilfen zu Orientierung von anderer Dringlichkeit als die Entwicklung von Interessen. Es geschieht aber auch dadurch, dass wir in einer Tradition stehen, in der die Interessen des Einzelnen denen einer Gruppe untergeordnet werden – dies haben wir vom Kindergarten an so gelernt und erfahren. Die Qualität eines Angebots in einer Wohngruppe ebenso wie in einem Angebot der Seniorenbetreuung zeigt sich aber gerade aus diesem Grund darin, ob es gelingt, beides zu tun: Versorgung, Sicherheit und Orientierung für pflegebedürftige und demenzkranke Nutzerinnen und Nutzer zu bieten und zugleich soziale Verbundenheit und individuelle Interessen zu berücksichtigen.

7.3 Wie kann eine individuelle Ruhestandsgestaltung realisiert werden?

Die in Kapitel 5 dargestellten Kurse zur Vorbereitung auf den Ruhestand bieten gute Anknüpfungsmöglichkeiten, da die Teilnehmerinnen und Teilnehmer bereits Ideen entwickelt haben, was ihnen wichtig ist, was sie gern weiterhin machen wollen und wobei sie Unterstützung brauchen. Gerade ausgehend von den Verlustängsten – kein Kontakt mehr zu Kollegen, keine Arbeit, kein Sportangebot in der WfbM, kein regelmäßiger Wochenrhythmus mehr – eröffnen sich viele Ideen, was geeignete Beschäftigungen sein können. Auch Coaching im Übergang oder persönliche Zukunftsplanung stellen geeignete Möglichkeiten dar. In Bundesländern, in denen im Rahmen der Seniorenbetreuung Hilfeplanungsziele zu formulieren und zu erreichen sind, bieten sich dadurch Möglichkeiten, mit dem Nutzer oder der Nutzerin ins Gespräch zu kommen, was er/sie lernen will. Es sollte allerdings sehr darauf geachtet werden, dass der Erhalt von Handlungs- und Entscheidungsfähigkeit sowie von (Alltags-)Kompetenzen ebenso als Ziel formuliert werden darf wie eine Weiterentwicklung.

Aus der Sicht von Anbietern lassen sich verschiedene organisatorische Lösungen vorstellen.

Unterschiedliche Räumlichkeiten und Nutzerkreise

- Angebote innerhalb der Wohngruppe;
- Angebote in eigenen, aber räumlich einer Wohneinrichtung angegliederten oder nahe gelegenen Räumen – für die Bewohnerinnen und Bewohner der Wohneinrichtung oder auch für externe Nutzerinnen und Nutzer;
- Angebote innerhalb einer Werkstatt für behinderte Menschen (Seniorengruppen);
- Angebote für Menschen mit Behinderung in Räumen außerhalb von Werkstatt oder Wohnheim;
- Angebote der allgemeinen Altenhilfe;
- Ortsunabhängige Angebote, Beratung, Unterstützung der Mobilität und Assistenz bei selbständiger Organisation von Freizeitaktivitäten oder Teilnahme an Kursen und Aktivitäten (Sportverein, VHS o. a.).

Unterschiedliche Nutzungsbedingungen (auch in Kombination)

- feste Öffnungs- und Anwesenheitszeiten;
- feste Öffnungszeiten und modularisierte Nutzungsmöglichkeit;
- festes Programm;
- offene Angebote.

Welche Angebotsform sich angesichts der vorhandenen Leistungsvereinbarungen umsetzen lässt, ist regional sehr unterschiedlich. Die Überprüfung anhand der unter 7.2 genannten Inhalte kann bei der Entwicklung eines vielfältigen Angebots hilfreich sein. Daneben ist eine Zusammenarbeit im Übergang und das Aufgreifen der in Vorbereitungskursen auf den Ruhestand erarbeiteten Interessen unbedingt nötig, um eine möglichst hohe Individualisierung auch unter schwierigen finanziellen Bedingungen erreichen zu können.

8. Biographiesensible Alltagsbegleitung bei Demenz
Eine Fallstudie

8.1 Biographie von Sarah Miller

Sarah Miller wurde im Jahr 1962 in England geboren und wuchs dort gemeinsam mit ihrem Bruder bei der Mutter auf. Zum Vater bestand kein Kontakt. In England besuchte sie die Förderschule. Da Familie Miller Verwandte in Deutschland hatte, pendelte sie häufig zwischen Deutschland und England. Als der gesundheitliche Zustand der Mutter sich verschlechterte, zogen sie gemeinsam nach O. Frau Millers Bruder lebt mittlerweile wieder mit seiner Familie in England, hat aber seine Ausbildung zum Heilerziehungspfleger in Deutschland absolviert. In den Jahren 1985 und 1991 bis 1994 wurde Frau Miller im Rahmen von Kriseninterventionen mehrfach in ein Wohnheim aufgenommen, wenn es ihrer Mutter gesundheitlich schlecht ging.[6] Die Mutter wollte allerdings gern weiterhin mit ihrer Tochter zusammenleben, so dass Sarah nach Beendigung der Krankenhausaufenthalte immer wieder nach Hause zurück zog. Während dieser Aufenthalte lernte sie dann mehr und mehr die deutsche Sprache und konnte sich nach kurzer Zeit sehr gut verständigen. Im Jahr 1994 verstarb die Mutter. Daraufhin wurde der Einzug von Frau Miller in eine Wohneinrichtung veranlasst, dort lebte sie bis zum Jahr 2006. Im Juni 2006 zog sie in ein Haus mit einem räumlich angegliederten Angebot für Senioren.

Frau Miller konnte lesen und schreiben und schrieb gerne Briefe. In ihrem Zimmer richtete sie eine Büroecke ein. Ihre

6 Bis zur Gründung einer Kurzzeiteinrichtung im Jahr 1995 gab es in allen Wohneinrichtungen des Trägers ein oder mehrere Gastzimmer.

Mutter, zu Lebzeiten als Postangestellte tätig, war das berufliche Vorbild von Sarah. Da Sarah zwei Sprachen beherrschte, begleitete sie Studienreisen für Menschen mit Behinderung nach England, um dort zu dolmetschen. Insgesamt hatte sie ein hohes Aktivitätsbedürfnis, nahm an vielen Freizeitangeboten teil und war Mitglied im Behindertensportverein.

Frau Miller arbeitete seit 1980 in der WfbM und war dort überwiegend im Bereich Verpackung beschäftigt. Seit 2009 besuchte Frau Miller das Angebot für Senioren, zunächst tageweise, dann wochenweise im Wechsel mit der Tätigkeit in der WfbM, und seit 2010 im vollen Umfang. Frau Miller starb im Sommer 2012.

8.2 Krankheitsverlauf

Frau Miller hatte Trisomie 21, und seit 2004 wurden Symptome einer demenziellen Erkrankung beobachtet. Seit dem Jahr 2004 wurde vermerkt, dass Frau Miller zunehmend vergesslicher wurde. Darüber hinaus fielen Rückzugstendenzen und erste Schwierigkeiten auf, sich in Gespräche in der gewohnten Weise einzubringen. Hinzu kamen gesundheitliche Probleme, die sich auf ihre Beweglichkeit auswirkten. Im Jahr 2005 verlor sie die Kompetenz, die englische Sprache aktiv zu nutzen. Die Abbauprozesse schritten fort, Frau Miller zog sich zurück und nahm weniger an gewohnten Aktivitäten teil. Sie war zu dieser Zeit in die Hilfebedarfsgruppe 2 eingestuft. Der den Umzug vorbereitende Bericht der Einrichtung an den Leistungsträger sagt: „Eine Überprüfung der Hilfebedarfsgruppe steht auf Dauer an, da sich ein größerer Bedarf auf Grund von zunehmenden Alterserscheinungen, insbesondere einer beginnenden Demenz, abzeichnet. (…) Prognose: Frau Miller kann derzeit noch im Rahmen des jetzigen Hauses wohnen. Auf Dauer wird ein Umzug in ein anderes Haus unserer Wohnanlage erfolgen müssen. Der langsame Ausstieg aus ihrer Tätigkeit in der WfbM und parallel dazu der Einstieg in die Seniorentagesbetreuung werden Themen der Zukunft sein.“ (Bericht vom

25.7.2005). Das Wohnheim, in dem sie bis dahin lebte, ist in einer denkmalgeschützten Jugendstilvilla untergebracht, in der 18 Bewohnerinnen und Bewohner auf vier Stockwerken leben. Die baulichen und räumlichen Bedingungen sind daher nur begrenzt anpassbar, dies gilt insbesondere für die Lage der Bewohnerzimmer. Keines von ihnen liegt auf demselben Stockwerk wie die gemeinschaftlich genutzten Räume, was bei beginnenden Orientierungsschwierigkeiten problematisch ist. Der Umzug geschah bewusst sehr früh, um eine aktive Eingewöhnung in die neue Lebenssituation zu ermöglichen.

Seit 2008 besteht die gesicherte ärztliche Diagnose eines demenziellen Syndroms und einer demenzbedingten Anfallsbereitschaft. Letztere entwickelte sich erst im Jahr 2008, was bei Menschen mit Trisomie 21 im Verlauf einer Demenzerkrankung häufig vorkommt.

Frau Miller war seit dieser Zeit stark untergewichtig. Außerdem traten als Begleitsymptom der Epilepsie stark ausgeprägte Myoklonien auf, die sich in ständigen Muskelkontraktionen in Rumpf, Kopf und Armen zeigen. Frau Miller hatte einen sehr hohen Muskeltonus, die Extremitäten waren von Spastik betroffen. Sie entwickelte zunehmend Beschwerden im Halswirbelsäulen-Bereich. Außerdem traten, abhängig von ihrer Tagesform, Schluckbeschwerden auf. Im Team wurde – auch vor dem Hintergrund ihres vormals aktiven Lebensstils – kontrovers diskutiert, in welchem Umfang ein Medikament zur Muskelentspannung verabreicht werden sollte, da es auch insgesamt den Antrieb schwächte. Es war von außen schwer abzuschätzen, ob die durch die Kontraktionen auftretenden Beschwerden und Anstrengungen als schlimmer einzuschätzen seien als die Nebenwirkungen des Medikaments. Unten wird dargestellt, welche nicht medikamentösen Ansätze zur Entspannung ergänzend oder an Stelle der Medikation entwickelt wurden.

In der weiteren Entwicklung wechselten stabile Phasen mit Phasen raschen Abbaus. Anfang 2010 waren bereits starke motorische Einschränkungen zu bemerken, Frau Miller konnte jedoch mit Unterstützung weiterhin kurze Strecken gehen.

Im Verlauf des Jahres war es Frau Miller aufgrund der eingeschränkten motorischen Kompetenzen nicht mehr möglich zu gehen. Auch das Essen musste ihr ab Mitte 2010 angereicht werden, und sie entwickelte Schreianfälle. Gegen Ende 2010 nahmen Intensität und Häufigkeit der Schreiphasen zu. Frau Miller schrie häufig bei der pflegerischen Versorgung, aber auch, wenn sie allein in ihrem Zimmer ruhte. Es wurde intensiv versucht, Gründe für die Schreiphasen zu finden und darauf zu reagieren; als mögliche Gründe wurden Halluzinationen, Angst, Unruhe, Schmerzen, unangenehme Berührungen bei der Pflege, nicht erfüllte Aktivitäts- oder Nähebedürfnisse, Unruhe in der Umgebung sowie Hunger und Durst benannt. Allerdings konnte kein genauer Auslöser festgestellt werden, ebenso wenig zeitliche bzw. tageszeitliche Rhythmen. Auch die Möglichkeiten, Frau Miller zu beruhigen, waren unterschiedlich erfolgreich. Mitarbeiterinnen und Mitarbeiter reagierten überwiegend, indem sie Körperkontakt mit ihr aufnahmen, beruhigend zu ihr sprachen oder versuchten, die Unruhe in der Umgebung zu reduzieren. Die Zeiträume des permanenten Schreiens konnten bis zu einer halben Stunde andauern und waren für Mitarbeiterinnen und Mitarbeiter und Mitbewohnerinnen und Mitbewohner sehr belastend. Im Frühjahr 2011 befand sich Frau Miller für mehrere Monate in einem sehr schlechten gesundheitlichen Zustand. Zum damaligen Zeitpunkt stand außer Frage, dass das Krankheitsstadium der dauerhaften Bettlägerigkeit erreicht war. Frau Miller konnte über mehrere Monate, von Februar bis in den Sommer hinein, das Bett nicht verlassen. Sie erholte sich im Verlauf des Sommers jedoch unerwartet wieder und befand sich seit September 2011 in einem gesundheitlich sehr stabilen Zustand. Neben der Stagnation der demenziellen Symptome war auch deutlich zu erkennen, dass Frau Miller wieder ein wachsendes Teilhabe- und Aktivitätsbedürfnis hatte. Rückblickend ist diese Phase so zu beurteilen, dass es sich möglicherweise um einen außergewöhnlich langwierigen Rekonvaleszenzprozess nach einer Erkältung handelte, der allerdings erst im Nachhinein so beschrieben werden konnte. Während der Dauer der

Bettlägerigkeit war es für die Mitarbeiterinnen und Mitarbeiter schwierig einzuschätzen, ob und wann Aktivierungsversuche angemessen waren und wann das Ruhebedürfnis überwog; auch diese Frage wurde im Team kontrovers diskutiert, da die Signale Frau Millers als uneindeutig erlebt wurden und unterschiedlich ‚gelesen' wurden. Der ausführliche Auszug aus der Dokumentation (Tabelle 2), der so nur exemplarisch durchgeführt wurde, wurde ergänzt durch Kommentare der Mitarbeiterin am selben Tag. Beides wird hier unverändert wiedergegeben. Sowohl die Dokumentation als auch die Kommentare zeigen deutlich, dass das Team Sarah Miller durchgehend so begegnete, als seien Überraschungen möglich, als könne sie immer wieder auf Angebote reagieren. Dadurch war es möglich, ihre wieder zunehmenden Kräfte und ihr zurückgewonnenes Potential zu erkennen. Wäre die Bettlägerigkeit als ‚Anfang vom Ende' interpretiert worden und die Bemühungen um ihre Ansprache eingestellt worden, wäre wahrscheinlich die beschriebene Besserung des Allgemeinbefindens nicht eingetreten, sie wäre nie wieder versuchsweise in den Rollstuhl gesetzt und an den Aktivitäten beteiligt worden.

Ihr Tod im Sommer 2012 kam – soweit man das bei einer progredienten Erkrankung sagen kann – vergleichsweise überraschend.

Äußerungen von Mitbewohnerinnen und -bewohnern zu den Schreiphasen (erhoben von Heike Lubitz):

„Und irgendwann fangen die dann auch an zu schreien und hören nicht mehr auf"

„Das Rumschreien war heftig"

„Ich konnte nicht schlafen, weil sie so geschrien hat."

„Wenn M. angefangen hat zu schreien, hat P. angefangen mit Geschirr zu schmeißen"

„Mich verstecken."

„Weg gehen. Nach oben oder in den Keller oder in den Wald."

„Aber wenn man weg geht, muss man ja auch wieder kommen. Und dann war sie immer noch am Schreien."

8.3 Pflege und Unterstützung im Alltag

Der Verlauf der demenziellen Erkrankung bei Frau Miller war extremen Schwankungen unterworfen. Abbauprozesse schritten zeitweilig sehr schnell voran, wobei Frau Miller kritische Krankheitsphasen immer wieder bewältigen konnte und sich danach oft in einem stabileren Zustand befand als zuvor. Obwohl es zeitweilig sehr schwierig war, dafür zu sorgen, dass sie genügend Nahrung aufnahm und sie stark untergewichtig war, wurde zu keinem Zeitpunkt Sondenernährung genutzt, da es immer wieder Tage gab, an denen zu erkennen war, dass der Geschmack des Essens, die Beziehungssituation mit der Mitarbeiterin oder dem Mitarbeiter, mitunter sogar das Essen in der Gruppe zu Frau Millers Lebensqualität beitrugen. Während der Zeit ihrer Bettlägerigkeit war sie so geschwächt, dass beispielsweise die morgendliche Pflege im Bett und ein anschließendes Frühstück nicht möglich waren, so dass das Personal sehr genau darauf achten musste, dass Angebote dann gemacht wurden, wenn es möglich war. Zudem mussten Alltagssituationen der Pflege und Nahrungsaufnahme immer auch als Beziehungs- und Beschäftigungsangebot gestaltet werden, da nicht abzusehen war, ob weitere Aktivität an diesem Tag möglich sein würde. Dies war um so wichtiger, als Frau Miller einen Bodymaßindex erreicht hatte, bei dem Sondenernährung zumindest in Erwägung gezogen werden musste, um sich gegenüber dem Vorwurf mangelhafter Pflege abzusichern, und entsprechende Unsicherheit über das richtige Vorgehen im Team bestand. Die Entscheidung, trotz der geringen Nahrungsaufnahme und der langen Dauer der Mahlzeiten – was ja auch einen entsprechenden Personalaufwand bedeutete – die ‚normale Nahrungsaufnahme' fortzusetzen, wurde durch den Gewinn an Lebensqualität, Kompetenzerhalt (Trainieren des Schluckens, Steuerung der Nahrungsaufnahme) und die Möglichkeit der Teilhabe begründet.

Eine Anpassung der Wohnsituation und der Unterstützung an den durch die demenzielle Erkrankung bedingten veränderten Bedarf erfolgte durch verschiedene Maßnahmen.

Frau Miller wechselte im aktuellen Wohnheim zwei Mal das Zimmer, einmal bedingt durch die zu diesem Zeitpunkt aktuellen Orientierungsschwierigkeiten (‚Weglauftendenzen'), das andere Mal, um ein Zimmer in direkter Nähe des Gruppenraumes und mit Blick auf den Garten zu beziehen. Letzteres war günstig, da sie an ‚guten Tagen' immer wieder Interesse an Vorgängen um sie herum oder dem Besuch von Mitbewohnerinnen zeigte. Mitunter registrierte sie auch das Ankommen des Werkstattbusses und die Rückkehr der Mitbewohnerinnen und -bewohner. Außerdem wurde bei gutem Wetter zeitweilig eine Matratze in den Garten gebracht, auf der Frau Miller sich entspannen konnte, während Mitbewohner durch eine angepasste Lagerung in ihrem Blickfeld waren. An ‚schlechten Tagen' konnten die Mitarbeiterinnen und Mitarbeiter, oft über mehrere Tage hinweg, allerdings keinerlei Interesse oder Reaktion erkennen.

Das Zimmer wurde nach und nach an die Bedürfnisse von Frau Miller angepasst, indem ein Pflegebett und verschiedener Elemente zur Beschäftigung und Aktivierung beschafft wurden, unter anderem Aromaöle, ein digitaler Bilderrahmen, eine Diskokugel, ein großes Bild, das direkt unter der Decke angebracht wurde, so dass sie auch im Liegen die Möglichkeit hatte, es wahrzunehmen, und eine Sanddecke zur tiefensensiblen Wahrnehmung. Auch eine Anpassung der pflegerischen Begleitung fand statt (Einsatz von Pflegematerial, Pflegedokumentation, veränderte Dienststrukturen usw.). Um eine adäquate Unterstützung in jeder Situation zu ermöglichen, wurden externe Hilfen einbezogen, unter anderem ein palliativer Dienst in beratender Funktion.

Frau Miller war seit dem Jahr 2009 Nutzerin der Angebote für Seniorinnen und Senioren. Hierbei handelt es sich um ein Angebot für Nutzerinnen und Nutzer, die nicht mehr oder nicht mehr in vollem Umfang einer Arbeitstätigkeit nachgehen, das in eigenen Räumen, aber innerhalb desselben Gebäudes stattfindet, indem sich auch das Wohnheim befindet. Die Gestaltung des Angebotes beinhaltet Gruppen- und Einzelaktivitäten, pflegerische Leistungen, Alltagsbegleitung und Unterstützung in unterschiedlichen Lebensbereichen. Die Teilnahme an Aktivitäten ist freiwillig; einige der Seniorinnen und Senioren sind noch sehr selbständig und strukturieren Teile ihres Tages allein, andere verbringen ihre Zeit überwiegend im eigenen Zimmer und lehnen die Teilnahme an Angeboten meist ab. Der kurze Weg zwischen dem Angebot für Seniorinnen und Senioren und dem Wohnbereich erleichtert auch wenig mobilen Teilnehmern die selbstbestimmte und flexible Entscheidung über die Teilnahme. Die externen Nutzerinnen und Nutzer, die mit ambulanter Assistenz oder bei Verwandten leben, können sich nach Wunsch und Bedarf für einzelne Module anmelden, in der Regel als ‚Selbstzahler'.

Insbesondere zwei weibliche Teilnehmerinnen der Tagesbetreuung waren sehr interessiert an Frau Millers Befinden, sorgten sich um ihr Wohlergehen, besuchten sie in ihrem Zimmer, brachten ihr Geschenke mit und nahmen Körperkontakt mit ihr auf. Auch die übrigen Teilnehmerinnen und Teilnehmer waren Frau Miller gegenüber sehr verständnisvoll, akzeptierten, dass Mitarbeiterinnen und Mitarbeiter viel Zeit für ihre Betreuung benötigten und akzeptierten auch, wenn Frau Miller während ihrer Teilnahme am Angebot für Senioren plötzlich lautstark zu schreien oder zu weinen begann. „Man kann auch nicht immer gut drauf sein. Bin ich ja auch nicht." (Aussage eines Mitbewohners im Rahmen der Evaluation des Angebots im Zusammenhang mit Frau Miller). Dies war ein eindeutiges Ergebnis der Evaluation, in deren Rahmen mit allen sprachfähigen Nutzerinnen und Nutzern Interviews geführt wurden. Eine Aufgabe bestand darin zu prüfen, wie es gelingt, die Bedürfnisse aktiver Nutzerinnen und Nutzer und stark pflegebedürftiger Nutzerinnen und Nutzer wie Frau Miller so zu vermitteln, dass erstere ebenfalls ein angemessenes, ihren Bedürfnissen entsprechendes Angebot erhalten (Lindmeier et al. 2012, 24). Die sehr eindeutige Aussage bestand darin, dass gerade die Schreiphasen als sehr anstrengend erlebt wurden, aber auch eine hohe Akzeptanz der erkrankten Mitbewohnerin vorhanden war. Mehrere Nutzerinnen und Nutzer äußerten, dass ihnen diese Erfahrung Sicherheit gebe, auch bei eigener Pflegebedürftigkeit im Haus bleiben zu können und gut betreut zu werden. Zwar waren einige der Teilnehmerinnen und Teilnehmer, insbesondere diejenigen, die Frau Miller noch nicht so lange kannten und die nicht im angrenzenden Wohnheim lebten, zurückhaltend im Umgang mit ihr, insgesamt bestand aber eine sehr hohe Akzeptanz und Empathie. Hielt Frau Miller sich in den Räumen auf, in denen die Tagesbetreuung stattfand, so war zu beobachten, dass die gesamte Gruppe miteinander respektvoller und vorsichtiger umging als üblich. Rückblickend bleibt festzuhalten, dass viele der Nutzerinnen und Nutzer durch die Erfordernisse dieser Situation und durch die entstandenen Reflexionsmöglichkeiten und Gespräche deutliche Kompetenzen und Sicherheiten erworben haben, die sich auch im Umgang mit einer weiteren Bewohnerin mit hohem Pflegebedarf und beginnender Demenz zeigten.

Aussagen von Mitbewohnerinnen und -bewohnern zu verschiedenen demenzbezogenen Problemen mit Mitbewohnerinnen und -bewohnern (erhoben von Heike Lubitz):

„belastend, weil man nicht helfen konnte“

„Das ist schrecklich zusehen zu müssen, wenn jemand so krank wie [Name] wird und es ihr immer schlechter geht“

„Die werden immer in Schutz genommen“

„Die ist immer so komisch. (...) ist ein bisschen durch inner Rübe“

„Bei D. muss man alles öfters sagen, nur er kapiert es einfach nicht. Manchmal hab ich Gefühl, er will mich ärgern. Und dann werde ich sauer.“

„Manchmal bin ich sauer, wenn die Leute Quatsch machen oder Fehler machen oder wenn die vergessen und ich muss ein paar Mal sagen“

„Wer weiß, ob man nicht auch mal so im Bett landet. Und dann will ich auch Besuch“

Seit Herbst 2011 wurde Frau Miller wieder aktiver in die Angebote einbezogen, da sie sich, wie bereits beschrieben, in einer stabilen gesundheitlichen Verfassung befand. Nach der morgendlichen Pflege bekam sie ihr Frühstück in der Regel in ihrem Zimmer angereicht, da sie morgens noch ein erhöhtes Ruhebedürfnis hatte. Den Vormittag verbrachte sie mit den anderen Teilnehmerinnen und Teilnehmern in den Räumen der Tagesbetreuung, meist saß sie im Massagesessel oder in ihrem Rollstuhl. Frau Miller wurde, abhängig von ihrer Verfassung, aktiv in verschiedene Angebote einbezogen (bspw. Besuch des Therapiehundes, gemeinsames Musizieren, Vorlesen) und hierbei durch Körperkontakt, Ansprache oder auch Handführung in die Aktivität eingebunden. Es wurde intensiv darauf geachtet, dass Frau Miller jederzeit die Möglichkeit hatte, das Geschehen in der Gruppe zu beobachten und dies, je nach Ruhebedürfnis, aus veränderten Perspektiven und Distanzen. Das Mittagessen nahm sie, abhängig von ihrer Motivation und Tagesform, gemeinsam mit den anderen ein. Frau Miller war seit Anfang Oktober 2011 regelmäßig alle zwei Wochen beim Besuch eines Therapiehundes dabei, der von einem ehrenamtlich engagierten Rentner organisiert wurde. Sie war in den letzten Monaten auch wieder in der Lage, an bestimmten Ausflügen mit dem Kleinbus teilzunehmen (Fahrt zum Snoezelenzentrum auf dem Gelände der WfbM, Spazieren fahren). Natürlich gab es auch Tage, an denen derartige Aktivitäten nicht möglich waren und Frau Miller den Großteil des Tages im Wohnheim oder sogar in ihrem Bett verbrachte. Aber auch dort war Teilhabe möglich: Sie genoss es oft sehr, am Nachmittag die Ankunft des Werkstattbusses zu verfolgen und die einzelnen Bewohnerinnen und Bewohner in Empfang zu nehmen, um dann anschließend gemeinsam in ihrer Wohngruppe Kaffee zu trinken.

Tabelle 2: Dokumentation Sarah Miller (Zeitraum jeweils 8:00–16:00 Uhr)*

Datum	Beschreibung von MA-Handeln und Bewertung	Reaktionen, Wünsche
9. 5. 11	Pflege im Bett (aktivierende Wäsche, stetige Ansprache, Eincremen), ca. 40 min., Sarah reagierte zeitweise auf Ansprache (Nennung ihres Namens), schien mich zu erkennen und sich zu freuen, während der Pflege keine Anzeichen von Wohlbefinden (bis auf Mundpflege mit Mandelöl → Reize zur Stimulation im Mundbereich scheint sie zu mögen), anschließend Lagerung, so dass sie aus dem Fenster schauen kann. Frühstück anreichen (im Bett), Sarah genießt die Essenssituation, hält währenddessen Blickkontakt und lacht. Reinigung ihres Zimmers durch Reinigungskraft, Sarah scheint es zu mögen, wenn sie bei der Zimmerreinigung zusehen kann, verfolgt nicht alles visuell, aber nimmt wahr, dass eine ihr bekannte Person im Zimmer ist, lacht und fühlte sich nicht gestört. Hören alter englischer CDs, keine Reaktion auf die Musik, weder negativ noch positiv (ca. 60 min.). Besuch durch Mitbewohnerin, Sarah erkennt Hannah und lacht, ist kurzzeitig sehr viel klarer und antwortet auf Fragen mit „Ja".	Ich hätte Sarah gerne vormittags im Rollstuhl nach draußen gefahren, hat zeitlich nicht funktioniert, da sie meist nur 15–20 min. „aushält" und dann wieder zurück in ihr Zimmer möchte. Insgesamt war Sarah relativ gut zufrieden.

Datum	Beschreibung von MA-Handeln und Bewertung	Reaktionen, Wünsche
10. 5. 11	Frühstück im Bett (vor der Pflege), Sarah hat mich erkannt und sich gefreut mich zu sehen, fixiert mein Gesicht während ich ihr das Frühstück anreiche und scheint meine Mimik zu erkennen, nach ca. 15 min wird sie zunehmend unruhig, beginnt zu schreien → ich versuche sie durch Berührung an Armen und Händen zu beruhigen → keine Besserung, also lasse ich sie zunächst 30 min alleine. Morgenpflege, Sarah ist zu Anfang wieder entspannter, bestimmte Anteile der Morgenpflege scheint sie zu mögen (Zähne putzen, sie empfindet die Vibration der Zahnbürste als sehr angenehm), Intimpflege und Wechseln des Oberteiles mag sie nicht und schreit, ich versuche ihr die Kleidung, die sie anziehen soll in die Hand zu geben, sie reagiert nicht darauf, weder visuell noch erfühlt sie das Material. Von ca. 10–12 Uhr ist sie allein in ihrem Zimmer, kurzer Besuch der FSJlerin, Sarah schläft. Ich gebe Sarah einen Stift und führe ihre Hand über ein Blatt Papier, sie schaut auf das Blatt und die Linien, die sie zeichnet und freut sich sehr. Sarah wird unterstützt sich auf die Bettkante zu setzen, sie genießt diese andere Perspektive und den damit verbundenen Körperkontakt.	Sarah empfängt in letzter Zeit weniger Besuch durch andere Teilnehmer der Tagesbetreuung Ich würde mir wünschen, dass mehr Aktivitäten in Gruppe 1 stattfinden würden, sodass die diese bei offener Zimmertür verfolgen, zumindest hören könnte Bei der Pflege und bei Lagerungen wirkt Sarah teilweise überfordert, ängstlich, genervt. Danach ist sie jedoch deutlich entspannter als vorher. Ich hätte gerne mehr Materialien, um ihre Reaktionen darauf zu erfahren (Aromaöle, Vibrationsstab usw.) Sarah reagiert auf den Vorlagenwechsel, indem sie verkrampft, ihr Gesicht wirkt angespannt-verzerrt.

Datum	Beschreibung von MA-Handeln und Bewertung	Reaktionen, Wünsche
17.5.11	Morgenpflege im Bett; Sarah freut sich als ich das Zimmer betrete, sie lacht und erkennt mich. Die Pflege nimmt sie zuerst gut an (Reinigung des Gesichts, Zähne putzen). Das Ausziehen des Oberteiles mag sie nicht, sie weint und hat eine verzerrte Mimik. Ich versuche beruhigend zu ihr zu sprechen, meine Handlungen zu kommentieren, aber sie fühlt sich weiterhin gestört (Unterbrechung der Pflege für ca. 20 min), Sarah hat sich nach einer kurzen Ruhephase wieder beruhigt, die Intimpflege nimmt sie relativ gut an.	Die Morgenpflege bei Sarah ist für sie immer mit bestimmen Anstrengungen u. Abwehrreaktionen verbunden. Ich würde mir, insbesondere für die Intimpflege und das Wechseln des Oberteiles, Hilfestellungen/Ratschläge durch Externe wünschen. Im Team wird die Pflege qualitativ sehr unterschiedlich gehandhabt. Sarah genießt die Essenssituationen fast immer sehr, hierfür wäre mehr Zeit wünschenswert.
	Frühstück anreichen, Sarah isst mit viel Appetit, sie wirkt sehr klar und wach während der Essenssituation – am Vormittag Besuch durch eine andere Bewohnerin, die mit Sarah spricht. Sie scheint sie zu erkennen, lacht und wird motorisch sehr aktiv (greift nach der Hand der Person, sucht Kontakt) Ich hole Sarah auf eine Turnmatte auf den Boden, zuerst ist sie ängstlich und unruhig. Ich stütze mit meinen Knien und Armen ihren Körper und wiege sie hin und her. Mittagessen anreichen. Sarah schläft für ca. 1,5 h. Ansehen eines „London-Reiseführers“, Sarah erkennt die Bilder nicht, noch scheint ihr der Reiseführer als ihr eigener bekannt zu sein. → Sarah hatte heute einen guten Tag. Sie hat den Körper-	Sarah genießt die Perspektive auf dem Boden, schaut durch das Fenster und ist sehr wach und neugierig. Ich wünsche mir mehr Möglichkeiten, Wissen, Material im Team zu Kinästhetik u. Basaler Stimulation, vor allem die Bereitschaft der Kollegen „neue Dinge“ auszuprobieren, um zu sehen ob Sarah sie annimmt. Es ist zwar eine detaillierte Dokumentationsform für Sarah vorhanden, in der auch bspw. festgehalten werden kann, dass S. eine neue Aktivität (wie den Transfer auf die Matte) als sehr positiv angenommen hat. Jedoch wird es meist nicht im gesamten Team transparent.

Datum	Beschreibung von MA-Handeln und Bewertung	Reaktionen, Wünsche
	kontakt auf dem Boden genossen und wirkte danach entspannter und zufriedener.	
19. 5. 11	Sarah wirkt teilnahmslos und abwesend als ich das Zimmer betrete. Sie reagiert kaum auf Ansprache, hat starke Zuckungen. Ich reiche ihr Frühstück an, sie hat Probleme beim Schlucken, ich lasse sie erst eine halbe Stunde allein, bevor ich die Morgenpflege beginne. Bei der Pflege wirkt Sarah schlapp, ich versuche sie über Druck und Körperkontakt zu aktivieren. Einölen der Schläfen und Hände mit Lavendelöl. Einschalten ihrer Diskokugel → keine Reaktion auf Licht und Bewegung. Beim Mittagessen wird Sarah durch die Aktivierung ihrer Kau- und Schluckmuskulatur insgesamt wieder etwas aktiver, sie scheint wieder wacher und besser gelaunt. Sarah schläft an diesem Tag sehr viel, in Wachphasen zeigt sie wenig Freude und wirkt abwesend	Häufig benötigt Sarah eine längere Anlaufphase, bis sie ganz „da" zu sein scheint. Die Handhabung der MA ist sehr unterschiedlich. Manche lassen sie nach einigen Minuten allein („sie ist heut nicht gut drauf"), andere versuchen über einen längeren Zeitraum sie zu aktivieren, bis sie wach ist.
20. 5.	Ich wecke Sarah um ihr die Medikamente (Anti-Epileptikum) zu geben. FSJlerin gibt Sarah ihr Frühstück (S. erkennt sie und freut sich sie zu sehen). Morgenpflege; S. ist unzufrieden, sie krampft und wirkt abgeschlagen; daher halte ich die Pflege sehr kurz.	Im Team besteht die Absprache, dass sie ihre Medikamente spätestens um 8:30 Uhr bekommen soll (auch wenn sie noch schläft) → für mich eine schwierige Vereinbarung. S. scheint uns (beim Wäscheaufhängen) nur zeitweise wahrnehmen zu können, aber sie wirkt insgesamt ruhiger

Datum	Beschreibung von MA-Handeln und Bewertung	Reaktionen, Wünsche
	Ich hänge gemeinsam mit einer anderen Nutzerin Wäsche in S. Zimmer auf. Ich fahre mit einer elektrischen Zahnbürste über S. Arme. S. schläft für ca. 1 Stunde	(→ gut, um den „Pflegegeruch" in dem Zimmer zu dämpfen). Sie mag die Vibration sehr gerne, lacht und zeigt keinerlei Abwehrreaktionen

* Anm.: Die regelmäßigen Lagerungsveränderungen, Vorlagenwechsel und Mundpflege (alle 2 Stunden) werden nicht aufgeführt.

8.4 Anwendung des Kompetenzmodells des Alterns in der Begleitung von Sarah Miller

In den letzten Jahren hat das Kompetenzmodell des Alterns an Bedeutung gewonnen, das interdisziplinär ausgerichtet ist und biologische, kognitive, psychologische und soziale Faktoren in Verbindung miteinander zu setzen sucht (Kap. 2).

Das Kompetenzmodell wurde von Olbrich unter Rückgriff auf motivationspsychologische Arbeiten entwickelt: Kompetenz im Alter zu untersuchen heißt nach Olbrich, „all die Möglichkeiten des alternden Menschen zu untersuchen, die es ihm ermöglichen, jene Transaktionen mit seiner Umgebung auszuüben, die es ihm erlauben, sich zu erhalten, sich wohlzufühlen und sich zu entwickeln" (1987, 159). Damit werden weder altersbedingte biologische Abbauprozesse, Rollenverluste und Aktivitätseinschränkungen geleugnet noch die empirische Erkenntnis, dass die Aufrechterhaltung von Aktivitäten und persönlichen Zielen zu Wohlbefinden im Alter beiträgt. Es findet aber eine Verschiebung des Blicks auf das Verhältnis von situativen Anforderungen und persönlichen Ressourcen statt, wodurch auch die Handlungsmöglichkeiten deutlich werden, die durch eine alters- und bedarfsgerechte Gestaltung der Umgebung und des Alltags geschaffen werden. Damit entgeht das Kompetenzmodell des Alterns sowohl deterministischen Auffassungen, wie sie angesichts von Demenz nahe liegen, als auch einem Erfolgsdruck, der die Aktivitäten älterer

Menschen am Vorbild Jüngerer misst und lebensgeschichtlich notwendige Phasen des Rückzugs oder der Trauer abwertet.

Olbrich und Kruse formulieren die in Kapitel 2.2 bereits benannten Kompetenzbereiche:

- Körperliche Kompetenz wird beschrieben als Möglichkeit zu physiologischer Regulation: Hier besteht sie in der Möglichkeit eines demenziell erkrankten, bettlägerigen Menschen, sich einer anderen Lagerung anzupassen oder die Nahrungsaufnahme zu regulieren. Dies ist als eine für sein Leben höchst relevante Kompetenz aufzufassen, die durch die Vermeidung von Sondenernährung lange aufrecht erhalten werden konnte. Eine Notiz in der Tabelle 2 verweist auf die aktivierende Wirkung des Kauens und Schluckens auf den Gesamtorganismus und die Wachheit an einem ‚schlechten Tag' Sarah Millers.
- Sensumotorische Kompetenz wird beschrieben als Möglichkeit, psychomotorische Prozesse zu kontrollieren: die Möglichkeit, sich der erwähnten Umlagerung nicht nur anzupassen, sondern beispielsweise eine gemeinsame Bewegung (sich Wiegen) auf einer Matte hinsichtlich Rhythmus und Tempo mit zu gestalten bzw. auszudrücken. Auch die Nutzung einer anderen Lagerung, um den Raum visuell zu erkunden (Fotos betrachten, Mitbewohnern zusehen, Vögel am Fenster beobachten), ist als sensumotorische Kompetenz einzuschätzen. Die Notizen in Tabelle 2 verweisen darauf, dass es Frau Miller unterschiedlich gut gelingt, Angebote und Hilfestellungen in diesem Bereich aufzunehmen, und verweisen dadurch auf ihren Eigenanteil an Aktivitäten, in denen die Mitarbeiterin den stärker aktiven Part übernimmt.

Alle im Folgenden beschriebenen Funktionen müssen bei einem Menschen, der nicht (mehr) spricht, großenteils über körperliche und sensumotorische Prozesse und die noch erhaltenen Formen der Kommunikation durch Gesten und Laute beobachtet und interpretiert werden:

- Kognitive Kompetenz wird beschrieben als Möglichkeit, Erfahrung und Wissen zu sammeln und auf neue Situationen anwenden zu können. Kognitive Kompetenz kann sowohl in der Weiterentwicklung kognitiver Funktionen als auch in ihrer Erhaltung bestehen. Bei der erwähnten Betrachtung von Fotos ist kognitive Kompetenz im Wiedererkennen dargestellter Personen oder Situationen beobachtbar, das sich durch Äußerungen der Freude (Mimik, Lautieren) mitteilt. Ähnliches gilt für die Äußerung von Freude bei der Begegnung mit vertrauten Menschen: auch hier hat ein Erinnern an vergangene Situationen und eine im Anschluss erfolgte Bewertung der jetzigen Situation als positiv stattgefunden. Diese Kompetenzen werden aber bei einem demenzkranken Menschen mit geistiger Behinderung nicht losgelöst von konkreten Situationen sichtbar, sodass breite Überschneidungen zu den beiden im Folgenden beschriebenen Kompetenzen bestehen.
- Alltagskompetenz wird als erfolgreiche Anpassung an alltägliche Umweltanforderungen beschrieben. Die Unterstützung oder das Tolerieren von Pflegehandlungen, die an der eigenen Person vorgenommen werden, kann ein Ausdruck von Alltagskompetenz sein. Gleiches gilt für Signale, die zeigen, dass von den Geräuschen und Gerüchen zur Essensvorbereitung darauf geschlossen wird, dass es Essen gibt, oder eine Reaktion auf den vor dem Fenster vorfahrenden Werkstattbus.
- Soziale Kompetenz wird beschrieben als Möglichkeit, Kontakte aufrechtzuerhalten, neu zu knüpfen oder allgemeiner soziale Teilhabe zu realisieren. Die Reaktion auf andere Menschen durch Äußerungen der Freude zeigt soziale Kompetenz und signalisiert, dass das Bedürfnis nach zwischenmenschlichen Kontakten weiterhin vorhanden ist.
- Appraisal-Kompetenz als Kompetenz zur Einschätzung, Bilanzierung und Würdigung des eigenen Lebens und zur Entwicklung von Lebensperspektiven, die Begrenzungen und Chancen gleichermaßen berücksichtigt. Diese psychologische Konzept hat u. E. eine große Nähe zur ‚biographi-

schen Kompetenz‘, wie sie in der Erwachsenen- und Altenbildung aufgefasst wird. Es ist kaum möglich, angesichts der begrenzten Äußerungsformen von Frau Miller diese Kompetenz nachzuweisen oder auszuschließen. Es wird daher in ihrer Begleitung darauf geachtet, Angebote zu machen, die diese Kompetenz unterstützen. Menschen, die sich darüber mitteilen können, berichten übereinstimmend, dass die Erinnerung an subjektiv bedeutsame Erlebnisse, die damit verbundenen Orte und Personen, und insbesondere die wichtigen Beziehungen für die Würdigung des eigenen Lebens eine Rolle spielen. Der Besuch ihres Bruders oder das Betrachten von Fotos ist als möglicher Beitrag zum Erhalt dieser Kompetenz zu betrachten.

- Bewältigungskompetenz im Umgang mit bedeutsamen und kritischen Lebenssituationen. Diese Kompetenz war zu Beginn der Erkrankung deutlich zu beobachten, als Frau Miller versuchte, sich an die wahrgenommenen Veränderungen anzupassen, beispielweise durch engen Kontakt mit einer vertrauten Mitarbeiterin als Ausgleich ihrer Verunsicherung durch Orientierungsschwierigkeiten und zunehmende Unsicherheit beim selbständigen Gehen.

Unterstützung und Förderung von Kompetenzbereichen im Alltag. In der Phase der Erkrankung, in der durch die wissenschaftliche Begleitung eine intensive Evaluation der Alltagsbegleitung stattfand, stand die Förderung bzw. der Erhalt sensumotorischer Kompetenz im Mittelpunkt, da diese Zeit mit der Phase der Bettlägerigkeit zusammenfiel. Diese Schwerpunktsetzung bildet auch die folgende Darstellung ab.

Sensumotorische Kompetenz. Die sensumotorische Kompetenz wird „aufgefaßt als Möglichkeit, psychomotorische Prozesse zu kontrollieren“ (Olbrich 1992, 55). Es besteht eine ständige Wechselwirkung zwischen Motorik und Sensorik, beide Bereiche sind auf Rückmeldungen des jeweilig anderen angewiesen, um sich zu entwickeln und zu funktionieren. Sensumotorische Fähigkeiten werden benötigt, um Bewegungen auszuführen, Sinnesreize aufnehmen zu können und zu verarbeiten.

Frau Miller hatte stark an Körpergewicht verloren und verbrachte seit 2011 in schlechten Phasen ca. zwei Drittel des Tages und die Nacht in liegender Position. Dies führte zu einer veränderten Körperwahrnehmung und -statik, und durch die Inaktivität wurden insgesamt weniger Sinnesreize erfahren. Daher war es wichtig, Frau Miller angenehme und förderliche Reize gezielt zu vermitteln und wahrnehmungsfördernde Angebote zu schaffen, die verschiedene Sinnesmodalitäten ansprechen. Die Schwerpunktplanung der Tagesbetreuung aus dem Frühjahr 2011 hatte, ausgehend von der andauernden Bettlägerigkeit, zum Ziel, ihr verschiedene sensorische Angebote zu machen.

Im Rahmen der Alltagsbegleitung erhielt Frau Miller von den Mitarbeiterinnen und Mitarbeitern der Seniorenbetreuung und des Wohnheimes Angebote, um den sensumotorischen Kompetenzbereich anzusprechen. Alle zwei Stunden wurde sie in eine andere Position gebettet, dies wurde in einer Pflegedokumentation festgehalten. Neben der Lagerung im Bett hatte sie die Möglichkeit auf anderen Untergründen wie Luftmatratze, Turnmatte oder Sofa zu liegen.

> „Ich hole Sarah auf eine Turnmatte auf den Boden, zuerst ist sie ängstlich und unruhig. Ich stütze mit meinen Knien und Armen ihren Körper und wiege sie hin und her" (Dokumentation, 17.05.2011).

Weitere Maßnahmen zum Erhalt sensumotorischer Kompetenz bestanden in der Nutzung unterschiedlicher Aromaöle, Hot-Stone-Behandlung, Vibration, passivem Durchbewegen der Arme und Beine, Sitzen im Massagesessel, Anwendung verschiedener Lichttechniken und dem Besuch des Snoezelenzentrums. Auch in der Gestaltung von Alltagssituationen wie Waschen, Essen, Musik hören, Besuch von Mitbewohnerinnen und Mitbewohnern, Ansehen von Fotos wurde die Anregung des sensumotorischen Bereichs mit berücksichtigt. War

Frau Miller angespannt und unruhig, wurde ihr von den Mitarbeitern die Hand auf den Bauch- und Brustbereich gelegt, beruhigend mit ihr gesprochen oder Reizüberflutung verhindert – bei großer Unruhe im Gruppenraum und wachsender Anspannung von Frau Miller wurde sie beispielsweise in ihr Zimmer gebracht und dafür gesorgt, dass sie sich beruhigen konnte. Ab und zu erhielt Frau Miller auch eine Reiki-Behandlung durch einen Masseur, der ins Haus kam. Bei entsprechender Tagesform genoss sie diese sehr, oft beruhigte sich ihre Atmung, sie wurde insgesamt zunehmend ruhiger und entspannter. Berührungen im Gesicht riefen bei Frau Miller eher Angst und Abwehr hervor.

Eine besonders positive Erfahrung war der einmalige Besuch des Snoezelenzentrums der WfbM. Frau Miller konnte das Angebot für einen Zeitraum von ca. 2 Stunden wahrnehmen. Ihre Atmung war währenddessen sehr tief und ruhig, sie verfolgte mit den Augen die Lichter an der Decke, wirkte aufmerksam und entspannt zugleich. Auch neuen Erfahrungen, wie dem Liegen auf dem Wasserbett, begegnete sie sehr offen und nicht ängstlich.

Häufig benötigte sie eine gewisse Zeit, um sich an die auf sie einwirkenden Reize zu gewöhnen, und konnte sich erst nach einigen Minuten entspannt darauf einlassen. Da sie aber auch in anderen Situationen, z. B. bei der Pflege oder beim Essen, längere Zeit benötigte, um sich auf die Situation einzulassen, wurde aus der Länge dieser Zeitspanne nach intensiven Teamdiskussionen und mehrfachem Ausprobieren nicht (mehr) grundsätzlich geschlossen, dass sie ein Angebot ablehnte. Mitunter reagierte sie auch vollständig abwehrend auf Angebote, die sie bis dahin immer angenommen hatte, und signalisierte klar, dass sie das Angebot, zumindest zur entsprechenden Zeit, ablehnte. Es gab kaum Angebote, die sie immer annahm oder immer ablehnte, was manche Mitarbeiterinnen und Mitarbeiter stark verunsicherte, da sich kaum Routinen ausbilden ließen.

Angebote fanden dementsprechend auch in unterschiedlicher Intention statt: In starken Schrei- oder Weinphasen bestand ein wesentliches Ziel in der Beruhigung, in Phasen starker Apathie in der Anregung, um mimische und körperliche Reaktionen, Lachen, Eigenbewegung und Sprache hervorzurufen:

> „Bei der Pflege wirkt Sarah schlapp, ich versuche sie über Druck und Körperkontakt zu aktivieren." (Dokumentation, 19.05. 2011).

> „Das Ausziehen des Oberteiles mag sie nicht, sie weint und hat eine verzerrte Mimik. Ich versuche beruhigend zu ihr zu sprechen, meine Handlungen zu kommentieren, aber sie fühlt sich weiterhin gestört (Unterbrechung der Pflege für ca. 20 min)." (Dokumentation, 17.05.2011).

Es ließ sich zwar keine eindeutige Verbindung zwischen ihrer Reaktion und anderen Komponenten, wie dem Zeitpunkt des Angebotes, dem Verhalten in einer vorangegangenen Situation, der Person, die das Angebot durchführte o. ä., herstellen. Auffallend war jedoch, dass der Grad der eigenen Anspannung bzw. Entspannung der Mitarbeiterin oder des Mitarbeiters sich sehr stark auf das Wohlbefinden von Frau Miller und ihre Reaktion auf bestimmte Handlungen auswirken. Hektik oder eine vorausgegangene, noch nachwirkende Auseinandersetzung, wie sie im Alltag der Seniorenbetreuung und des Wohnheimes hin und wieder vorkommen, stellten eine ungeeignete Ausgangssituation eines Angebots für Frau Miller dar.

Aber auch die jeweilige ‚Tagesform', die sich erst im Verlauf der Interaktion herausstellte, war extrem schwankend (Tabelle 2) und nicht allein durch eine kontinuierliche Verschlechterung, sondern zugleich durch Schwankungen und kurzfristige Verbesserungen des Allgemeinbefindens und der Ansprechbarkeit gekennzeichnet.

Um für sie angenehme Angebote zu finden, musste daher – neben der Weitergabe der vorhandenen Erfahrungen und der Berücksichtigung von Fachwissen – auch nach dem Prinzip ‚Versuch und Irrtum' vorgegangen werden. Die Möglichkeit, dass sie auf bestimmte Reize abwehrend oder verängstigt reagieren könnte, stellte für einige Mitarbeiterinnen und Mitarbeiter allerdings eine stark verunsichernde Situation dar und verringert die Bereitschaft, neue Sinneserfahrungen anzubieten.

Insgesamt wurde der Erhalt der sensumotorischen Kompetenz in der Tagesbetreuung und im Wohnbereich allerdings angemessen unterstützt und gefördert. Punktuell fehlte es an speziellem Fachwissen, Mitteln und der nötigen Unbefangenheit, Dinge auszuprobieren, auch wenn es keine Garantie für ihr Gelingen gibt. Seitens der Mitarbeiterinnen und Mitarbeiter bestand eine hohe Bereitschaft, auf die körperlichen Belange von Frau Miller situativ einzugehen. Oft wurde für sie noch ein anderes Gericht als für die Gruppe zubereitet, das ihr besonders gut schmeckte. Zeitpunkt und Ort des Essenanreichens wurde in Relation zu ihrer Verfassung variiert. Positiv war, dass Mitarbeiterinnen und Mitarbeiter immer wieder versuchten Frau Miller zum Essen zu animieren, aber auch sehr sensibel dafür waren, ob sie es in der jeweiligen Situation mochte oder ablehnte. War sie beispielsweise morgens um 9:00 Uhr noch nicht bereit zu frühstücken und verweigerte die Mahlzeit, konnte es durchaus sein, dass sie um 9:30 Uhr schrie, weil sie Hunger hatte. An dieser Stelle war ein ständiges Versuchen und Beobachten die einzig mögliche Methode. Neben dem Grundbedürfnis nach Nahrung und Trinken sollte auch das Bedürfnis nach Licht und Wärme bei der Förderung sensumotorischer Kompetenz berücksichtigt werden. Wenn Frau Miller im Bett lag, war es ihr nicht mehr selbständig möglich, ihre Bettdecke entsprechend ihrem jeweiligen Temperaturempfinden zu nutzen oder zu entfernen. Daher waren die Mitarbeiterinnen und Mitarbeiter in der Verantwortung, diese Anpassung stellvertretend zu übernehmen.

Frau Miller wurde zu unterschiedlichen Jahreszeiten mit witterungsgerechter Kleidung nach draußen begleitet. So erhielt sie weiterhin die Möglichkeit, an der frischen Luft und am Tageslicht zu sein, eine jahreszeitliche Orientierung zu erfahren, ihr Immunsystem wurde gestärkt und ihr Körper konnte und musste sich an die wechselnden Bedingungen anpassen (Letzteres gehört zur körperlichen Kompetenz).

Die demenzielle Veränderung von Frau Miller fand im Alltag mitunter noch zu wenig Berücksichtigung insofern, als bestimmte (ängstliche oder abwehrende) Reaktionen von ihr zwar durch die Mitarbeiterinnen und Mitarbeiter wahrgenommen werden, aber nicht von allen dahingehend überprüft und interpretiert, ob sie auf demenzielle Veränderungen der sensorischen Wahrnehmung zurückgeführt werden können.

Um eine Verbesserung oder den Erhalt der körperlichen sensumotorischen Kompetenzen Frau Millers zu erzielen, wurden folgende Punkte berücksichtigt, die grundsätzlich für die Betreuung weiterer demenzkranker Bewohnerinnen und Bewohner und Nutzerinnen und Nutzer der Tagesbetreuung anwendbar sind:

- Vereinheitlichen und Optimieren bestimmter Abläufe (Pflege, Positionswechsel) in Anlehnung an bestimmte Konzepte (bspw. Kinästhetik, basale Stimulation, motorisch-funktionelle Konzepte/Pflegekonzepte (Bobath)) und unter Berücksichtigung individueller Reaktionen (wie den geschilderten Reaktionen auf Berührungen im Sitzen und im Liegen) sowie der jeweiligen Gewohnheiten des zu pflegenden Menschen.
- Bedächtige Gestaltung von Bewegungsabläufen, kein Übertragen von Stress und Hektik durch Mitarbeiter;
- Bereitstellung von Informationen über sensorischen Vorlieben anhand biographischen Wissens;
- Bereitstellen von Material/Medien/Ideensammlung;
- Förderung der Eigenbewegung bei Aktivitäten (geführte oder gemeinsame Handlungen, um Bewegungsbewusstsein zu erhalten);
- Dokumentation der Reaktionen auf sensumotorische Angebote „Ich fahre mit einer elektrischen Zahnbürste über [ihre] Arme, sie mag die Vibration sehr gerne, lacht und zeigt keinerlei Abwehrreaktionen" (Dokumentation, 20.05.2011).

- Schulungen für Mitarbeiterinnen und Mitarbeiter zu relevanten Themen (Körper-/Raumwahrnehmung bei Demenz, Umgang mit Spastik, Bewegungskonzepte, Snoezelen u. v. m.);
- Eigene Auseinandersetzung mit Ängsten in Bezug auf Demenz und das Erleben von Hilflosigkeit; Abbau von Berührungsängsten der Mitarbeiterinnen und Mitarbeiter.

Körperliche Kompetenz. Auch hinsichtlich der Wahrnehmung körperlicher Kompetenz ging es wesentlich um einen Erhalt basaler Fähigkeiten physiologischer Regulation, die nicht überschneidungsfrei von der sensumotorischen Kompetenz abzugrenzen sind: Kontinenz, eigenständige Mobilität und die Fähigkeit, die Nahrungs- und Flüssigkeitsaufnahme zu regulieren, waren seit 2010 bereits weitgehend verloren.

Die Fähigkeit, die Nahrungsaufnahme durch Öffnen des Mundes und Schlucken bzw. durch Abwehr zu steuern, blieb jedoch erhalten, maßgeblich durch den sehr sensiblen Umgang der Mitarbeiterinnen und Mitarbeiter mit dem Thema. Auch das physiologische Ruhe- und Aktivitätsbedürfnis bestand weiterhin, da es, so weit erkennbar, beachtet wurde, und durch die beschriebenen Aufenthalte im Freien wurden nicht nur Reize geschaffen, sondern auch das Immunsystem gestärkt.

Frau Miller konnte in bestimmten Situationen, in denen sie sich unsicher fühlte, Körperkontakt zu den Mitarbeiterinnen und Mitarbeitern nutzen, um Sicherheit und Geborgenheit zu erfahren. Beim Sitzen auf der Bettkante oder auf dem Sofa in der Tagesbetreuung fordert sie diesen Kontakt regelrecht ein, indem sie durch Bewegungen des eigenen Körpers die Nähe suchte und mit Wohlbefinden auf diese reagierte (Beispiel zur Lagerung auf der Matte mit gemeinsamer Bewegung).

Ihre Reaktion auf Kontaktaufnahme durch Mitarbeiterinnen und Mitarbeiter war stets abhängig von der Qualität derselben und anderen Einflüssen (Tagesform, Intention des Körperkontaktes, Ansprache während des Kontaktes usw.).

Negativ reagierte sie, wenn die Berührungen flüchtig waren, von oben kamen, ihr Gesicht berührt wurde und wenn nur die Hände als Kontaktinstrument eingesetzt wurden. Deutlich positiver reagiert sie auf großflächige, rumpfnahe Berührungen, eine ruhige und dauerhafte Kontaktaufnahme und Berührungen über die Seite. Diese Möglichkeit der Regulation von Anspannung durch Körperkontakt blieb bis zuletzt erhalten.

Außergewöhnlich erscheint die umfassende Verbesserung der körperlichen Regulationsfähigkeit seit September 2011. Sie stellt die These, Demenz führe zu einem kontinuierlichen Abbauprozess in allen Kompetenzbereichen, wenigstens für Frau Millers Entwicklung, in Frage. Es ist zwar nicht möglich, die beschriebene Begleitung eindeutig als Grund für die positive Veränderung zu identifizieren, es ist aber naheliegend, die qualitativ außergewöhnlich gute Begleitung zumindest als eine Ursache anzusehen: Wenn nicht eine das Ruhebedürfnis und Aktivitätsbedürfnis achtende und explorierende Begleitung etabliert gewesen wäre, dann wäre nie ausprobiert worden, was noch oder sogar wieder machbar ist – ob beispielsweise Aufenthalte im Garten, im gemeinsamen Wohnraum oder die Teilnahme an einem Ausflug wieder möglich seien.

Kognitive Kompetenz, Alltags- und Sozialkompetenz. Die kognitive Kompetenz, die Alltags- und die Sozialkompetenz von Frau Miller wurden sowohl situativ im Alltag als auch durch besondere Förderung unterstützt. Dabei standen Erinnerung, Orientierung, Aufmerksamkeit und soziale Kontakte im Mittelpunkt. Da in der genauer untersuchten Zeit der Verlust des Sprachvermögens bereits weitgehend fortgeschritten war, war es schwer möglich, kognitive Kompetenz unabhängig von Alltagshandlungen und Sozialbeziehungen wahrzunehmen und zu unterstützen, dementsprechend erfolgt die Darstellung an dieser Stelle auch in zusammenfassender Form.

In der Einzelbegleitung bei Frau Miller wurde die Wechselwirkung zwischen Kognition und Emotion sehr deutlich. Auf bestimmte Personen, Stimmen, Fotos reagierte sie sehr intensiv, je nach Tagesform, mit Wohlbefinden oder Traurigkeit. Die Erinnerung als Bestandteil der kognitiven Kompetenz wurde durch unterschiedliche Angebote aktiviert. Beispielsweise wurden Materialien benutzt, zu denen sie eine biographische Verbindung hatte. In regelmäßigen Abständen wurde Frau Miller aus ihren eigenen Büchern vorgelesen. Es handelte sich um Kinder- und Jugendbücher, die sie sehr mochte und selbst las, solange es ihr möglich war. Frau Miller zeigte allerdings keine auffallend positiven oder negativen Reaktionen auf dieses Angebot, schien weder den Buchdeckel erkennen zu können, noch reagierte sie deutlich auf Bilder oder Worte. In der Regel zeigte sie allerdings während des Vorlesens auch über einen längeren Zeitraum keine Abwehr oder Angstreaktionen und war entspannt. Ob sie mit dem Gehörten Erinnerungen verband oder sie phasenweise aufmerksamer war als sonst, blieb unklar. Auf das Vorsingen englischsprachiger Volkslieder reagierte Frau Miller meist intensiver, bewegt ihre Hände und Arme und zeigt eine positiv veränderte Mimik. Abhängig waren diese Angebote jedoch in der Regel von der emotionalen Ausgangssituation von Frau Miller. Eine traurige Stimmung konnte durch die erwähnten Angebote auch verstärkt werden. Eine intensive Reaktion auf Personen wurde insbesondere bei den Besuchen der Cousine und des Bruders von Frau Miller deutlich. Es bestand ein regelmäßiger Kontakt zwischen der Teamleitung und dem in England lebenden Bruder, so dass er jederzeit über den gesundheitlichen Zustand seiner Schwester informiert war und Besuche angekündigt wurden und stattfanden. Frau Millers Reaktionen waren eindeutig, wenn ihr Bruder das Zimmer betrat und ihre Freude darüber sehr klar zu erkennen. Auch in der letzten Lebensphase von Frau Miller war der enge Kontakt zwischen Familie und Mitarbeiterinnen und Mitarbeiter immens wichtig, um Frau Miller und ihrer Familie ein Abschiednehmen zu ermöglichen.

In der Angebotsplanung und -gestaltung wurde überwiegend auf Erfahrungswissen von Mitarbeiterinnen und Mitarbeitern zurückgegriffen, die Auskunft darüber geben konnten, womit sich Frau Miller vor ihrer Erkrankung beschäftigt hat. Da sie bereits seit über fünf Jahren im Wohnheim lebte, war hier differenziertes Wissen vorhanden. Dieses Wissen war jedoch überwiegend nicht in schriftlicher Form fixiert und somit nicht für alle Mitarbeiterinnen und Mitarbeiter zugänglich. Das vorherrschende Gefühl bei ihnen war dementsprechend, dass biographisches Wissen nicht in dem Umfang zur Verfügung stehe, wie es wünschenswert/nötig sei, um Frau Miller angemessen unterstützen zu können. Es kann allerdings kaum beurteilt werden, ob ein Mehr an Wissen wirklich eine Verbesserung der Situation mit sich gebracht hätte. Ebenso ist denkbar, dass der Verlust an Handlungsmöglichkeiten, an Verständnis für frühere Aktivitäten und an Interesse bei Frau Miller von Mitarbeiterinnen und Mitarbeiter lediglich so erlebt wird, als fehle der richtige ‚Schlüssel' oder Zugang zu ihr. Dies ist eine Erfahrung, die in ähnlicher Weise auch langjährige Partner, Freunde und Geschwister von demenzkranken Menschen ohne Behinderung machen müssen, obwohl ihr biographisches Wissen sehr umfangreich ist.

Möglicherweise sollte allerdings neben der vorgeschriebenen Dokumentation für nicht sprechende Menschen regelmäßig ein Tagebuch geführt werden, das biographisch Wichtiges wenigstens in Stichpunkten oder als Bildunterschrift in Fotoalben festhält. Für Menschen mit Demenzverdacht sollte biographisch relevantes Wissen etwas systematischer archiviert werden (C. Lindmeier 2013). Selbst wenn viel ausprobiert werden muss, schafft ein Team sich auf diese Weise eine Basis für eine angemessene Alltagsbegleitung. Auch Vorbereitungskurse auf den Ruhestand können Wissen und Material archivieren, das sich bei beginnender Demenz als bedeutsam erweist.

Die intensivsten Reaktionen und auch die größte Freude zeigte Frau Miller, wenn sie bestimmte Personen traf. Sowohl beim Kontakt zu Mitarbeitern, die sie sehr lange kannte und vermutlich erkannte, als auch bei relativ neuen Mitarbeitern konnte sie ihre Freude durch Mimik und Lautieren zeigen. Es liegt nahe, anzunehmen, dass Menschen und Beziehungen ihr

Erinnerungsvermögen am stärksten anregten oder ihrem Kontaktbedürfnis entsprachen.

Die unter ‚körperliche Kompetenz' beschriebene Regulation von Körperkontakt ist zugleich auch als Sozialkompetenz zu betrachten. Neben dem Körperkontakt wurde Frau Miller Orientierung geboten, indem bestimmte Abläufe und Situationen kommentiert wurden. Beispielsweise wurde ihr mitgeteilt, dass es Mittagszeit sei und was es zu Essen gebe. Es war zwar nicht zu erkennen, ob bzw. was sie davon einordnen konnte, Frau Miller konnte allerdings bestimmte Abläufe, die ihr bekannt waren, mitvollziehen: So verfolgte sie gelegentlich die Ankunft des Werkstattbusses vor dem Wohnheim. Sie war in dieser Situation meist sehr aufmerksam und wach, reagierte mit Lachen und bestimmten Lautäußerungen, die sie nutzte, wenn sie sich freute. Viele der ankommenden Mitbewohnerinnen und Mitbewohner reagierten ebenso auf Frau Millers Anwesenheit, begrüßten sie namentlich und durch Berührungen. Während ihres gesamten Lebens im Wohnheim interessierte Frau Miller sich sehr dafür, wer dort ankam und wer ging. Die Mitarbeiterinnen und Mitarbeiter wurden von ihr nach Dienstende stets zum Auto begleitet. Dieses Interesse blieb also weiter präsent, auch als sie ihre eigenständige Mobilität längst verloren hatte.

Insgesamt wurde von nahezu allen Mitarbeiterinnen und Mitarbeitern sehr viel mit ihr gesprochen. Die eigenen Handlungen (z.B. während der Pflege) wurden kommentiert, und es wurde teilweise auf Englisch mit ihr geredet und gesungen, um die in ihrer Kindheit und Jugend genutzte Erstsprache aufzunehmen. Auf ihren eigenen Namen reagierte sie bei angemessener Wachheit mit Zuwendung ihres Blickes und Lautäußerungen.

Ihre eingeschränkte Möglichkeit zur räumlichen Orientierung wurde auch nach dem weitgehenden Verlust der Mobilität unterstützt, indem sie in Begleitung und im Rollstuhl unterschiedliche Räume des Wohnheimes besuchte. Einzelne Bereiche, wie z.B. ihr eigenes Zimmer, das Büro und die Räume der Tagesbetreuung für Seniorinnen und Senioren, schien sie zuordnen zu können. Ansonsten war ihre Aufmerksamkeit sehr schwankend und abhängig vom Wachheitsgrad und der Stärke ihrer Myoklonien. Bei guter Tagesform war sie sehr aufmerksam für Geschehnisse in ihrer Umwelt. Sie forderte die Möglichkeit ein, Situationen beobachten zu können, indem sie beispielsweise zu schreien begann, wenn sie in einem ungünstigen Winkel zu anderen Personen oder für sie interessanten Handlungsorten saß.

Die Mitbewohnerinnen und Mitbewohner von Frau Miller trugen viel dazu bei, dass sie überhaupt die Möglichkeit nutzen konnte, ihre sozialen Kompetenzen weiterhin zu erhalten. Die Aufgabe der Fachkräfte bestand hier darin, dem sozialen Umfeld von Frau Miller zu vermitteln, wie wichtig deren Rolle sei, dass Sarah sich über Besuch weiterhin freue und dass es gut sei, dass auf sie Rücksicht genommen werde, so dass sie bei bestimmten Aktivitäten dabei sein konnte:

> „Besuch durch Mitbewohnerin, Sarah erkennt sie und lacht, ist kurzzeitig sehr viel klarer und antwortet auf Fragen mit ‚Ja'" (Dokumentation, 09.05.2011).

Der Erhalt der Alltagskompetenz erforderte, dass Alltagssituationen, die Frau Miller eine Teilhabe ermöglichten, ständig adaptiert wurden, um ihrem situativen Bedürfnis und ihren tagesformabhängigen Möglichkeiten gerecht zu werden. Dies erforderte Kreativität in der Umsetzung und Umstellungsfähigkeit, die häufig, allerdings nicht immer, vorhanden war. War Frau Miller beispielsweise nicht in der Lage, den Lärm und Trubel während des Kochens im Gruppenraum zu ertragen, so mochte sie aber unter Umständen das Geschehen in ihrem Zimmer bei offener Tür verfolgen – dies immer wieder auszuprobieren, erforderte allerdings eine hohe Aufmerksamkeit, gute Beobachtung und Reflexivität.

Weiterhin wäre es wünschenswert gewesen, nicht nur Frau Millers Reaktionen auf bestimmte Handlungen und Umstände zu dokumentieren, sondern zu versuchen, eine mögliche Ursache für dieses Verhalten ebenso festzuhalten. Zwar sind Ursachen für Schreiattacken, Weinphasen oder positive Verhaltensweisen nicht immer ersichtlich, aber es können bestimmte Umstände beschrieben werden, unter denen diese auftreten, um eventuelle Parallelen abzuleiten. Da Demenz allerdings sehr häufig zu veränderter Wahrnehmung und auch zu Halluzinationen führen kann, ist dies sehr schwierig, denn das innere Erleben ist kaum zu erkennen. Bei Sarah Miller ist es diesem sehr aufmerksamen Team zumindest nicht gelungen, Auslöser für die teilweise langanhaltenden Schreiphasen zu finden. Auch dies gehört zum Umgang mit Demenz: Die immer wieder entstehenden Gefühle von Hilflosigkeit und Machtlosigkeit auszuhalten.

8.5 Abschließende Bemerkungen

Die Darstellung beschäftigt sich nicht allgemein mit dem Thema Demenz, sondern beschreibt biographische Einzelarbeit im Gruppenalltag einer Wohngruppe bzw. Seniorenbetreuung bei Demenz. Im Mittelpunkt steht daher die Darstellung dessen, was unter Berücksichtigung des Kompetenzmodells des Alterns und unter Berücksichtigung einer biographischen Perspektive in der Alltagsbegleitung einer demenzkranken Frau möglich ist.

Fragen der Diagnostik von Demenz, der Anpassung der Umgebung und der Information und Unterstützung der Mitbewohnerinnen und Mitbewohner wurden daher nicht behandelt. Auch Teamentwicklungsprozesse wurde ebenso wenig angesprochen wie die Probleme, in einer Einrichtung der Eingliederungshilfe eine angemessene Eingruppierung in eine dem tatsächliche Personalaufwand entsprechende Hilfebedarfsgruppe zu sichern (dazu Lindmeier/Lubitz 2012, Müller/Wolff 2012, Gusset-Bährer 2012).

Dennoch erbringt die Fallstudie wesentliche Erkenntnisse auch zur Diagnostik von Demenz, insbesondere zu der Annahme eines progredienten Abbaus ohne zeitweilige Phasen der Besserung. Auch die gängige Phaseneinteilung demenzieller Stadien ist vor dem Hintergrund dieser Fallstudie sehr kritisch zu sehen. Eine pauschale Anwendung der an nicht behinderten demenzkranken Menschen gewonnenen, auch in der allgemeinen Demenzforschung auf Grund ihres statischen Charakters zunehmend kritisch gesehenen Phaseneinteilung kann zu einer undifferenzierten, pauschalen Einschätzung des Zustandes und zu einer Nichtberücksichtigung eigener Beobachtungen führen.

Mehr anwendungsbezogenes, an Krankheitsverläufen geistig behinderter Menschen gewonnenes Wissen und eine Einübung angemessener Handlungsweisen könnten dagegen dazu beitragen, dass die räumliche Umwelt und die Reaktionen des sozialen Umfeldes noch besser angepasst werden, dass negative Erfahrungen anders bewertet oder sogar vermieden werden könnten. Beispielsweise sollte vermieden werden, dass die Erfahrung, dass Frau Miller auf Angebote und Ansprache gar nicht reagiert, als der Beginn völliger Teilnahmslosigkeit gedeutet und es entsprechend weniger versucht wird, sie anzusprechen und einzubinden, oder auch, dass ängstliche Reaktionen beantwortet werden, indem man ‚sie in Ruhe lässt': Frau Miller zeigte bspw. bei Lagewechseln während der Pflege deutliche Angstreaktionen, insbesondere wenn sie den Blick von der Bettkante auf den Boden richtete. Wurde im Liegen ihr Gesicht berührt, so reagierte sie ebenfalls mit verzerrter Mimik und wirkte ängstlich. Im Sitzen hingegen konnte sie diese Berührung deutlich besser tolerieren. Diese Reaktionen lassen sich zum einen auf eine veränderte Raumwahrnehmung durch die Demenz zurückführen, zum anderen darauf, dass Berührungen im Liegen u. E. bedrohlicher wirken als im Sitzen, da weniger Ausweichmöglichkeiten bestehen und sie zudem nicht der gewohnten Interaktion entsprechen. Diese Beispiele machen deutlich, dass die demenziellen Symptome in Wechselwirkung mit dem eigenen Handeln als Fachkraft als möglicher Grund für die auftretenden Reaktionen gesehen werden sollten.

9. Herausforderung Demenz Bildungsmaßnahmen für Mitbewohnerinnen und Mitbewohner in Wohnstätten

Heike Lubitz

Menschen mit und ohne eine geistige Behinderung haben ähnliche Vorstellungen davon, wie sie die Lebensphase Alter verbringen möchten. Die meisten Menschen wünschen sich, dass sie auch bei Pflegebedürftigkeit in ihrem Zuhause bleiben können, möchten finanziell abgesichert sein, Freundschaften und Kontakte pflegen oder Unterstützung bei der Freizeitgestaltung oder im Alltag bekommen. Weitere Gemeinsamkeiten gibt es auch in dem Punkt, wie das Altern erlebt oder beeinflusst wird: Während viele auch im höheren Lebensalter gesund und unabhängig bleiben, können bei anderen Personen gesundheitliche, körperliche oder psychische Veränderungen zu einem verstärkten Hilfebedarf führen.

Eine Demenzerkrankung ist nur eine mögliche Erkrankung. Sie ist aber zum einen so häufig, dass es in fast jedem Wohnheim, in dem auch ältere Menschen mit Behinderung leben, einzelne erkrankte Bewohnerinnen und Bewohner gibt; zum anderen führt sie zu typischen Schwierigkeiten im Zusammenleben, insbesondere dann, wenn Einrichtungen versuchen, dem grundsätzlichen Wunsch älterer Menschen nach Konstanz ihrer Wohn- und Lebensbezüge zu entsprechen.

Zu einer biographiesensiblen Begleitung von Menschen mit geistiger Behinderung und Demenz wurden beispielsweise durch Trilling (2013) erste Hinweise gegeben, zudem steht die Begleitung bei Demenz im Mittelpunkt des achten Kapitels. Ebenso wichtig ist allerdings eine Begleitung von Mitbewohnerinnen und Mitbewohnern demenzkranker Menschen, die ihre Irritation über die Verhaltensänderungen und ihre Belastungen ebenso wie ihren Wunsch ernstnimmt, den erkrankten Mitbewohner bzw. die erkrankte Mitbewohnerin zu unterstützen und ihm/ihr die Möglichkeit zu geben, weiter in der Gruppe zu leben. Das hier vorgestellte Kurskonzept vermittelt Wissen und Handlungs- und Bewältigungskompetenzen. Es ist abgestimmt mit einer Fortbildung für Mitarbeiterinnen und Mitarbeiter, damit diese die Mitbewohnerinnen und Mitbewohner in der Umsetzung der neuen Strategien unterstützen können. Im Folgenden wird zunächst allgemein über das Krankheitsbild informiert, im Anschluss daran wird das Kurskonzept vorgestellt (ausführlich Lubitz 2014).

9.1 Demenz und geistige Behinderung

Mit steigendem Lebensalter nimmt das Risiko zu, an einer Demenz zu erkranken. Die Bezeichnungen ‚Demenz' oder ‚dementielles Syndrom' dienen als Oberbegriffe für eine Vielzahl von Erkrankungen, welche unterschiedliche Ursachen und Verläufe haben können. Dies geschieht meistens durch eine direkte Schädigung des Gehirns, zum Beispiel durch Ablagerungen, Schlaganfälle oder Durchblutungsstörungen. Dabei ist die häufigste Form die Demenz vom Typ Alzheimer (DAT). Die körperlich-geistige Leistungsfähigkeit wird davon ebenso betroffen und eingeschränkt wie Denken, Erinnern, Sprechen und Handeln.

Krankheitssymptome treten sowohl je nach Demenzart als auch je nach vorhandener Behinderungsform in unterschiedlicher Form auf. Zu Beginn der Erkrankung sind häufig Beeinträchtigungen in der Orientierungs-, Erinnerungs- oder Sprachfähigkeit zu beobachten. Weitere Demenzzeichen können zum Beispiel Aggressionen, Halluzinationen, ein umgekehrter Schlaf- und Wachrhythmus, körperliche Unruhe, Stereotypien oder sozialer Rückzug sein. Einen besonderen Hinweis kann der Verlust von alltagspraktischen Fähigkeiten darstellen. Menschen mit Down-Syndrom, welche häufiger und früher als Personen mit anderen Formen der geistigen Behinderung von Demenz betroffen scheinen, leiden zudem vermehrt an Gangunsicherheit, Schluckstörungen, Epilepsie oder Depressionen (zusammenfassend Lindmeier/Lubitz 2011a).

9.2 Demenz in Wohneinrichtungen der Eingliederungshilfe

Viele Menschen mit geistiger Behinderung leben in Wohneinrichtungen der Eingliederungshilfe, meist in altersgemischten Wohnformen. In den Wohngruppen sind es in der Regel nur einzelne Menschen, die an Demenz erkranken. Viele Einrichtungen versuchen, die vermehrte Betreuung und Pflege weiterhin im vertrauten Wohnheim zu leisten und die Umgebung an die neuen Bedürfnisse anzupassen. Vereinzelt wird der Aufbau von speziellen Wohngruppen für alternde oder demenziell erkrankte Menschen diskutiert, oder es erfolgt ein Umzug in eine Pflegeeinrichtung der Altenhilfe. Eine wissenschaftlich begründete Aussage, welche Wohn- und Betreuungsform gleichzeitig eine gute Demenzpflege, aber auch Teilhabe und Selbstbestimmung sichert, ist bisher nicht möglich. Jedoch scheint der Verbleib in der vertrauten Umgebung sowie der Kontakt zu bekannten Personen und Strukturen für alle Beteiligten in der Regel die Wunschlösung darzustellen. Diese Wohnform verlangt jedoch zum einen eine Auseinandersetzung mit dem Stresserleben von Mitarbeiterinnen und Mitarbeitern, zum anderen besonders mit den Belastungen von Mitbewohnerinnen und Mitbewohnern, welche sich aus demenzbedingten Verhaltensänderungen oder Störungen im Gruppenalltag ergeben (Lindmeier/Lubitz 2012). Methoden der Demenzbegleitung aus der Altenpflege sind aber nur begrenzt auf die Lebensumstände von alternden Menschen mit geistiger Behinderung und die Situation der Personen im sozialen Umfeld übertragbar. Daher ist es notwendig, für diese Gegebenheiten besondere Unterstützungsangebote zu entwickeln (Lubitz 2013).

Die Veränderungen durch Demenz in Wohneinrichtungen der Eingliederungshilfe sind vielfältig: So sind die Mitarbeitenden häufig durch den zunehmenden Pflege-, Unterstützungs- und Beaufsichtigungsbedarf der erkrankten Person bei gleichbleibenden Personalkapazitäten belastet. Gleichzeitig führen die Unkenntnis über Demenz sowie fehlendes Wissen in Umgang und Begleitung zu einem erhöhten Stresserleben. Auch wird häufig das Umdenken von einer ehemals auf Förderung ausgelegten Tätigkeit hin zu einem liebevollen Begleiten von Demenz- und Abbauprozessen als schwierig und traurig erlebt. Weiterhin müssen zunehmend die Bedürfnisse von demenzerkrankten und anderen Bewohnerinnen und Bewohnern aufgrund von Zeitmangel gegeneinander abgewogen werden, wobei sich häufig alle den Akutbedarfen der Person mit Demenz unterordnen zu haben. Dies führt zu wiederkehrenden Konflikten und Streitigkeiten zwischen den Bewohnern, in denen die Mitarbeiterinnen und Mitarbeiter zusätzlich schlichtend eingreifen müssen.

Obwohl Mitbewohnerinnen und Mitbewohner häufig demenz- oder alterungsbedingte Veränderungen in der Gesundheit und im Verhalten von vertrauten Personen miterleben, wurde ihre Situation und die daraus entstehenden Belastungen bislang wenig beachtet. Mitbewohnerinnen und Mitbewohner nehmen Demenzsymptome durchaus wahr, reagieren aber häufig mit Ärger, Unverständnis oder Ablehnung, wenn sie die Gründe für das Verhalten nicht kennen und annehmen, dass die erkrankte Person mit Absicht stört oder provoziert.

Werden Mitbewohnerinnen und Mitbewohner über Demenzsymptome und einen möglichen Umgang damit informiert, so reagieren sie meist unterstützend und verständnisvoll. Es kommt aber auch darauf an, wie gut die wechselseitige Beziehung vor Erkrankungsbeginn war, wie viel Wissen über Demenz besteht und als wie schwerwiegend das demenzielle Verhalten erlebt wird. So wirken beispielsweise andauernde Schreiphasen, Umherlaufen und Durchsuchen fremder Zimmer, nächtliche Unruhe oder die fehlerhafte Ausübung hauswirtschaftlicher Aufgaben besonders konfliktträchtig. Darüber hinaus beeinflussen Demenzerkrankungen auch die bestehende Tagesstruktur, die Teilnahme an Aktivitäten oder die Zuwendung seitens der Mitarbeiterinnen und Mitarbeiter. Aufgrund der zunehmend nötigen Pflege und Beaufsichtigung der Person mit Demenz sind häufig Ausflüge oder Freizeitaktionen nicht möglich. Die Mitbewohnerinnen und Mitbewohner müssen sich mit ihren Wünschen und eigenen Bedürfnissen an die Bedürfnisse der erkrankten Person und das verknappte Zeitbudget der Mitarbeiterinnen und Mitarbeiter anpassen.

Fortbildungen zu Altern und Demenz für Mitarbeiterinnen und Mitarbeiter führen zu erhöhter Kompetenz, vermehrter Sicherheit im Umgang mit demenziellen Verhaltensweisen und können entlastend auf berufliche Stresserfahrungen wirken. Um aber die Lebenssituation aller Personen in den Wohneinrichtungen positiv zu beeinflussen, müssen sämtliche unmittelbar beteiligten Personen einbezogen werden. Dafür können Informations- und Unterstützungsangebote für Mitbewohnerinnen und Mitbewohner helfen. Während für in der Demenzbetreuung Beschäftigte oder für pflegende Angehörige bereits Möglichkeiten zur Qualifizierung und zum angeleiteten Erfahrungsaustausch bestehen, wurden bisher nur vereinzelt in den USA bzw. in Großbritannien Angebote für Menschen mit geistiger Behinderung als Mitbewohnerinnen und Mitbewohner von erkrankten Personen entwickelt. Obwohl sich diese Angebote sehr in Aufbau, Inhalten und Umfang unterscheiden, wurde deutlich, dass die Vermittlung von Wissen über Demenz zu einem verringerten Belastungserleben, weniger Konflikten und mehr verständnisvollen Reaktionen führt. Auf der Basis dieser Hinweise wurde erstmalig für den deutschsprachigen Raum ein Begleitungskonzept erarbeitet, welches Bildungsangebote für Mitarbeiterinnen und Mitarbeiter, aber besonders für die Mitbewohnerinnen und Mitbewohner von Menschen mit geistiger Behinderung und Demenz beinhaltet.

9.3 Umgang mit demenzbedingten Belastungen – Unterstützung durch Bildung

Bildungsangebote, welche Wissen zum Krankheitsbild der Demenz sowie Umgangs- und Bewältigungsstrategien vermitteln, können in Stresssituationen unterstützend und ausgleichend wirken. Dies gilt gleichermaßen für Mitarbeiterinnen und Mitarbeiter als auch für Bewohnerinnen und Bewohner. Auf der beruflichen Ebene bieten Qualifizierungsmaßnahmen Lernmöglichkeiten für die fachliche und persönliche Weiterentwicklung, führen zu größerer Handlungssicherheit und Arbeitszufriedenheit. Auf der privaten Ebene der Bewohnerinnen und Bewohner können bedarfsangepasste Unterstützungsangebote zu einer Reduktion von Konflikten sowie einem wertschätzenden und verständnisvolleren Umgang mit der demenziell erkrankten Person führen.

Im Rahmen des Projekts „Bildungsmaßnahmen für Mitarbeiter und Mitbewohner von Menschen mit geistiger Behinderung und Demenz in stationären Wohneinrichtungen“ wurden Qualifizierungsangebote für beide Personengruppen erstellt und durchgeführt (Lindmeier/Lubitz 2011a/b, 2012). Die Projektinhalte waren dabei die Erarbeitung von Materialien und Bildungskonzeptionen, die Ermittlung von Beanspruchungs- und Bewältigungsfaktoren von Mitarbeiterinnen und Mitarbeitern und Mitbewohnerinnen und Mitbewohnern sowie deren Unterstützung bei der Entwicklung, Nutzung, Förderung von Kompetenzen und Handlungsstrategien. So sollte eine Stärkung der Lebens- und Arbeitsqualität aller beteiligten Personen erreicht werden. Der Praxisanteil des Projekts fand im Verlauf eines Jahres in drei Wohngruppen in Niedersachsen statt. An mehreren Zeitpunkten wurden mit dem Einsatz von Interviews, Gruppendiskussionen in den Teamsitzungen oder Beobachtungen im Gruppenalltag ermittelt, wie die Beteiligten mit Demenz umgehen, welche Konflikte oder Herausforderungen in der Begleitung entstehen und welche positiven Veränderungen sich durch Bildungsangebote ergeben können.

9.3.1 Qualifizierungsangebote für Mitarbeiterinnen und Mitarbeiter

Die eintägigen Fortbildungen für Mitarbeiterinnen und Mitarbeiter enthielten medizinische und diagnostische Grundlagen zum Krankheitsbild Demenz bei geistiger Behinderung, Vorschläge zur Kommunikations- und Umgangsgestaltung bei Demenz, die Vorstellung einer konkreten Begleitungsmethode sowie Möglichkeiten von Umgebungsgestaltung und Wohnraumanpassung. Um das erworbene Wissen in der Praxis sowie im beruflichen Alltagshandeln zu verankern und zu vertiefen, wurden an drei Zeitpunkten in den Teamsitzungen Gruppendiskussionen durchgeführt. Dort wurde ein inhaltlicher Rahmen geschaffen, um angeleitet über Erfahrungen im Umgang mit Demenz zu diskutieren, an bestehenden Konflikten oder Herausforderungen zu arbeiten, ressourcenorientierte Fallbesprechungen durchzuführen und sich teambezogene Stärken zu verdeutlichen. Die Möglichkeit zur Reflexion der eigenen Arbeits- und Umgangsweisen, aber auch zur Bearbeitung von Herausforderungen in Gegenwart und Zukunft, wurde von den Teams sehr geschätzt.

9.3.2 Das Kurskonzept „Wolken im Kopf?! – Erste Hilfe bei Vergesslichkeit und was wir tun können"

Das Kurskonzept wurde im Rahmen eines wöchentlichen Bildungsangebots für die Mitbewohnerinnen und Mitbewohner von Menschen mit geistiger Behinderung und Demenz durchgeführt. Zwischen vier und sieben Bewohnerinnen und Bewohner nahmen jeweils daran teil, wobei eine Gruppengröße von maximal acht Personen nicht überschritten werden sollte. Die Treffen dauerten zwischen 45 und 120 Minuten.

Ziel des Bildungsangebots war nicht nur die Vermittlung von Informationen zum Krankheitsbild, sondern zum einen durch den Wissenszuwachs ein vermehrtes Verständnis für die Person mit Demenz zu erreichen, zum anderen auch Strategien einzuüben, wie die Mitbewohnerinnen und Mitbewohner auf demenzielles Verhalten reagieren oder mit Krisen und Konflikten im Wohngruppenalltag umgehen können. Grundlegend sollte gemeinsam mit den Teilnehmerinnen und Teilnehmern die Erkenntnis erreicht werden, dass Störungen im Gruppenalltag und demenzielle Verhaltensweisen krankheitsbedingt und nicht aus mut- oder böswilliger Absicht erfolgen.

Für die Durchführung des Bildungsangebots wurde ein Bildungskonzept mit aufeinander aufbauenden ‚Wissensbausteinen' erarbeitet. Diese allgemeinen Lerninhalte wurden anhand von eigens entwickelten Methoden wie z.B. angeleiteten Gesprächskreisen, (Rollen-)Spielen, Materialien sowie praktischen Übungen vermittelt. Die einzelnen Bildungskomponenten wurden flexibel an die individuellen Fähigkeiten der Teilnehmerinnen und Teilnehmer und deren spezielle Bedarfslagen angepasst. So wurde beispielsweise in einer Gruppe im Rollenspiel und Diskussionen vermehrt der Umgang mit Konflikten bei den gemeinsamen Mahlzeiten und abnehmenden Fertigkeiten des erkrankten Mitbewohners im hauswirtschaftlichen Bereich thematisiert, während in einer anderen Gruppe dann die Bewältigung von Schreiphasen im Mittelpunkt stand. Auch wenn die Methoden und Bildungsinhalte je nach thematischem Inhalt wechselten, so wurde doch jedes Gruppentreffen durch wiederkehrende Rituale und Abfolgen strukturiert.

Zu Beginn des Bildungsangebots wurde gemeinsam erarbeitet, was jeder Mensch braucht, um sich im Zuhause wohl zu fühlen, und was im Zusammenleben mit Anderen stört. Damit sollte ein Gefühl von Gemeinsamkeit geschaffen und Interesse für das eigene Wohlbefinden und das der Anderen geweckt werden. Dies wurde in einem weiteren Austausch über Erkrankungen, daraus entstehende emotionale und körperliche Veränderungen und eigene Krankheitserfahrungen vertieft. Es wurde deutlich gemacht, dass Wünsche für das Zuhause und das eigene Wohlfühlen bei gesunden und bei kranken Menschen grundsätzlich gleich sind. Hier wurde auch das erste Mal Vergesslichkeit als Krankheit thematisiert. Darauf aufbauend wurde eine Unterscheidung zwischen „normalem“ und „krankem“ Vergessen geschaffen und mit den Begriffen „Demenz“ bzw. von den Teilnehmern genannten „Alzheimer“ verknüpft. Die grundlegende Vorstellung, dass demenzielle Störungen in der Wohngruppe krankheitsbedingt und nicht mutwillig erfolgen, wurde in diesem Zusammenhang vermittelt.

In den folgenden Treffen wurde dieses Verstehen demenziellen Verhaltens weiter vertieft. Anhand vielfältiger Methoden wurde gemeinsam erarbeitet, was Erinnerungen und das Gedächtnis sind, wofür diese benötigt werden und welcher Zusammenhang zwischen Gedächtnisfunktion und demenzieller Erkrankung besteht. Weiterhin ermöglichten zahlreiche praktische Übungen, sich in die Person mit Demenz und deren Welterleben besser einzufühlen und so ein umfassendes Verständnis für sie zu entwickeln. Auf der Basis dieses empathischen Verstehens wurden verschiedene Umgangsweisen und Strategien überlegt und ausprobiert, wie die Teilnehmer mit Demenz in ihrem Zuhause umgehen können. Diese Bewältigungsmöglichkeiten orientierten sich an den durch die Teilnehmer genannten Veränderungen oder Störungen im Wohngruppenalltag und wurden an die jeweilige Gruppensituation individuell angepasst. Zu den berichteten Belastungen und demenztypischen Verhaltensmustern zählten u.a.

- etwas suchen, aber nicht finden können und dann die Mitbewohnerinnen und Mitbewohner beschuldigen, es gestohlen zu haben oder in deren Zimmern danach suchen;
- vergessen, wie man etwas tut, obwohl man es früher gut konnte, z.B. Haushaltspflichten erledigen, sich anziehen oder alleine auf die Toilette gehen zu können;
- andauerndes und lautes Schreien oder Schimpfen;
- wiederholt das Gleiche erzählen oder fragen.

Die oben genannten Zielvorstellungen und Lerninhalte des Bildungsangebots wurden ebenso wie die erarbeiteten Problemlösungsstrategien im Verlauf des Bildungsangebots wiederholt, regelmäßig wieder aufgegriffen und anhand weiterer Übungen vertieft. Tabelle 3 vermittelt einen Überblick über die jeweiligen thematischen Schwerpunkte der Gruppentreffen sowie der zugehörigen Lerninhalte, Zielvorstellungen und angestrebten Kompetenzen.

Tabelle 3: Inhalt und Struktur des Bildungsangebots für Mitbewohnerinnen und -bewohner (aus Lindmeier/Lubitz 2012, 174)

Thema des jeweiligen Bildungsangebots	**Lerninhalte, Zielvorstellungen, Kompetenzen**
Kennenlernen – Angebotsinhalte vorstellen – Wünsche/Vorstellungen der Teilnehmer erfragen	• Sich als neue Gruppe kennenlernen und Absprachen für das Miteinander treffen • Interesse für sich und andere Bewohner sowie für das eigene Wohlbefinden und das der anderen entwickeln • Das Erarbeiten von Wünschen für das Zusammenleben dient als Vorbereitung für die weiteren Sitzungen; Verständnis und Einfühlungsvermögen für andere Bewohner werden geschult
Krank werden und krank sein – was hilft?	• Interesse für sich und andere Bewohner sowie für das eigene Wohlbefinden und das der anderen entwickeln • Sich über Veränderungen bei Krankheit bewusst werden • Das erste Mal von Vergesslichkeit als Krankheit hören
„Normales" und „krankes" Vergessen: Vergesslichkeit als Krankheit	• Vertraut machen mit Vergesslichkeit als Krankheit • Einführung des Krankheitsbegriffs „Demenz" • Eine erste Vorstellung davon bekommen, dass Veränderungen wegen Demenz krankheitsbedingt und keine böse Absicht sind

Thema des jeweiligen Bildungsangebots	Lerninhalte, Zielvorstellungen, Kompetenzen
Was passiert, wenn man sich nicht mehr gut erinnern kann?	• Eine Vorstellung von Erinnerung und Gedächtnis entwickeln • Verknüpfung von Gedächtnisfunktionen und Krankheitsbild Demenz
Wenn das Gedächtnis durcheinander gerät – was können wir tun?	• Verdeutlichung, dass Demenz eine Erkrankung ist • Verdeutlichung, dass Veränderungen im Verhalten oder den Fähigkeiten keine böse Absicht sind, sondern durch die Demenzerkrankung bedingt sind • Verständnis für jemanden mit Demenz entwickeln • Strategien entwickeln, wie man sich selbst oder anderen helfen kann, wenn man wütend, ängstlich oder traurig ist
Etwas Wichtiges suchen und nicht finden können – Gefühle bei sich und anderen wahrnehmen	• Vertiefung der Inhalte vom letzten Mal durch andere Übungen • Strategien entwickeln, wie man sich selbst oder anderen helfen kann, wenn man wütend, ängstlich oder traurig ist
„Was mache ich, wenn …" – Problemlösungsstrategien	• Erneute Wiederholung und Vertiefung der bereits behandelten Inhalte • Sich über eigene und fremde Gefühle bewusst werden und wie man auf diese reagieren kann • Strategien entwickeln, wie man sich bei Problemen wegen Demenz im Gruppenalltag verhalten könnte
Rückblick – Ausblick – Zertifikatsverleihung	• Sich über das Gelernte bewusst werden • Sich über die erworbenen Strategien/ Problemlösungsfähigkeiten klar werden • Wünsche und Ziele für die Zukunft und das Zusammenleben formulieren • Sich von dieser Gruppe verabschieden

9.4 Vorstellung einer Beispielsitzung – das vierte Kurstreffen

Zur Verdeutlichung der oben beschriebenen Bildungsinhalte und Angebotsstrukturen soll hier das vierte Gruppentreffen zum Thema *„Was passiert, wenn man sich nicht mehr gut erinnern kann"* im genaueren Ablauf vorgestellt werden.

Begrüßungsritual. Jedes Treffen beginnt mit dem Begrüßungsritual. Jede Teilnehmerin und jeder Teilnehmer wird herzlich willkommen geheißen. Mittels einer Kartenabfrage wird wiederholt, was von dem letzten Treffen noch erinnert wird. So wird eine inhaltliche Verbindung zu den vorangegangenen Themen geschaffen und Teilnehmerinnen und Teilnehmer, die das letzte Mal nicht dabei waren, erhalten einen Überblick. In der Expertenmappe, die jeder zu Beginn des Bildungsangebots erhalten hat und in der das neue Wissen kontinuierlich gesammelt wird, werden nun die Arbeitsblätter und Fotos vom letzten Treffen einsortiert.

Gesprächsrunde: Erinnerung und Gedächtnis. Nach einer kurzen Zusammenfassung des letzten Treffens wird durch die Kursleitung vorgestellt, womit sich an diesem Tag beschäftigt werden soll. Es wird erläutert, dass wegen der Krankheit Demenz das Gedächtnis und die Erinnerungen durcheinander geraten. Daher wird gemeinsam überlegt, was das Gedächtnis und Erinnerungen sind, wofür man sie braucht, wo sie zu finden sind oder wobei das Gedächtnis hilft. Diese Möglichkeiten werden anhand von Bildkarten verdeutlicht (Abb. 13). Es wird gemeinsam erarbeitet, dass manche „alten" Erinnerungen schon seit sehr langer Zeit und andere, „neue" Erinnerungen erst seit kurzer Zeit im Gedächtnis sind. So wird eine Vorstellung von Langzeit- und Kurzzeitgedächtnis vermittelt.

Praktische Übung: Die Demenz-Gedächtnisschachtel (M4). Mit der Gedächtnisschachtel wird illustriert, wie man sich den Verlust von Erinnerungen bei Demenz möglicherweise vorstellen kann. Eine solche Übung steht im Mittelpunkt jedes Kurstreffens.

Wie in der Darstellung der Methode angemerkt, führt die Erkenntnis der Auswirkungen der Demenzerkrankung auf das Gedächtnis zu Erschrecken und Bestürzung. Daher sollte auch an das bereits Erarbeitete erinnert werden: Beispielsweise wann man sich wohlfühlt, wie man selbst gern behandelt werden möchte. Von dort ist es nur ein kleiner Schritt zu den Strategien im Umgang mit den Betroffenen, die in den folgenden Wochen erarbeitet werden sollen und hier schon angekündigt werden können: nicht schreien, nicht schlagen, nicht auslachen, denn das macht es schlimmer; sondern zeigen, vormachen und helfen.

Abschlussphase. In der Abschlussrunde wird zum einen eine kurze Zusammenfassung über das neu Gelernte, zum anderen ein Ausblick auf das folgende Kurstreffen in der kommenden Woche gegeben. Im Rahmen einer Feedbackrunde können die Teilnehmerinnen und Teilnehmer mündlich oder mittels Bildkarten mitteilen, was sie am gegenwärtigen Treffen gut oder weniger gut fanden. Im Verabschiedungsritual wird anhand des „Kurskalenders" gezeigt, wie viele Treffen schon vorbei sind und wie viele noch folgen werden. Eine Teilnehmerin oder ein Teilnehmer streicht das aktuelle Treffen im Kalender aus. So wird das Ende der jeweiligen Zusammenkunft verdeutlicht und auf den zeitlichen Verlauf des Bildungsangebots hingewiesen. Besonders dieses Ritual war für die Teilnehmenden von großer Bedeutung, vermittelte Struktur und durch die Vorhersagbarkeit der Abläufe auch Sicherheit.

Materialienbeispiel: Piktogrammkarten. Für die Übung der „Gedächtnisschachtel" wurde eine Vielzahl von Bildkarten verwendet, um die Vielfalt von Erinnerungen sowie die Lang- und Kurzfristigkeit von erinnerten Gedächtnisinhalten zu verdeutlichen. Die Bilder wurden mit dem Programm *Picto-Selector* (www.pictoselector.eu) erstellt. Einige Beispielkarten finden sich im Anschluss. Sie sind auch geeignet, über ‚normales

Vergessen‘ (z. B.: ich habe meinen Schlüssel vergessen) und Vergessen bei Demenz (z. B.: ich habe vergessen, wie man einen Schlüssel benutzt) zu sprechen:

Kurzzeitgedächtnis – neue Erinnerungen

Abb. 13: Piktogrammkarten Kurzzeitgedächtnis

Was habe ich heute gegessen?

Was war gestern los?

Wo ist mein Schlüssel?

Wie war es heute in der WfbM?

Langzeitgedächtnis – alte Erinnerungen

Abb. 14: Piktogrammkarten Langzeitgedächtnis

Wo war ich mal im Urlaub?

Meine Kindheit – meine Familie

Die Namen meiner Freunde

Wie decke ich den Tisch?

9.5 Auswirkungen von Bildungsangeboten

Die Kursziele, nämlich die Vermeidung oder Verringerung von Konflikten und deren Eskalationen durch die Vermittlung von Wissen, Verständnis und alternativen Handlungsmöglichkeiten, konnten umgesetzt werden. Die Kursteilnehmerinnen und -teilnehmer waren konstant motiviert zur Teilnahme und engagiert in der Umsetzung. So entstand ein reger Informationsaustausch zwischen Teilnehmerinnen und Teilnehmer und Mitarbeiterinnen und Mitarbeitern, wobei die Teilnehmerinnen und Teilnehmer in eigenen Worten die Auswirkungen von Demenzerkrankungen erklärten oder darauf hinwiesen, wie zukünftig mit der erkrankten Person umzugehen wäre. Auch boten Kursteilnehmerinnen und -teilnehmer an, mit anderen Bewohnerinnen und Bewohnern, die nicht am Bildungsangebot teilnehmen konnten, ihre Expertenmappen anzuschauen und ihr erworbenes Wissen zu teilen. Sie unterstützten sich zudem gegenseitig bei Konflikten, erinnerten sich an das gelernte Wissen und wirkten beruhigend aufeinander ein. Positive Auswirkungen konnten in allen beteiligten Wohngruppen beobachtet werden, waren aber in Umfang und Intensität abhängig von den kognitiven Fähigkeiten der Teilnehmerinnen und Teilnehmer.

Die Mitarbeiterinnen und Mitarbeiter berichteten nach dem Abschluss des Bewohnerbildungsangebots über die Teilnehmerinnen und Teilnehmer, dass diese ein vertieftes Verständnis für die Erkrankung erworben haben: „Das Verständnis ist da einfach auch schon unheimlich groß" geworden. Weiterhin gestalteten die Bewohner mit vermehrter Empathie den gegenseitigen Umgang und setzten neue Bewältigungs- und Konfliktlösungsstrategien ein. Ein Gruppenleiter erläuterte das zunehmende Verständnis und Sensibilisierung und entdeckte positive Veränderungen, welche die gesamte Wohngruppe betreffen:

> „Wie sensibel die erst mal so mit diesem Thema an sich nicht nur in der Zeit (des Bildungsangebots), sondern grundsätzlich

> auch als Nachwirkung bis jetzt damit umgehen, wie positiv die sich geäußert haben, sich wirklich auch mal Zeit zu nehmen für so ein wichtiges Thema. Ich finde schon, das spürt man auch. Also besonders bei den Teilnehmern gab es da einen Ruck, wo die wacher werden, heller werden auch, speziell zu diesem Thema, aber auch allgemein."

Die Mitarbeiterinnen und Mitarbeiter berichteten aber auch von positiven Auswirkungen für sie als Team und beschrieben das Bildungsangebot als „Volltreffer und nicht nur für die Gruppe." Es wurde als entlastend empfunden, da sie nun bei demenzbedingten Konflikten eine grundlegende Basis hatten, an die sie die Mitbewohnerinnen und Mitbewohner erinnern konnten und so Eskalationen vermeiden konnten. Eine weitere Entlastung wurde durch die grundlegende Schulung der Bewohnerinnen und Bewohner geschaffen, welche sonst aufgrund knapper Personalressourcen nicht möglich gewesen wäre:

> „Das ist jetzt wie ein Geschenk eigentlich, dass das für die Leute aufgearbeitet wurde, und wir im Grunde genommen dann auch entlastet werden an der Stelle."

In den vorangegangenen Aussagen und Ergebnissen wird deutlich, dass der Einbezug der Mitbewohnerinnen und Mitbewohner von demenziell erkrankten Menschen mit geistiger Behinderung in Bildungsangebote unmittelbar positive Auswirkungen auf die Lebensqualität der beteiligten Personen haben kann. Es wird nicht nur die zum Teil belastende Situation der Mitbewohnerinnen und Mitbewohner erkannt und aufgegriffen, auch profitiert die erkrankte Person in ihrer Lebensqualität von einer verringerten Intensität und Frequenz ehemals wiederkehrender Konflikte. Mitarbeiterinnen und Mitarbeiter werden entlastet, da sie weniger schlichtend eingreifen müssen und eine andere Gesprächs- und Argumentationsbasis mit den Bewohnerinnen und Bewohnern gewonnen haben. Ebenso konnte gezeigt werden, dass es auch Menschen mit geistiger Behinderung möglich ist, komplexe theoretische Inhalte zu verstehen, wenn diese anschaulich dargestellt werden und mit eigenen Erlebnissen verknüpft werden.

Bestehende Strukturen von Wohneinrichtungen und Begleitungskonzeptionen von erwachsenen und alternden Menschen mit geistiger Behinderung können durch Bildungsangebote für Mitarbeiterinnen und Mitarbeiter und Mitbewohnerinnen und Mitbewohner erweitert und nachhaltig gestärkt werden. Damit wird es möglich, auftretende Belastungen aller Personengruppen wahrzunehmen und in ihren Einflussbereichen anzuerkennen, während gleichzeitig eine hohe Lebens- und Arbeitsqualität gesichert werden kann.

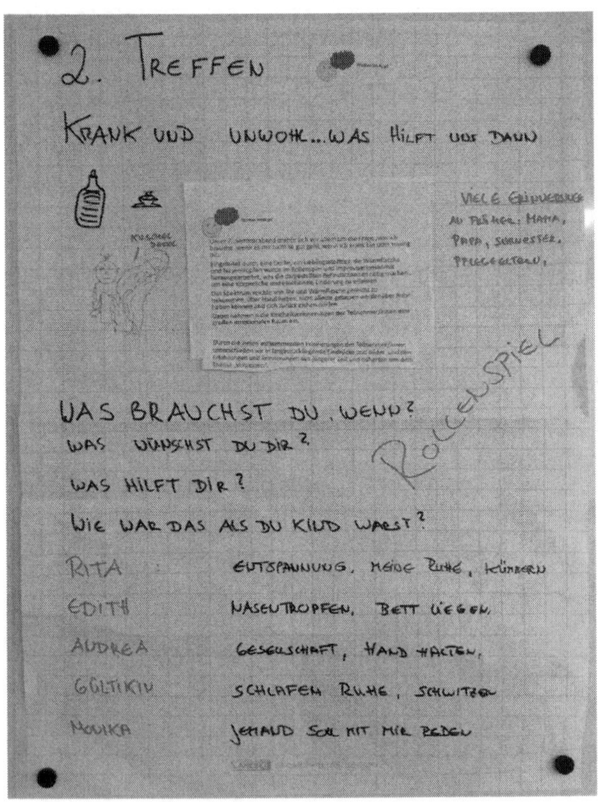

10. Methodensammlung

Diese Methodensammlung enthält eine Auswahl von Methoden der Biographiearbeit, die für die beschriebenen Kurse neu entwickelt und erprobt wurden. Sie ergänzen die Methodensammlung des ersten Bandes, in der das Wecken und Bewahren von Erinnerungen im Mittelpunkt stand. Methoden für Gruppen stehen im Vordergrund, einige können aber auch für biographische Einzelarbeit genutzt werden.

Die folgenden Angaben erleichtern die Auswahl einer passenden Methode:

Sozialform:

- *Einzelarbeit:* Diese Methoden sollten vorzugsweise nur mit einer Teilnehmerin bzw. einem Teilnehmer durchgeführt werden.
- *Kleingruppe:* Diese Methoden können mit Gruppen bis zu vier Personen gut durchgeführt werden.
- *Gruppe:* Diese Methoden können auch mit größeren Teilnehmergruppen bis zu 12 Personen durchgeführt werden.

Zeitrahmen: Hier werden grobe Angaben zum Zeitpunkt des Einsatzes und/oder zur Durchführungsdauer gegeben.

Material: Hier sind die benötigten Materialien aufgeführt.

Vorbereitung: Hier ist aufgeführt, welche Vorarbeiten zur Durchführung der Methoden zu leisten sind.

Durchführung: Hier ist angegeben, wie die Methode durchgeführt wird, wie der Arbeitsverlauf ist.

Beispiel: In einzelnen Fällen werden Beispiele aus unseren Kursen gegeben.

Anmerkung: Unter Anmerkungen ist aufgeführt, für welche Situation sich die Methode besonders anbietet, mit welchen anderen Methoden sie gekoppelt werden kann und welche besonderen Voraussetzungen zur Durchführung zu schaffen sind.

Variationen: Hier werden alternative Durchführungsformen vorgeschlagen.

Räumlichkeiten: Generell sollte Biographiearbeit in Gruppen mit diesen Methoden in einem ausreichend großen, hellen, ruhigen und gemütlichen Raum durchgeführt werden.

Der Raum sollte folgende Möglichkeiten bieten:

- ein Sitzkreis ist realisierbar;
- es sind ausreichend Tische vorhanden, um darauf Arbeiten (z.B. Basteln, Malen) durchzuführen;
- der Raum steht für die Präsentation von Arbeitsergebnissen zur Verfügung;
- ein unkompliziertes Umstellen des Mobiliars ist möglich;
- bei Mehrfachnutzung des Raumes sollte gewährleistet sein, dass es keine Störungen durch andere Mitarbeiterinnen und Mitarbeiter gibt.

Es ist günstig, wenn Materialien und Arbeitsergebnisse in dem Raum belassen werden können, ohne dass die Gefahr besteht, dass etwas abhandenkommt.

Methodenübersicht: Um eine schnelle Auswahl aus der Methodensammlung treffen zu können, wurden alle Methoden unter folgenden drei Kategorien (Gespräch, Aktivität, Dokumentation) systematisiert, wobei einzelne Methoden mehreren Kategorien zugeordnet wurden.

- gesprächsorientierte Methoden:
  - Assoziationsspiel (M2)
  - Bilder vergleichen: früher – heute (M3)
  - Stationen auf dem Lebensweg (M8)

- Talkshow (M9)
- Typisch Mann – typisch Frau? (M11)

- aktivitätsorientierte Methoden:
  - Altersreihe (M1)
  - Demenz-Gedächtnisschachtel (M4)
  - Exkursion (M5)
  - Körperumriss (M6)
  - Torte für den Ruhestand (M10)
- dokumentationsorientierte Methoden:
  - Lebensbaum (M7)
  - Stationen auf dem Lebensweg (M8)
  - Zeitleiste (M12)

Altersreihe (M1)

Sozialform: Gruppe

Zeitrahmen: als Einstieg/10–15 Minuten

Material: ggf. Zahlenstrahl, nicht unbedingt erforderlich

Vorbereitung: sicherstellen, dass genügend Platz vorhanden ist, vor allem für das Rangieren mit Rollstühlen; exakte Geburtsdaten der Teilnehmer einholen

Durchführung: Die Teilnehmerinnen und Teilnehmer bekommen die Aufgabe, sich ihrem Alter nach aufzustellen. Durch diese Aufgabe kommt die Gruppe in Bewegung, zusätzlich müssen sich die Teilnehmenden über ihr Alter austauschen, um die richtige Position zu finden.

Die ‚zahlenkundigen' Teilnehmerinnen und Teilnehmer unterstützen in der Regel durch ‚Navigieren' beim Finden der richtigen Aufstellung.

Es bietet sich an, vertiefende Gespräche anzuschließen. Fragen an den oder die Älteste(n) und den oder die Jüngste(n) können dafür eine gute Anregung sein:

- Wie alt bist du? Wie viele Jahre liegen zwischen euch beiden?
- Wie fühlt es sich an, der/die Jüngste zu sein? Sieh dir an, wie viele Personen älter sind als du. Was haben diese Personen schon erreicht, was du auch noch gerne schaffen würdest? Diese Personen können dir möglicherweise helfen, wenn du Fragen zum Älterwerden hast.
- Wie fühlt es sich an, der/die Älteste zu sein? Würdest du gerne den Platz mit jemandem tauschen? Was ist gut daran, älter zu sein als die anderen? Was hast du schon hinter dir, was den anderen noch bevorsteht? Was können die Jüngeren von dir lernen?

Anmerkung: Manche Teilnehmerinnen und Teilnehmer können ihr eigenes Alter nicht sicher benennen. Damit die Aufgabe für sie nicht zu einer Art Test wird, ist es sinnvoll, wenn die Kursleitenden die genauen Geburtsdaten der Teilnehmerinnen und Teilnehmer vorliegen haben und beim richtigen ‚Navigieren' unterstützen können. Ein Zahlenstrahl, auf dem die jeweiligen Geburtsjahre festgehalten sind, kann ebenfalls hilfreich sein, um die richtige Position in der Reihe zu finden.

Variation: Alternativ oder ergänzend kann auch die Beschäftigungsdauer zum Anlass der Aufstellung genommen werden: Wie lange arbeitet ihr schon in der Werkstatt? Stellt euch in dieser Reihenfolge auf!

Assoziationsspiel (M2)

Sozialform: Gruppe

Dauer: als Einstieg/10 Minuten

Material: geeignete Gegenstände oder Bilder zur Anregung

Durchführung: Das Assoziationsspiel ist eine kurze Methode, die sich für den Einstieg in ein neues Thema oder das Beenden eines Themas eignet: Mit Hilfe unterschiedlicher Materialien werden die Teilnehmerinnen und Teilnehmer angeregt, über ihre Erinnerungen in Bezug auf ein bestimmtes Thema ins Gespräch zu kommen. Dazu werden sie aufgefordert, einen Gegenstand, ein Bild etc. zu wählen, der ihre Erinnerung oder ihre Assoziation mit einem Thema besonders gut abbildet.

Anmerkung: Die Materialien können einem bestimmten Thema zugeordnet sein, z.B. alte Haushaltsgeräte und Geschirr abbilden, oder thematisch offen sein. Auch Bilder aus Büchern lassen sich nutzen, von denen eine hochwertige Kopie gemacht werden kann. Es gibt unzählige Bücher über das Landleben, Kinderspiele, Haushalt, Autos, Urlaub etc. mit dem Schwerpunkt auf den 50er und 60er Jahren. Auch die Festschriften von Einrichtungen lassen sich nutzen, da sie Bilder enthalten, die die Teilnehmerinnen und Teilnehmer zum Teil wiedererkennen.

Bilder vergleichen: früher – heute (M3)

Sozialform: Gruppe, Kleingruppe, Einzelarbeit

Zeitrahmen: Einstieg/Vertiefung, Zeitbedarf variabel

Material: in der Gruppe: Präsentation mit Fotos oder Bildern; in Kleingruppen- oder Einzelarbeit: Fotos, Bilder oder Gegenstände

Vorbereitung: Erstellen einer Präsentation bzw. Zusammenstellen von Fotos bzw. Gegenständen, deren Aussehen oder Bedeutung in den letzten Jahrzehnten einen starken Wandel erlebt haben (z.B. Telefone mit Schnur und Wählscheibe bis hin zu schnurlosen Telefonen und Handys; Schreibmaschinen, Computer, Notebooks und Tablet-PCs, D-Mark und Euro)

Durchführung: In einer Powerpoint-Präsentation werden Orte (z.B. die Werkstatt, der Marktplatz) und Gegenstände (z.B. Schreibmaschine und Computer, alte und neue Automodelle, alte Telefone und Handys) gezeigt, die sich im Laufe der Zeit verändert haben. Kleine Gegenstände können auch mitgebracht werden – z.B. ein Telefon mit Wählscheibe oder alte Münzen aus der D-Mark-Zeit. Besonders die Archiv-Bilder der eigenen Einrichtung regen zu Gesprächen unter den Kursteilnehmerinnen und -teilnehmern an („Was für eine Maschine war das?“) und bringen eigene Erfahrungen in Erinnerung („In der Werkstatt habe ich auch mal gearbeitet“).

Die Methode ist geeignet, von sichtbaren Veränderungen („Ich kann nicht mehr so gut sehen und trage eine Brille.“) ausgehend auch auf weniger sichtbare Veränderungen („Ich kann nicht mehr gut hören.“) zu sprechen zu kommen. Es wird dabei deutlich, dass einige Dinge sich im Leben aller Teilnehmerinnen und Teilnehmer geändert haben („Heute bezahlt man nicht mehr mit der DM, sondern mit dem Euro“). Andere Veränderungen verlaufen jedoch individuell (nicht alle Teilnehmerinnen und Teilnehmer sehen schlechter als früher). Es ergeben sich vielfältige Erzählanregungen und es werden viele Erinnerungen geweckt.

Außerdem bieten sich Anknüpfungsmöglichkeiten für Erklärungen zu Veränderungen im Alter und darauf bezogene Gefühle.

Demenz-Gedächtnisschachtel (M4)

Sozialform: Gruppe

Zeitrahmen: Eine Einheit

Material: Schubladenboxen, Bildkarten, gut haftende, breite, durchsichtige Klebestreifen

Vorbereitung: Diese Methode setzt eine intensive Auseinandersetzung mit Erfahrungen mit an Demenz erkrankten Mitbewohnern und eine erste Annäherung an den Begriff Demenz voraus: Die Teilnehmerinnen und Teilnehmer müssen bereits verstanden haben, dass Demenz eine krankheitsbedingte Form des „sich-nicht-erinnern-könnens“ ist.

Durchführung: Diese Methode dient der Vermittlung des Unterschieds zwischen Lang- und Kurzzeitgedächtnis sowie darauf aufbauend der praktischen Auseinandersetzung mit Veränderungen im Gedächtnis durch demenzielle Erkrankungen.

Zum Einstieg werden die Vielfalt von Erinnerungen sowie die Begriffe Lang- und Kurzzeitgedächtnis eingeführt. Dazu werden Bildkarten verwendet, die die Teilnehmerinnen und Teilnehmer anregen, sich an verschiedenste Dinge zu erinnern (Kapitel 9.4).

Anschließend stellt die Kursleitung eine große Schachtel mit zwei Schubladen vor. Die Schubladen sind mit „Alt“ und „Neu“ gekennzeichnet. Es wird erklärt, dass man sich das Gedächtnis als großes Behältnis vorstellen kann, in dem alle Erinnerungen abgelegt sind. Es wird gemeinsam überlegt, welche Bildkarten/Antworten aus der Gesprächsrunde „alte“ und „neue“ Erinnerungen sind. Diese werden den jeweiligen Schubladen zugeordnet. Nun werden verschiedene Aktionen mit der Schachtel durchgeführt um zu verdeutlichen was im Kopf/Gedächtnis passiert, wenn Demenz die Erinnerungen durcheinander bringt.

- Die Ordnung der in der Schachtel abgelegten Erinnerungen wird durch das gemeinsame Schütteln der Schachtel durcheinander gebracht.
- Die Schublade mit den neuen Erinnerungen wird bei umgedrehter Schachtel geöffnet. Die neuen Erinnerungen fallen heraus. Dann wird die Schublade mit den alten Erinnerungen geöffnet, so dass auch sie herausfallen. So wird gezeigt, dass erst das Kurzzeitgedächtnis und später dann das Langzeitgedächtnis von Demenz beeinträchtigt werden.

- Die Karten werden wieder einsortiert und es wird besprochen, dass man sich das Vergessen auch anders vorstellen kann: Die Schublade mit den neuen Erinnerungen wird zugeklebt und die Teilnehmerinnen und Teilnehmer werden gebeten, an ihre Erinnerungen heranzukommen. Dies gelingt nicht. So wird verdeutlicht, dass man bei Demenz seine Erinnerungen nicht wiederfindet, auch wenn man sich sehr bemüht und obwohl sie eigentlich noch vorhanden sein müssten.

Anmerkung: Die Veranschaulichung auf Handlungsebene zeigt sehr deutlich, was Demenz für die betroffenen Menschen bedeutet. Der Erkenntnisprozess bei den Teilnehmerinnen und Teilnehmern ist vielfach durch große Bestürzung gekennzeichnet. Es sollte daher genug Zeit zur Verfügung stehen, diese Gefühle zu bearbeiten.

Exkursion (M5)

Sozialform: Gruppe, Kleingruppe, Einzelarbeit

Zeitrahmen: eine (längere) Einheit

Material: ggf. Fahrzeug bzw. ÖPNV

Vorbereitung: Vorbereitung des Termins und Entwicklung von Fragen, Absprache mit Mitarbeiterinnen und Mitarbeiter des besuchten Angebots, Fahrzeugbuchung oder Fahrplan ÖPNV

Durchführung: Die Exkursion ist eine sehr flexibel einsetzbare Methode, mit der Teilnehmerinnen und Teilnehmer neue Anlaufstellen oder Orte, die für ihr weiteres Leben von Bedeutung sein könnten, begleitet kennenlernen können. Natürlich kann eine Exkursion auch zu biographisch bedeutsamen Orten führen, an denen ein_e Teilnehmer_in den anderen Teilnehmerinnen und Teilnehmern etwas über die Bedeutung des Ortes für sein/ihr Leben berichtet.

Eine solche Exkursion muss sorgfältig mit den Teilnehmerinnen und Teilnehmern vorbereitet werden: Dazu gehört nicht nur, sie über Zeit und Ziel der Exkursion in Kenntnis zu setzen, sondern vor allem auch, mit ihnen das jeweilige Interesse zu klären und Fragen an die Mitarbeiterinnen und Mitarbeiter bzw. Nutzerinnen und Nutzer zu formulieren und darauf zu achten, dass diese während des Besuches auch gestellt werden.

Beispiel: Während eines Kurses zur Vorbereitung auf den Ruhestand wurden zwei Exkursionen unternommen, um den Teilnehmerinnen und Teilnehmern Möglichkeiten der Unterstützung im Ruhestand zu vermitteln. Zuerst wurde eine Seniorenbetreuung und das angrenzende Wohnheim besucht, in der darauf folgenden Woche eine Wohngruppe und der Nachbarschaftstreff in einem benachbarten Ort. Der Nachbarschaftstreff ist ein Begegnungsangebot für Klientinnen und Klienten der ambulanten Assistenz. Beide Orte liegen im ländlichen Einzugsbereich der WfbM, in der der Kurs stattfand.

Die Besuche führten den Teilnehmerinnen und Teilnehmern ganz konkrete, greifbare Unterstützungsangebote vor Augen. Besonders hilfreich war es, dass bei beiden Exkursionen Kursteilnehmerinnen und -teilnehmer dabei waren, die selbst die Unterstützungsangebote nutzen bzw. in der Einrichtung leben. So konnten die Nutzerinnen und Nutzer aus erster Hand den anderen Kursteilnehmerinnen und -teilnehmern berichten.

Besonders ein Teilnehmer profitierte von den beiden Exkursionen: Er wohnte zusammen mit seinen Eltern und seiner Schwester in einem Mehrfamilienhaus. Seine Schwester wollte ausziehen und seine Eltern waren zwischen 76 bzw. 80 Jahre alt. Der Teilnehmer war sich bewusst, dass es sein könnte, dass sie bald „nicht mehr so gut können“ und dass er Unterstützung benötigt. Für diesen Fall dachte er intensiv über eine alternative Wohnform nach und freute sich, im Rahmen des

Kurses Unterstützung dabei zu bekommen. Die Exkursionen waren ideal für ihn, um eine konkrete Vorstellung über verschiedene Wohnformen und Unterstützungsangebote zu bekommen. Er zeigte sich erstaunt, wie „schön“ und „groß“ die Einrichtungen seien. Er sagte nach beiden Exkursionen deutlich, dass er sich vorstellen könne, in eine ähnliche Einrichtung einzuziehen.

Das Kennenlernen anderer Angebote des Wohnens mit Unterstützung ermöglichte es allen Teilnehmerinnen und Teilnehmern, ihre eigene Wohnsituation zu reflektieren.

Anmerkungen: Der Besuch eines Angebots für Seniorinnen und Senioren, das im Idealfall auch frühere Arbeitskolleg_innen in Anspruch nehmen, hilft, sich vorzustellen, wie die freie Zeit gestaltet werden kann. Wenn Angebote der Seniorenbetreuung in räumlicher Nähe zu einer Wohneinrichtung liegen, kann auch das Wohnheim besucht werden.

Es ist hilfreich, den Besuch eng mit den Mitarbeiterinnen und Mitarbeitern der besuchten Einrichtungen abzustimmen, bzw. Nutzerinnen und Nutzer zu motivieren, die Führung durch das Haus selbst vorzunehmen. Sie sind Experten für das jeweilige Angebot und können so gute Gesprächspartner für die Teilnehmerinnen und Teilnehmer sein.

Variation: Je nach Lebenssituation der Teilnehmerinnen und Teilnehmer sind verschiedene weitere Exkursionen denkbar, wie im Beispiel beschrieben: In jedem Kurs gibt es Teilnehmerinnen und Teilnehmer, die noch im Elternhaus leben und die sich in unterschiedlichem Maße bewusst sind, dass ihre Lebenssituation sich in der Zukunft verändern wird. Besonders sie profitieren von Angeboten, die ihnen unterschiedliche Beispiele vor Augen führen. Für Einzelne von ihnen bietet sich eine Nachbereitung in Einzelgesprächen durch Mitarbeiterinnen und Mitarbeiter des Sozialdienstes an.

Es können auch Angebote für alte Menschen ohne Behinderung besucht werden. Dies sollte nach unseren Erfahrungen eher in Kleingruppen oder mit Einzelnen geschehen, die sich eine Nutzung tatsächlich vorstellen können, und bei denen entsprechende Hobbys und Interessen (z. B. zur Teilnahme an einem Handarbeitskreis oder einem Angebot zum Gedächtnistraining) und alltagspraktische Selbständigkeit (Orientierung, Grundversorgung) vorhanden sind.

Körperumriss (M6)

Sozialform: Gruppe

Zeitrahmen: eine Einheit

Material: Packpapier, Bleistifte, dicke Filzstifte, Bildkarten (z. B. Lebensstil- und Wunschkarten aus Emrich/Gromann& Niehoff 2006 oder „Ich-kann"-Karten der Hamburger Arbeitsassistenz 2007)

Durchführung: Mit Hilfe der Methode setzten sich die Teilnehmerinnen und Teilnehmer mit ihren individuellen Vorlieben, Stärken und besonderen Charakterzügen auseinander. Ziel ist es, die eigenen Körperumrisse mit entsprechenden Bildern zu füllen.

Für das Erstellen eines Körperumrisses werden entsprechend große Abschnitte Packpapier an die Wand geklebt. Die Teilnehmerinnen und Teilnehmer werden gebeten, sich einzeln vor die noch leeren Packpapier-Streifen zu stellen. Die Kursleitung zeichnet dann mit einem Bleistift die Körperumrisse der Teilnehmerinnen und Teilnehmer nach.

Im nächsten Schritt erhalten die Teilnehmerinnen und Teilnehmer Stifte, die sich für das Ausmalen großer Flächen eignen (beispielsweise Wachsmaler oder dicke Bunt- oder Filzstifte) und werden angeregt, ihren Körperumriss auszumalen und dabei auf die eigenen unveränderlichen Kennzeichen und Besonderheiten zu achten (Augenfarbe, Haarfarbe, Frisur, Kleidung, Schmuck etc.).

Zuletzt kommt die Gruppe wieder zusammen und die Kursleitung verteilt eine Auswahl an Bildkarten zur Auseinandersetzung mit den eigenen Fähigkeiten und Vorlieben. Passende Abbildungen werden markiert und später ausgeschnitten und auf den Körperumriss geklebt.

Anmerkungen: Eine zu große Anzahl an Bildkarten wirkt sich häufig nachteilig auf die Motivation der Teilnehmerinnen und Teilnehmer aus. Wir empfehlen der Kursleitung daher, im Vorfeld eine übersichtliche Auswahl zu treffen und dem Kurs anzubieten. Eigenschaften, die dann noch fehlen, können individuell ergänzt werden.

Als Aufwärm-Übung für diese Methode kann auf die weiter unten beschriebene Methode „Typisch Mann – typisch Frau?" (M11) zurückgegriffen werden.

Lebensbaum (M7)

Sozialform: Einzelarbeit

Zeitrahmen: eine Einheit

Material: Vordruck „Lebensbaum" auf Postergröße, ggf. Fotokamera

Vorbereitung: Ausgefüllte Arbeitsblätter „Wichtige Personen in meinem Leben" (Osnabrücker Werkstätten gGmbH 2014), ein Foto vom Teilnehmer, ggf. Fotos von wichtigen Menschen

Durchführung: Der Lebensbaum dient der Dokumentation persönlicher Netzwerke. Die Teilnehmerinnen und Teilnehmer erhalten zunächst ein Foto von sich selbst und werden gebeten, dieses in die Mitte des Lebensbaumes zu kleben. Anschließend werden sie motiviert, über die ihnen wichtigen Menschen nachzudenken, ggf. kann das Arbeitsblatt „Wichtige Personen in meinem Leben“ hervorgeholt werden. Die Namen der wichtigen Menschen werden dann um das eigene Foto herum notiert. Dabei können die Teilnehmerinnen und Teilnehmer entscheiden, wer an welcher Stelle stehen soll, wie nah die jeweiligen Personen ihnen stehen. Anschließend werden die Namen um entsprechende Fotos ergänzt. Diese müssen ggf. im Kontext dieser Methode noch gemacht werden.

Anmerkung: Zur Einstimmung in die Arbeit mit dem Lebensbaum eignet sich ein Gruppengespräch über Menschen, die einem wichtig sind (auch Kapitel 6.3.2).

Variation: Natürlich können die Teilnehmerinnen und Teilnehmer auch motiviert werden, einsteigend ihren eigenen Lebensbaum zu zeichnen, der Zeitbedarf für diese Methode muss dann allerdings angepasst werden.

Die Methode kann bei Bedarf ausgeweitet werden um die Themen „Was gibt mir Halt?“, „Wonach strecke ich mich aus?“, „Was mögen andere an mir?“. Dazu werden die Teilnehmerinnen und Teilnehmer aufgefordert, am noch nicht ausgefüllten Vordruck des Lebensbaumes zu beschreiben, welche Dinge wichtig oder typisch für einen Baum sind. Zum Beispiel:

- Ein Baum steht auf einem Boden, aus dem er wichtige Nährstoffe zieht, die er jeden Tag zum Leben braucht;
- Bäume tragen Früchte, darum sind sie sehr nützlich;
- Ein Baum streckt sich nach der Sonne aus, er wächst ihr entgegen.

Diese Beschreibung übertragen die Teilnehmerinnen und Teilnehmer, ggf. mit Unterstützung, auf ihr Leben:

- Der Boden: Was ist für mich jeden Tag wichtig, damit es mir gut geht? Welche besonderen Vorlieben habe ich?
- Die Früchte des Baumes: Was mögen andere an mir? Was sind meine Stärken?

- Die Sonne: Nach welchen Zielen strecke ich mich aus? Was möchte ich noch erreichen?

Die Antworten auf die Fragen werden auf dem Lebensbaum an den entsprechenden Stellen notiert und mit Bildern bzw. Fotos ergänzt.

Stationen auf dem Lebensweg (M8)

Sozialform: Gruppe

Zeitrahmen: 30–45 min

Material: Bilder einer Person in unterschiedlichen Altersstufen (Säugling, Kleinkind, Kind, Jugendlicher, Erwachsener, älterer Erwachsener (deutlich über Rentenalter), Friedhof; Piktogramme Kindergarten, Schule, Ausbildung/Berufsbildungsbereich, Arbeitsleben, Hochzeit, Familie mit Kind, Betriebsjubiläum, Ruhestand

Durchführung: Diese Methode dient der Auseinandersetzung mit typischen Stationen im Lebenslauf. Dazu werden die Teilnehmerinnen und Teilnehmer zunächst aufgefordert, Bilder einer Person in unterschiedlichen Altersstufen in die richtige Reihenfolge zu bringen. Die Bilder sollten mindestens in DINA4 vorliegen. Daran schließt sich eine Unterhaltung über die für das jeweilige Lebensalter klassischen Ereignisse an (Kindergarten, Einschulung, Ausbildungsbeginn, erste berufliche Anstellung, Heirat, Kinder, Rentenalter …). Hierfür sollten ebenfalls ausreichend Piktogramme in angemessener Größe vorliegen (Abb. 11). Die Teilnehmerinnen und Teilnehmer können diese Bilder dann unter der Abbildung der Person im entsprechenden Lebensalter anbringen.

Anmerkung: Für diese Aufgabe eignen sich gedruckte Bilder besser als Fotos bekannter Personen: Sie ermöglichen eine größere Distanz und Abstrahierung.

Da gerade die heute älteren Menschen mit Behinderung häufig in Bezug auf die klassischen Stationen im Lebenslauf benachteiligt waren, ist diese Aufgabe mit einer besonderen Sensibilität zu begleiten: Themen wie „Hochzeit“ oder die Geburt von eigenen Kindern legen möglicherweise eine Kleingruppenarbeit nahe, in denen intensiver eigene Erfahrungen mit der Verantwortung für Kinder oder mit Verliebtsein und Partnerschaft reflektiert werden.

Im Anschluss an diese Methode eignet sich die Erstellung einer Zeitleiste (M12).

Talkshow (M9)

Sozialform: Gruppe

Zeitrahmen: eine Einheit

Vorbereitung: Einladung von Experten (z. B. Fachkräfte, Seniorinnen und Senioren), Vorgespräch/Absprachen zum Inhalt der Talkshow mit ihnen; Vorbereitung auf konkrete Fragen (z. B. nach der Rentenhöhe einzelner Teilnehmerinnen und Teilnehmer)

Durchführung: Mit Hilfe dieser Methode können Teilnehmerinnen und Teilnehmern unterschiedliche Inhalte unterhaltsam vermittelt werden. Das Expertengespräch, das Teil der Methode ist, ist dabei an das Format von Fernseh-Talkshows angelegt. Wichtig dabei sind mehrere Interviewpartnerinnen und -partner, die in der Lage sind, ggf. auch schwierige Inhalte verständlich und auf das Wesentliche reduziert zu beschreiben. Darüber hinaus ist es hilfreich, wenn diese auch nach der Talkshow noch als Gesprächspartner für die Teilnehmerinnen und Teilnehmer zur Verfügung stehen.

Einige Fragen, die möglicherweise für die Talkshow geeignet sind:

- Was ist Rente bzw. Ruhestand?
- Ab wann *kann* ich in den Ruhestand gehen?
- Ab wann *muss* ich in den Ruhestand gehen?
- Wie alt sind die Experten?
- Wie alt waren Sie, als Sie in den Ruhestand gegangen sind?
- Können Sie sich noch erinnern, wie Sie sich gefühlt haben, als Sie Rentner wurden? Welche Sorgen hatten Sie? Und gab es etwas, auf das Sie sich gefreut haben?
- Wie verbringen Sie Ihre Zeit als Rentner?
- Gibt es neue Aufgaben, die Sie übernehmen, seit Sie nicht mehr arbeiten?
- Kennen Sie Angebote für Seniorinnen und Senioren? Nutzen Sie sie? Gefallen sie Ihnen?
- Nutzen Sie weitere Angebote, von Vereinen, der Kirche …?
- Besuchen Sie noch manchmal die Werkstatt, in der Sie gearbeitet haben?
- Haben Sie noch Kontakt zu Ihren ehemaligen Kolleginnen und Kollegen?
- Vermissen Sie manchmal die Werkstatt? Wenn ja, gibt es etwas Bestimmtes, das Sie vermissen?
- Was gefällt Ihnen besonders gut daran, Rentner zu sein?
- Welchen Tipp haben Sie für ältere Beschäftigte, die bald in den Ruhestand gehen?
- Sind Sie zufrieden mit der Höhe Ihrer Rente?
- Wie hoch wird meine Rente/mein Barbetrag sein?

Beispiel: Die Teilnehmerinnen und Teilnehmer eines Kurses zur Vorbereitung auf den Ruhestand erhalten mit Hilfe dieser Methode Informationen über den bevorstehenden Ruhestand (z. B. Rentenalter, Rentenhöhe, Selbstbehalt/Barbetrag im Wohnheim). Talkgäste sind ein Mitarbeiter aus dem Sozialdienst der Werkstatt sowie zwei bereits berentete ehemalige

Beschäftigte des Werkstattstandorts, an dem auch die Kursteilnehmerinnen und -teilnehmer arbeiten.

Der Sozialdienst-Mitarbeiter ist in der Talkshow der Experte für Fragen rund um die Rente. Die ergänzenden Erfahrungsberichte von zwei Rentnern vermitteln eine Vorstellung darüber, wie andere Menschen mit Behinderung ihr Leben im Ruhestand verbringen.

Die drei Gäste nehmen zusammen mit der Moderatorin auf einem „Podium“ Platz. Die Teilnehmerinnen und Teilnehmer sitzen in einer Reihe davor: Damit erinnert die Situation an Fernseh-Talkshows.

Teilnehmerinnen und Teilnehmer und Moderatorin können den Gästen Fragen stellen, die Moderatorin muss allerdings so vorbereitet sein, dass sie früher aufgetauchte Fragen einbringt oder ermuntert, sie zu stellen.

Die Rentner berichten über ihre aktuelle Lebenssituation, auch über die Phase vor dem Ruhestand und den Übergang. Sie erzählen von ihren selbst organisierten Aktivitäten und von ihrer finanziellen Situation.

Der Mitarbeiter aus dem Sozialdienst wird zu den Rahmenbedingungen zum Thema Rente interviewt und nimmt auch zu konkreten Fragen zur eigenen Situation Stellung.

Die Talkshow ist für die als ‚Experten‘ eingeladenen Rentner ein besonderes Erlebnis. Sie genießen es, befragt zu werden und ihre Erfahrungen weiter zu geben.

Anmerkung: Wir empfehlen, mindestens zwei Gäste einzuladen, die aus unterschiedlichen Perspektiven über das Thema erzählen können. Den Teilnehmerinnen und Teilnehmer werden auf diese Weise unterschiedliche Modelle und Eindrücke zum jeweiligen Thema präsentiert. Darüber hinaus fühlen sich die Experten zu zweit möglicherweise wohler.

Die im Vorfeld mit den Teilnehmerinnen und Teilnehmern gesammelten Fragen sollten frühzeitig den jeweiligen Interviewpartnern mitgeteilt werden. Gegebenenfalls müssen die Gäste auch persönlich auf den Besuch vorbereitet werden.

Torte für den Ruhestand (M10)

Sozialform: Kleingruppe, Einzelarbeit

Zeitrahmen: nach der Auseinandersetzung mit Tages-/Wochenplänen/eine Einheit

Material: Piktogramme, Stifte, Papier, Tonpapier/Karton, Klebstoff

Vorbereitung: Anfertigung des Kreises, der Tortenstücke, Vorbereiten der Piktogramme mit Freizeitaktivitäten sowie des Piktogramms „Arbeitsleben"

Durchführung: Auf einem Kreis aus Karton werden insgesamt sieben ‚Tortenstücke' aus Karton mit Büroklammern so befestigt, dass sie abgenommen werden können. Die Tortenstücke symbolisieren die Wochentage. Zur einfacheren Übersicht werden zwei farblich anders markiert, sie stellen das Wochenende dar. Die Teilnehmerinnen und Teilnehmer kleben Piktogramme von festen Freizeitaktivitäten oder Verpflichtungen auf die jeweiligen Wochentage auf. Zusätzlich wird mit einer Büroklammer auf den Tagen Montag bis Freitag das Piktogramm „Arbeitsleben" befestigt (bzw. an den Tagen, an denen die Teilnehmerinnen und Teilnehmer arbeiten). Da diese Aktivität zeitlich einen deutlich größeren Teil des Tages einnimmt als die Freizeitaktivitäten, ist dieses Piktogramm entsprechend größer gewählt als die anderen. Indem sie das große Piktogramm „Arbeitsleben" von den einzelnen Tortenstücken abnehmen, führen sie sich vor Augen, wie viel Zeit sie im Ruhestand neu gestalten müssen bzw. können. Mit Blick auf bereits erarbeitete Materialien (zum Beispiel zum Wochenplan oder Wünsche für die Zukunft) füllen die Teilnehmerinnen und Teilnehmer die Leerstelle mit alternativen Beschäftigungen wieder auf.

Anmerkung: Wenn die Werkstattbilder entfernt werden, kann man teilweise sehr erstaunte und ängstliche Blicke bei den

Teilnehmerinnen und Teilnehmern beobachten, da ihnen diese Methode sehr deutlich vor Augen führt, dass mit dem Ende der Werkstatttätigkeit ein Großteil ihrer Aktivitäten wegfällt. Dadurch, dass sie ihre leeren Tortenstücke anschließend mit ihren individuellen Interessen und Freizeitaktivitäten wieder füllen, bleibt am Ende der Übung aber das gute Gefühl, dass es vielfältigen Betätigungsmöglichkeiten außerhalb der Werkstatt gibt, mit der man seine freie Zeit füllen kann. Für die Gestaltung der Tortenstücke ist es allerdings notwendig, über ausreichend Ideen für die Freizeitgestaltung im Ruhestand zu verfügen. Insofern empfehlen wir, die Methode erst anzubieten, wenn die Teilnehmerinnen und Teilnehmer sich bereits mit Hobbys und Tagesabläufen auseinandergesetzt haben und individuelle Alternativen zur Werkstatttätigkeit vorhanden sind.

Typisch Mann – typisch Frau? (M11)

Sozialform: Gruppe

Zeitrahmen: 30 min

Material: Gegenstände, die als ‚typisch männlich' bzw. ‚typisch weiblich' zugeordnet werden können, Abbildungen von einer Frau und von einem Mann

Durchführung: Die Teilnehmerinnen und Teilnehmer sitzen in einem Halbkreis vor einem Tisch. Die Kursleitung befindet sich auf der anderen Seite des Tisches und trennt den Tisch mit Hilfe der Abbildungen von einem Mann und einer Frau in zwei Hälften: eine männliche und eine weibliche.

Als nächstes präsentiert sie unterschiedliche Gegenstände, die die Teilnehmerinnen und Teilnehmer als ‚typisch männlich' oder ‚typisch weiblich' bewerten und auf der entsprechenden Hälfte des Tisches platzieren sollen.

Bewährt haben sich dabei u. a.:

- Bikini
- Badehose
- Grillzange
- Schürze
- Fußball
- Lippenstift

Wenn alle Gegenstände zugeordnet sind, werden die Teilnehmer angeregt, zu entscheiden, welche dieser Gegenstände Fähigkeiten oder Hobbys repräsentieren, die zu ihnen passen. Diese können dann verwendet werden, um die Themen ‚Stärken' oder ‚Vorlieben' zu vertiefen.

Anmerkungen: In erster Linie geht es in dieser Methode nicht um eine kritische Auseinandersetzung mit vorhandenen Rollenbildern, auch wenn diese nicht unerwünscht ist. Im Vordergrund steht aber zunächst die Frage, mit welchen Aktivitäten sich die Teilnehmerinnen und Teilnehmer selbst identifizieren können.

Diese Methode eignet sich gut als Vorbereitung für die Arbeit mit dem Körperumriss (M7).

Zeitleiste (M12)

Sozialform: Einzelarbeit

Zeitrahmen: zwei bis drei Einheiten

Material: drei Bögen weißer Tonkarton pro Teilnehmer, Gewebeband, Piktogramme von Menschen in unterschiedlichen Altersstufen sowie Piktogramme zur Dokumentation lebenslaufbezogener Ereignisse und anderer wichtiger Erinnerungen

Vorbereitung: Erstellen der Grundstruktur der Zeitleisten, Eintragen der Lebensjahre

Durchführung: Die Zeitleiste dient der Abbildung der Erinnerungen und Erfahrungen der Teilnehmerinnen und Teilnehmer (auf dem ersten und zweiten Drittel der Zeitleiste) sowie ihrer Zukunftswünsche (letztes Drittel). Dazu muss die Kursleitung zunächst für jede Teilnehmerin und jeden Teilnehmer eine Zeitleiste vorbereiten: Als erstes werden drei Bögen Tonkarton jeweils entlang der kurzen Seite mit Gewebeband rückseitig aneinandergeklebt. Anschließend wird entlang der langen Seite der Zeitleiste etwa auf Höhe des unteren Drittels mit Bleistift eine Linie über das erste und zweite Drittel der Zeitleiste gezogen – diese Linie symbolisiert die bisherige Lebenszeit des Teilnehmers bzw. der Teilnehmerin. Für eine bessere Orientierung tragen die Kursleiter dann die Lebensjahre desjenigen Teilnehmers bzw. derjenigen Teilnehmerin auf dieser Linie ein, anschließend werden die Lebensjahre beschriftet. Das letzte Drittel der Zeitleiste, das die Zukunft repräsentiert, bleibt unbeschriftet.

Die vorbereiteten Zeitleisten können dann im Kurs an die Teilnehmerinnen und Teilnehmer ausgegeben werden. Es empfiehlt sich, zunächst Bilder von Menschen unterschiedlichen Alters unterhalb der Lebenslinie anzubringen, um den Teilnehmerinnen und Teilnehmern ein Gefühl für die jeweiligen

Altersstufen zu vermitteln. Falls es passende Fotos von den Teilnehmerinnen und Teilnehmern gibt, sollten diese auf jeden Fall ergänzt werden, die Identifikation mit der entsprechenden Altersstufe wird dadurch erheblich erleichtert. In einem weiteren Schritt können dann Bilder von bestimmten (normativen und non-normativen) Lebensereignissen ergänzt werden.

Bevor die Teilnehmerinnen und Teilnehmer zuletzt angeregt werden, auch den Abschnitt mit den zukünftigen Wünschen zu füllen, ist es hilfreich, wieder in der Gruppe zusammenzukommen und sich die bis zur Gegenwart fertiggestellten Zeitleisten gegenseitig vorzustellen.[7]

Anmerkungen: Da die Erstellung und Beschriftung der Zeitleisten Zeit in Anspruch nimmt und von den Kursleitenden ein gewisses Maß an Konzentration erfordert, empfehlen wir dringend, die Zeitleisten im Vorfeld der Einheit zu erstellen.

Häufig sind die Teilnehmer bezüglich der genauen Daten beispielsweise ihrer Werkstattzeiten unsicher. U.E. kommt es bei der Arbeit mit den Zeitleisten nicht so sehr auf die vollständige und korrekte Chronologie der Ereignisse an, wichtig ist vor allem, dass die Erinnerungen, die der Teilnehmer bzw. die Teilnehmerin äußert, dokumentiert werden. Dennoch freuen sich viele Teilnehmerinnen und Teilnehmer, wenn sie beispielsweise bezüglich ihrer Werkstattzeiten genaue Jahre benennen können. Dazu ist ein Blick in das Dokumentationssystem der jeweiligen Werkstatt hilfreich, in dem für gewöhnlich diese Zeiten sehr genau festgehalten sind.

Die Arbeit mit den Zeitleisten lässt sich hervorragend mit der Methode „Stationen auf dem Lebensweg“ (M9) kombinieren.

---

7 Zur Auseinandersetzung mit Zukunftswünschen in diesem Kontext siehe auch Kapitel 6.3.2 in diesem Buch.

Literatur

Ackermann, Karl-Ernst/Amelung, Mathis (2009): Gutachten zur Situation der Erwachsenenbildung von Menschen mit Behinderung in Berlin. Im Internet unter https://www.berlin.de/imperia/md/content/volkshochschulen/pdf-dateien/gutachten_zur_situation_der_erwachsenenbildung_von_menschen_mit_geistiger_behinderung_in_berlin.pdf?start&ts=1460723407&file=gutachten_zur_situation_der_erwachsenenbildung_von_menschen_mit_geistiger_behinderung_in_berlin.pdf [download 14. 12. 2016].

Berlin-Institut für Bevölkerung und Entwicklung (2009): Alt und behindert. Wie sich der demographische Wandel auf das Leben von Menschen mit Behinderung auswirkt. Gefördert von der Software AG Stiftung. Berlin: Selbstverlag.

Bigby, Christine (2004): Ageing with a lifelong disability. London and Philadelphia: Jessica Kingsley.

Borchers, Andreas/Hellmann, Michaela/Olejniczak, Claudia (2007): Perspektiven alternder Menschen mit schwerster Behinderung in der Familie. Hannover: Institut für Entwicklungsplanung und Strukturforschung GmbH. Online unter: Im Internet unter http://www.ies.uni-hannover.de/fileadmin/download/Behindert_in_Familie_01.pdf [Abrufdatum 14. 12. 2016].

Bowey, L. & McGlaughlin, A. (2005): Adults with a Learning Disabilitiy Living with Elderly Carers Talk about Planning for the Future: Aspirations and Concerns. In: British Journal of Social Work 35, 1377–1392.

Bundesministerium für Arbeit und Soziales (Hrsg.) (2008): Persönliches Budget – DVD. Berlin.

Buschmeyer, Hermann (1990): Begriff des biografischen Lernens. In: Buschmeyer, Hermann/Behrens-Cobet Heidi: Biographisches Lernen. Erfahrungen und Reflexionen. Soest: Hrsg. v. Landesinstitut für Schule und Weiterbildung, 15–20.

Dieckmann, Friedrich/Heele-Bökenkötter, Linda/Wenzel, Stefanie (2012): Ambulant unterstütztes Wohnen mit hohem Hilfebedarf. In: Greving, Heinrich/Dieckmann, Friedrich/Schäper, Sabine/Graumann, Susanne (Hrsg.): Evaluation von Wohn- und Unterstützungsarrangements für älter werdende Menschen mit geistiger Behinderung. Dritter Zwischenbericht zum Forschungsprojekt LEQUI. Münster: Selbstverlag, 84–161.

EASPD [European Association of Service Providers for People with Disabilities] (2006): Die Deklaration von Graz über Behinderung und Alter. Im Internet unter http://insieme.ch/wp-content/uploads/2010/12/d_4744.pdf [download 14. 12. 2016]; englische Version: http://www.easpd.eu/LinkClick.aspx?fileticket=eDUBIDI0HSU%3D&tabid=3531 [download 30. 10. 2012].

Emrich, Carolin/Gromann, Petra/Niehoff, Ulrich (2006): Gut Leben – Persönliche Zukunftsplanung realisieren. Marburg: Lebenshilfe Verlag.

Erikson, Erik H. (1973): Identität und Lebenszyklus. Frankfurt: Suhrkamp.

Feurer, Barbara/van Eickels, Norbert (2010): Kompass – Aufsuchender Familienberatender Dienst. Lebenshilfe Karlsruhe, Ettlingen und Umgebung e. V. (unveröffentl. Projektbericht).

Grant, Gordon (1989): Letting go: Decision making among family carers of people with a mental handicap. Australian and New Zealand Journal of Developmental Disabilities 15, 189–200.

Gudjons, Herbert/Wagner-Gudjons, Birgit/Pieper, Marianne (2008): Auf meinen Spuren: Übungen zur Biographiearbeit. Bad Heilbrunn: Klinkhardt.

Gusset-Bährer, Sinnika (2004): „Dass man das weiterträgt, was älteren Menschen mit geistiger Behinderung wichtig ist." – Ältere Menschen mit geistiger Behinderung im Übergang in den Ruhestand. Dissertation an der Fakultät für Verhaltens- und Empirische Kulturwissenschaften der Ruprecht-Karls-Universität Heidelberg. Im Internet unter http://archiv.ub.uni-heidelberg.de/volltextserver/4837/ [download 14. 12. 2016].

Gusset-Bährer, Sinikka (2012): Demenz bei geistiger Behinderung. München: Reinhardt.

Hamburger Arbeitsassistenz (2007): Talente. Hamburg: Heigener Europrint GmbH.

Haveman, Meindert/Stöppler, Reinhilde (2004/²2010): Altern mit geistiger Behinderung. Grundlagen und Perspektiven für Begleitung, Bildung und Rehabilitation. Stuttgart: Kohlhammer.

Havighurst, Robert James (³1972): Developmental tasks and education. New York: Longman Group United Kingdom

Heckmann, Christoph (2003): Die Belastungssituation von Familien mit behinderten Kindern. Heidelberg: Universitätsverlag Winter.

Hochschule Osnabrück/Heilpädagogische Hilfe Osnabrück/Leibniz Universität Hannover/Bundesministerium für Bildung und Forschung (2012): „Alles über den Ruhestand in leichter Sprache". Im Internet unter https://www.os-hho.de/fileadmin/user_upload/Dokumente/DV_AndersAlt_InfoheftleichteSprache_webversion_v1.0.pdf [download 14. 12. 2016].

Hogg, James/Lambe, Loretto (1998): Older people with learning disabilities: A review of the literature on residential services and familiy caregiving. London: Mental Health Foundation.

Hollander, Jutta/Mair, Helmut (2006): Den Ruhestand gestalten. Abschlussbericht der wissenschaftlichen Begleitforschung. Darmstadt: Software AG Stiftung.

Jansen, Irma (²2011): Biografie im Kontext sozialwissenschaftlicher Forschung und im Handlungsfeld pädagogischer Biografiearbeit. In: Hölzle, Christina/Jansen, Irma (Hrsg.): Ressourcenorientierte Biografiearbeit. Wiesbaden: Verlag für Sozialwissenschaften, 17–30.

Kade, Sylvia (2007): Altern und Bildung. Eine Einführung. Bielefeld: Bertelsmann Verlag.

Koch, Arno/Euker, Nils (2009): Leselupe. Zur Erfassung der erweiterten Lesefähigkeit bei Mitarbeiter(inne)n der Werkstatt für behinderte Menschen. Marburg: Lebenshilfe-Verlag.

Kruse, A. (2001): Aus-, Fort- und Weiterbildung: Neue Anforderungen an Mitarbeiter(innen) der Behindertenhilfe. In: Hessisches Sozialministerium; Landeswohlfahrtsverband Hessen; Bundesvereinigung Lebenshilfe für Menschen mit geistiger Behinderung e. V. (Hrsg.): Lebensräume älterer Menschen mit Behinderung, Hessische Erfahrungen, 205–228. Marburg: Lebenshilfe-Verlag.

Kruse, Andreas (1987): Kompetenz bei chronischer Krankheit im Alter. In: Zeitschrift für Gerontologie 20, 355–366.

Kruse, Andreas (1992): Die Bedeutung von Bildung für die Entwicklung der Kompetenz bei Krankheit und Funktionseinbußen. In: Dettbarn-Reggentin,

Jürgen/Reggentin, Heike (Hrsg.): Neue Wege in der Bildung Älterer. Freiburg i. Br.: Lambertus, 141–155.

Kruse, Andreas/Ding-Greiner, Christina (2003). Ergebnisse einer Interventionsstudie zur Förderung und Erhaltung von Selbstständigkeit bei älteren Menschen mit geistiger Behinderung. Zeitschrift für Gerontologie und Geriatrie, 36, 463–474.

Landesverband der Lebenshilfe Niedersachsen/Landesarbeitsgemeinschaft Werkstätten Niedersachen und Bremen (2008): Teilhabeleistungen für alte Menschen mit geistiger Behinderung. Im Internet unter http://www.lh-del.de/cms_sources/dateien/Publikationen/Teilhabeleistungen-fuer-alte-Menschen-mit-geistiger-Behinderung.pdf [download 14. 12. 2016].

Landesverband für Körper- und Mehrfachbehinderte NRW (Hrsg.) (2004): Neuland entdecken. Wenn Menschen mit Behinderungen in den Ruhestand gehen. Düsseldorf.

Langer, Ricarda (2012). Reform der sozialen Pflegeversicherung – Gesetzentwurf ist unzureichend. In: Rechtsdienst der Lebenshilfe 2, 51–53.

Lazarus, Richard S./Launier, Raymond (1981): Streßbezogene Transaktionen zwischen Person und Umwelt. In: Nitsch, Jürgen R. (Hrsg.): Streß. Theorien, Untersuchungen, Maßnahmen. Bern u. a.: Huber, 213–259.

Lebenshilfe für Menschen mit geistiger Behinderung Bremen e. V. (2013): Leichte Sprache. Die Bilder. Marburg: Lebenshilfe Verlag .

Lehr, U.; Späth, L. (1997): Alter als Chance und Herausforderung, Band 1, Aktives Altern. Verlag Bonn aktuell, 8.

Lennermann-Knobloch, M. (2013): Ich will ein Rentner sein. Das Abenteuer: individuelle Ruhestandsgestaltung mit Senioren mit geistiger Behinderung. Marburg: Lebenshilfe-Verlag.

Lindmeier, Bettina (2010): Anders alt? Erwartungen von Menschen mit geistiger Behinderung an ihren Ruhestand. In: Schildmann, Ulrike (Hrsg.): Umgang mit Verschiedenheit in der Lebensspanne. Behinderung – Geschlecht – kultureller Hintergrund – Alter/Lebensphasen. Bad Heilbrunn/Obb.: Klinkhardt, 280–287.

Lindmeier, Bettina (2011): Alte Menschen mit geistiger Behinderung im Elternhaus. In: Vierteljahresschrift für Heilpädagogik und ihre Nachbargebiete VHN 80, 7–18.

Lindmeier, Bettina/Feurer, Barbara (2011): Aufsuchende Familienberatung für erwachsene Menschen mit Behinderung. Teilhabe 50, 123–129.

Lindmeier, Bettina/Franz, Veronika (2011): Haus der Begegnung. Kooperation von Alten- und Behindertenhilfe im Stadtteil. ProAlter 43–47.

Lindmeier, Bettina/Lubitz, Heike (2011a). Alternde Menschen mit geistiger Behinderung und Demenz – Grundlagen und Handlungsansätze. In: Teilhabe 50, 4. 155–160.

Lindmeier, Bettina/Lubitz, Heike (2011b). Geistige Behinderung und Demenz – Verbesserung von Lebensqualität und Handlungsstrategien durch Erwachsenenbildung. In: Erwachsenenbildung und Behinderung 22, 2. 36–41.

Lindmeier, Bettina/Lubitz, Heike (2012). „Wolken im Kopf" – Bildungsangebote für Mitarbeitende und Mitbewohner(innen) demenzkranker Menschen mit geistiger Behinderung in Einrichtungen der Eingliederungshilfe. In: Teilhabe 51, 169–181.

Lindmeier, Bettina/Oermann, Lisa (2014): Das Lebensbuch. Karlsruhe: von Loeper Verlag.

Lindmeier, Bettina/Windheuser, Jochen/Riecken, Andrea/Oermann, Lisa/Schippmann, Nadin/Thulke, Astrid/Kösters, Frauke (2012): Ergebnisse des Forschungsprojekts ‚Anders alt?! Lebensqualität für Menschen mit geistiger oder mehrfacher Behinderung'. Im Internet unter http://www.os-hho.de/hho/projekte/projekt-anders-alt.html [download 30. 07. 2012].

Lindmeier, Christian (2006): Die Situation von alten Menschen mit Behinderung in der Bundesrepublik Deutschland – demographische Entwicklung und Konsequenzen aus fachlicher Sicht. In: Behinderte in Familie, Schule und Gesellschaft 29, 56–71.

Lindmeier, Christian ([4]2013): Biografiearbeit mit geistig behinderten Menschen. Ein Praxisbuch für Einzel- und Gruppenarbeit. Weinheim und München: Juventa Verlag

Lubitz, Heike (2013): Demenz und geistige Behinderung – Möglichkeiten und Herausforderungen der Begleitung. In: Sonderpädagogische Förderung heute 58, 1. 26–35

Lubitz, Heike (2014): „Das ist wie Gewitter im Kopf!" Erleben und Bewältigung demenzieller Prozesse bei geistiger Behinderung: Bildungs- und Unterstützungsarbeit mit Beschäftigten und Mitbewohner/Innen von Menschen mit geistiger Behinderung und Demenz. Bad Heilbrunn: Klinkhardt

Magrill, Dalia (2005): Supporting older families: making a real difference. London: The Mental Health Foundation. Im Internet unter http://lx.iriss.org.uk/sites/default/files/resources/supporting_older_families.pdf [download: 14. 12. 2016].

Magrill, Dalia (ohne Jahr): Being a Carer and Having a Carer's Assessment. Im Internet unter http://www.learningdisabilities.org.uk/content/assets/pdf/publications/being-a-carer-and-having-a-carers-assessment.pdf [download: 24. 04. 2015].

Magrill, Dalia/Sanderson, Helen/Short, Alison (2005): Person-centred approaches and older families. London: The Mental Health Foundation. Im Internet unter http://www.learningdisabilities.org.uk/content/assets/pdf/publications/person_centred_approaches_op.pdf [download: 24. 07. 2013].

Mair, Helmut (2006): Den Ruhestand gestalten. Ergebnisse aus dem Modellprojekt. Im Internet unter http://egora.uni-muenster.de/ew/ruhestand/projekt/bindata/Vortrag_Mair_Berlin.pdf [download 21. 10. 2012].

Mair, Helmut/Hollander, Jutta (2006): Den Ruhestand gestalten – Bericht über das Modellprojekt Unterstützter Ruhestand von älteren Menschen mit Behinderungen. In: Heilpädagogik online 01/06, 58–79. Im Internet unter http://www.heilpaedagogik-online.com/2006/heilpaedagogik_online_0106.pdf [download: 02. 11. 2012].

Mensch zuerst – Netzwerk People First Deutschland e. V. (Hrsg.) (2008): Das neue Wörterbuch für Leichte Sprache. Kassel.

Müller, Dagmar (1994): Interventionen für verwirrte, ältere Menschen in Institutionen. Köln: Kuratorium Deutsche Altershilfe Wilhelmine-Lübke-Stift.

Müller, S. V. & Wolff, C. (2012): Demenzdiagnostik bei Menschen mit geistiger Behinderung – Ergebnisse einer Befragung, Teilhabe, 51, 155–160.

Oermann, Lisa (2008): Erwachsene Menschen mit geistiger Behinderung im Elternhaus – Perspektiven für eine familienorientierte Zukunft. In: Gemeinsam leben 16, 158–161.

Olbrich, Erhard (1987): Kompetenz im Alter. Editorial. In: Zeitschrift für Gerontologie 20, 319–330.

Olbrich, Erhard (1992): Das Kompetenzmodell des Alterns. In: Dettbarn-Reggentin, Jürgen/Reggentin, Heike (Hrsg.): Neue Wege in der Bildung Älterer. Freiburg i. Br.: Lambertus, 53–61.

Osnabrücker Werkstätten gGmbH (2014): Mehr Teilhabe am Arbeitsleben. Marburg: Lebenshilfe-Verlag.

Richardson, Ann/Ritchie, Jane (1989): Letting go: Dilemmas for Parents Who's Son and Daughter Have a Mental Handicap. Milton Keynes: Open University Press.

Richter, Stefanie (2006a): Essstörung. Eine fallrekonstruktive Studie anhand erzählter Lebensgeschichten betroffener Frauen. Bielefeld: transkript.

Richter, Stefanie (2006b): Essstörung. Eine fallrekonstruktive Studie anhand erzählter Lebensgeschichten betroffener Frauen. Vortrag Alpbach. Im Internet unter http://www.stefanierichter.de/Aktuelles/Richter_Vortrag_Alpbach_21.10.pdf [download: 14. 02. 2007].

Riemann, Gerhard (1987): Das Fremdwerden der eigenen Biographie. Narrative Interviews mit psychiatrischen Patienten. München: Wilhelm Fink.

Rosenthal, Gabriele/Köttig, Michaela/Witte, Nicole/Blezinger, Anne (2006): Biographisch-narrative Gespräche mit Jugendlichen. Chancen für das Selbst- und Fremdverstehen. Opladen: Barbara Budrich.

Saß, Henning/Wittchen, Hans-Ulrich/Zaudig, Michael/Houben, Isabel (2003): Diagnostisches und Statistisches Manual Psychischer Störungen – Textrevision – DSM-IV-TR. Göttingen: Hogrefe.

Schäfers, Markus (2008): Lebensqualität aus Nutzersicht. Wie Menschen mit geistiger Behinderung ihre Lebenssituation beurteilen. Wiesbaden. VS Verlag für Sozialwissenschaften.

Schäper, Sabine (2009): Heilpädagogische Unterstützung von alten Menschen mit Demenzerkrankung. In: Greving, Heinrich/Ondracek, Petr (Hrsg.): Spezielle Heilpädagogik. Stuttgart: Kohlhammer, 199–236.

Schimank, Uwe (2000): Handeln und Strukturen. Einführung in die akteurtheoretische Soziologie. Weinheim, München: Juventa.

Schütze, Fritz (1982): Narrative Repräsentation kollektiver Schicksalsbetroffenheit. In: Lämmert, Eberhard (Hrsg.): Erzählforschung. Stuttgart: Karl Ernst Poeschel, 568–590.

Schütze, Fritz (1983): Prozeßstrukturen des Lebenslaufs. In: Matthes, Joachim/Pfeifenberger, Arno/Stosberg, Manfred (Hrsg.): Biographie in handlungswissenschaftlicher Perspektive. Nürnberg: Verlag der Nürnberger Forschungsvereinigung e. V., 67–157.

Schütze, Fritz (1984): Kognitive Figuren des autobiographischen Stegreiferzählens. In: Kohli, Martin/Robert, Günter (Hrsg.): Biographie und soziale Wirklichkeit. Stuttgart: Karl Ernst Poeschel, 78–117.

Schütze, Fritz (1999): Verlaufskurven des Erleidens als Forschungsgegenstand der interpretativen Soziologie. In: Krüger, Heinz-Hermann/Marotzki, Winfried (Hrsg.): Handbuch erziehungswissenschaftlicher Biographieforschung. Opladen: Leske + Budrich, 191–223.

Seifert, Monika (2003): Mehr Lebensqualität – Zielperspektiven für Menschen mit schwerer (geistiger) Behinderung in Wohneinrichtungen. Marburg: Lebenshilfe-Verlag.

Seifert, Monika (2010): Kundenstudie. Bedarf an Dienstleistungen zur Unterstützung des Wohnens von Menschen mit Behinderung. Berlin: Rhombos-Verlag.

Skiba, Alexander (1997):. Umrißlinien einer integrativen Geragogik. Zeitschrift für Heilpädagogik 48, 412–415.

Skiba, Alexander (2006): Geistige Behinderung und Altern. Norderstedt: Books on Demand GmbH

Skiba, Alexander/Maderer, Peter (2002): Altsein mit Beeinträchtigungen: Alte Menschen mit geistiger Behinderung und Senioren im Altenheim im Vergleich. In: Zeitschrift für Heilpädagogik, 11, 461–466.

Skillandat, Monika (2003): Geistig behinderte alte Menschen in Wohnheimen. Dissertation. Im Internet unter http://opus.ph-heidelberg.de/files/7/Dissertation_Monika_Skillandat.pdf [download: 14. 12. 2016].

Snunit, Michal/Golomb, Na'amba/Pressler, Mirjam (1991): Der Seelenvogel. Hamburg: Carlsen Verlag.

Stamm, Christof (2008): Zur Situation von Familien, in denen erwachsene Menschen mit geistiger Behinderung leben. ZPE Schriftenreihe: Siegen.

Süddeutsche Zeitung 4. 10. 2012: Merkel auf dem Demografiegipfel. Wer alt wird, muss flexibel sein. Im Internet unter http://www.sueddeutsche.de/politik/merkel-auf-berliner-demografiegipfel-wer-alt-wird-muss-flexibel-sein-1.1486994 [download: 02. 11. 2012].

Theunissen, Georg (2002): Altenbildung und Behinderung – Impulse für die Arbeit mit Menschen die als lern- und geistig behindert gelten. Bad Heilbrunn: Klinkhardt.

Thimm, Walter (1978): Behinderungsbegriff und Lebensqualität. Ansätze zu einer Vermittlung zwischen sonderpädagogischer Theorie und Praxis. In: Brennpunkt Sonderschule, 24–30.

Trilling, Angelika ([4]2013): Geistig behinderte Menschen mit demenziellen Erkrankungen – Annäherungsmöglichkeiten über die Biografie. In: Lindmeier, Christian: Biografiearbeit mit geistig behinderten Menschen. Ein Praxisbuch für Einzel- und Gruppenarbeit. Weinheim/München: Juventa.

Walmsley, Jan (1996): Doing what Mum Wants Me to Do: Looking at Family Relationships from the Point of View of Adults with Learning Disabilities. In: Journal of Applied Research in Intellectual Disabilities 9, 324–341.

Weiß, Hans (2002): ‚Älter-Werden mit behinderten Angehörigen'. Im: Bundesvereinigung Lebenshilfe für Menschen mit geistiger Behinderung e. V. (Hrsg.): Familien mit behinderten Angehörigen. Lebenswelten – Bedarfe – Anforderungen. Marburg: Lebenshilfe Verlag.

Weiß, Hans/Neuhäuser, Gerhard/Sohns, Armin (2004): Soziale Arbeit in der Frühförderung und Sozialpädiatrie. München/Basel: Ernst Reinhardt Verlag.

Software AG-Stiftung Darmstadt (Hrsg.) (2009): Segel setzen. Aufbruch zum selbstbestimmten Ruhestand von Menschen mit Behinderung. Münster. Westfälische Wilhelms-Universität Münster.

Wieland, Heinz (1987). Geistig behinderte Menschen im Alter. Heidelberg: Edition Schindele.